寻找教育家成长智慧书系——

教育智库

赖配根 /编

分享小学数学名师成长感悟

FENXIANG XIAOXUESHUXUE MINGSHI CHENGZHANG GANWU

首都师范大学出版社
CAPITAL NORMAL UNIVERSITY PRESS

图书在版编目（CIP）数据

分享小学数学名师成长感悟 / 赖配根编. —北京：首都师范大学出版社, 2013.4

ISBN 978-7-5656-1466-8

Ⅰ. ①分… Ⅱ. ①赖… Ⅲ. ①小学数学课—教学研究—文集 Ⅳ. ①G623.502-53

中国版本图书馆CIP数据核字（2013）第059268号

分享小学数学名师成长感悟
赖配根　编

责任编辑　喜崇爽
首都师范大学出版社出版发行
地　址　北京西三环北路105号
邮　编　100048
电　话　68418523（总编室）　68982468（发行部）
网　址　www.cnupn.com.cn
印　刷　北京洲际印刷有限责任公司
经　销　全国新华书店发行
版　次　2013年4月第1版
印　次　2013年4月第1次印刷
开　本　710mm × 1000mm　1/16
印　张　17.5
字　数　278 千
定　价　35.00 元

寻找教育家成长智慧书系

《中国当代著名教学流派》丛书编委会

卷中教改智慧
笔下育人情怀

「中国当代著名教学流派」出版

柳斌

与名师为友，走向优秀
（总序）

改革开放尤其是进入新世纪以来，我国教育事业取得了巨大的成绩。城乡免费义务教育全面实现，职业教育快速发展，高等教育进入大众化阶段，教育公平迈出了重大步伐，全民素质大大提高，从人口大国向人力资源大国的转变逐步实现。但我们必须清醒地认识到，我国教育还不能完全适应国家经济社会的发展，还不能完全满足人民群众接受良好教育的要求。2010年7月，党中央、国务院召开了新世纪以来第一次全国教育工作会议，颁发了《国家中长期教育改革和发展规划纲要（2010-2020）》（以下简称《规划纲要》），描绘了未来教育改革发展的宏伟蓝图，指明了今后教育事业科学发展的方向。《规划纲要》提出，到2020年，我国要基本实现教育现代化，基本形成学习型社会，进入人力资源强国行列。这是一项艰巨而光荣的任务。要完成这个任务，需要广大教育工作者辛勤劳动、开拓创新，尤其需要一线教师坚守教育理想，提高专业素养，创新教育教学模式。因此，当前教育改革发展的一项紧迫任务，就是要建设一支师德高尚、业务精湛、结构合理、充满活力的高素质、专业化教师队伍。

时代呼唤优秀教师。有一流的教师，才有一流的教育；有一流的教育，才有一流的国家。《规划纲要》明确指出，“有好的教师，才有好的教育”，“倡导教育家办学”，要“创造有利条件，鼓励教师和校长在实践中大胆探索，创新教育思想、教育模式和教育方法，形成教学特色和办学风格，造就一批教育家”。教育改革的一个重要任务，就是培养一大批拔尖创新人才，但正是在这个问题上，我们遇到了瓶颈。当然，杰出人才的培养受到诸多因素的制约，其中一个重要原因，可能就是教育家型的教师还比较少。名师出高徒。伟大的事业呼唤伟大的人才，英才的涌现呼唤一流的教师。出名师、育英才、成伟业，是时代赋予我们的神圣使命。

那么，怎样才能培养出优秀的教师？一个重要途径就是让广大教师们向杰出的前辈、同行学习。只有向最优秀的榜样学习，并在学习的基础上不断创新，一名教师才可能走向优秀。改革开放以来，随着教育改革的不断深入，教育战线涌现出了一批杰出教师。他们痴情教育事业，默默耕耘，刻苦钻研，勇于创新，不断进取，不断超越，形成了各具特色的教育思想和教学风格。正是他们的成功实践，创造了具有中国风格的教育经验，丰富了具有中国特色的教育理论宝库。他们的经验，对广大普通教师的成长具有良好的启示作用和重要的借鉴意义。总结、宣传和学习他们的经验，是打造一支优秀教师队伍的有效途径。中国教育学会、中国教育报刊社和中国教师发展基金会联合组织编写的这套“中国当代著名教学流派”丛书，总结了我国中小学界一批杰出教师的先进经验，尤其是提供了名师教育思想的精华、成功的教学案例以及他们走向优秀的心路历程，这必将对我国中小学教师队伍建设起到积极的推动作用。一个教师如果愿意潜下心来，钻进这套丛书，与名师为友，与高尚的心灵对话，进而反思自己的教育教学生活，那么他在教育教学上必将悟出些育人之道，并且走得比别人更远，超越前人。

古人云：“国将兴，必贵师重傅。”兴国必先强教，强教必先重师。教育大计，教师为本。加强教师队伍建设包括培养一大批优秀教师，是教育事业最重要的基础工作。组织编写“中国当代著名教学流派”丛书这样的工作，就是为了寻找教育家成长的智慧，为丰富中国教育理论，形成具有中国特色、中国气派和中国风格教育理论体系摇旗呐喊，是一件非常有意义的工作。希望这套丛书走进更多的学校，走近更多的教师，为新一代优秀教师的涌现播撒希望。

目　录

“对于这些文字，是不能只用眼睛读的，而是要用整个身心，蘸着自己的生活积累品味、反思。因为，只有这样，你才不会陷入一般意义上的技巧模仿，而是与‘名师’进行思想的对话和精神的沟通，是理性的解剖和心灵的意会。只有这样，读完后你才会说：‘这就是教育智慧了。’”

爱乃师德之魂

张新洲

匆匆几年过去，当我再一次翻开《人民教育》“名师人生”栏目刊登过的30篇文章——《我，长大的儿童》《路，是这样走出来的》……一位位名师“熟悉”的身影，仿佛微笑着向我走来。透过这些名师成长的足迹，我深深地感悟到“名师人生”四个大字的背后，所凝聚的是一代代教师用爱与智慧塑造民族未来的教育理想。

爱，是教育永恒的话题，没有爱，就没有教育

这是每一位教育工作者耳熟能详的教育理念。但是，如何把爱化为教育者的教育行为，让爱走进校园、充盈课堂、触摸到一个个灵动的生命，让爱产生智慧，让爱在孩子心中留下岁月抹不去的美好回忆，让教育者和受教育者都感受到教育的幸福……这需要一个教师把自己内心自然形态的爱赋予真诚与智慧，并在教育实践中不断地反思、积累、陶冶。

爱，因走进学生的心灵而美丽

李吉林老师在《我，长大的儿童》中说：“在儿童的世界中，我在爱孩子中，渐渐长大了。我把这种爱升华成自己的理念，又把它细化成自己的行为。”作为一名教师，当你像李老师这样，用学生的眼睛、学生的情感、学生的心理，构筑自己的内心世界时，你才能真正走近学生、了解学生、认识学生，你才能走进学生五彩缤纷的内心世界，捕捉潜藏在学生心底，影响其整个人生的梦想与追求。这是一个学生成长的动力，也是师爱的根。

爱，是一份尊重

“一个学生就是一本丰富的书，一个多彩的世界。学生是活生生的生命体，每个人都是独一无二的。要培养他们成长、成人、成才，首先要尊重他们，从思想上、感情上尊重他们的人格，尊重他们的个性。”（于漪：《思念》）尤其是在新课程理念下，尊重学生已成为一种时代的要求。然而，提到尊重，作为一个教师应反思自己是否沾有“体罚和变相体罚学生的问题——中国基础教育的痼疾”。如果有，那么隔着“师道尊严”樊篱的爱，很难谈尊重。如果一个教师整堂课都灿烂地微笑着，但上的课却如同一杯白开水，毫无滋味，这也谈不上对学生的尊重。

尊重学生。教师必须放下传统的“师道尊严”的架子。不仅要“蹲下来”和孩子寻求平等的对话，“一位真正的优秀教师，必须留一份纯真，要学会从孩子的角度去思考问题。问题提出后，要给予孩子思维的空间”。上海的潘小明老师在《我的课堂人生》中说：“在课堂中尊重孩子，就必须尊重他们的人格，尊重他们的潜能，尊重他们的差异，尊重他们出错的权利。”尊重，是民主教育的核心，是爱的胸怀。只有建立在尊重前提下的爱，才会变得宽容，才能自然地流淌进学生的心田。有了尊重，才可能有师生间的平等对话，才可能有沟通，才可能有合作的过程；有了尊重，教师才可能以理解、宽容的态度对待学生；有了尊重，才可能有学生主体意识和健全人格的生成。

尊重学生。教师不能忘记自己承载着教书育人的使命。在培养学生主体意识、创新精神和实践能力已成为时代的主旋律，在教师从“教书”到“育人”的角色转换中，我们必须清醒地认识到：一个优秀教师不仅是“师德的表率”“育人的模范”，还应是一个“教学的专家”。一个优秀教师的微笑，总是浸润在他深厚的人文底蕴和过硬的教学基本功中。缺乏尊重和智慧的爱是苍白的，学生的心中有一杆秤，称得出师爱的分量。

爱，是一种艺术

毋庸置疑，爱不是教育的全部，但是，教育的全部过程都充盈着爱。“名师人生”的足迹印证了一个事实，伟大的师爱确有神奇的魅力，但是，爱并不神秘，爱，实实在在地存在于点点滴滴的教学生活中。一个学生的成长需要教师的无限关爱，教师的一个眼神、一个手势、一句短短的评语……这寄寓着教师用心传递的关爱，常常影响一个人的一生。

师爱无言。正如薛法根老师所说："我深信爱的教育力量，在教学中对于那些常常走神的同学，我总是边讲课边走到他们身边，用手轻轻地抚摸一下他们的头，抑或轻轻地拍拍他们的肩背，孩子们总能领会我的意思，然后专心地听起讲来。这就是教育的艺术，蕴含着深爱的教育艺术，足以让所有的学生感受到教师那无言的关爱，感受到教育的幸福。"

师爱无价。其实人生最美好的"金色学生时代"的大部分时间是在学校和教师一起度过的。一个学生的成长、成才、梦想与追求，都离不开教师的关爱。教师的爱绝不是姑息、迁就、溺爱。"老师的关爱，并不都是三月的春风和旭日，有时也如秋风和冷剑，除去你心头的杂草，那是严格的爱！"（薛法根：《教育的幸福》）人们常说：母亲的爱，如秋天的明月，宁静、长久。那么，教师的爱，不仅有父母之爱的慈祥、宁静、长久，更应具有在教育教学活动中所蕴含或体现出的大爱。这种爱应扬弃父母之爱中的非理性因素，保留从学生终身发展负责的高度出发的讲方法、有分寸、讲教育艺术的理性之爱。

爱，是一份责任

随着教师专业化进程的加快和教学的内涵与目标的日趋丰富，教学活动的视野已拓展到人的生存与发展的方方面面。责任心，作为教师最重要的品质，则显得越来越重要。

责任心，是爱的动力。人的一生，是一种追求，更是一种责任。只有当一个教师把这份责任镌刻在自己的人生词典中，他才能产生动力和激情，用心去呵护每一个灵动的生命。作为21世纪的"一位真正优秀的教师，必须多一份责任，要从孩子生命成长的高度去思考教学，用自己的言传身教，用精心设计的教学，引导孩子形成积极的情感态度和价值观"（潘小明：《我的课堂人生》），从而使受教育者，从小懂得爱自己，爱自己的家乡，爱自己的祖国，懂得给他人带来快乐，懂得用自己一颗善良的心去关爱别人，关爱世界。

责任心，是爱的生命。"对我们教育工作者而言，爱，是一种对国家、对民族、对事业神圣的责任感和使命感。"（吴辰：《让校园成为师生的精神家园》）因此，王运遂老师大声疾呼"把真诚与智慧奉献给学生"，因为"教育是人学，它的本质功能是促进人的发展。因此，学生是认知的主体，他们的第一要素是生命。这些学生将是我们炎黄子孙真正屹立于世界先进民族之林的希望”。当一个教师触摸着自己的责任心，把学生的身心健康发展和祖国的前途命运紧紧地联系在一起的时候，爱才有价值、有生命力。

爱，是无私的奉献

如果说走进学生的心灵是师爱的根，尊重是师爱的胸怀，责任是师爱的生命，那么，奉献则让爱有了丰富的内涵和灵魂。

奉献，是一种美德，是教师的天职。奉献使无形的爱变得有血有肉。程翔老师说：“奉献是一种实实在在的人生态度，并非高不可攀。有的教师面对亲人生病住院，陪床侍候，端屎端尿，却不耽误学生一节课，这是不是奉献？有的教师为了高考的学生，即便是爱人去世也没有请一天假，这是不是奉献？很多教师教了别人的孩子耽误了自己的孩子，这是不是奉献？回答是肯定的。于漪老师说过：‘奉献是教师的天职。’无论社会如何变化，教师的奉献精神不能丢。”（《人到中年的思考》）程翔老师所举的例子是千千万万教师无私奉献的缩影，程翔老师所说的“无论社会如何变化，教师的奉献精神不能丢”，道出了广大教师的心声。

奉献，是一种境界，是爱的升华。由于教师总是和劳累、清苦长相守，于是，人们便用“春蚕”和“红烛”来赞美教师。然而，即使教师做一支两头点燃的红烛，把自己生命的光和热，毫无保留地奉献给人民的教育事业，也不免让人感到伤感。

李吉林老师在长期的教育教学实践中感悟到：“深感当教师比蜡烛永恒，照亮了别人，升华了自己；即便是比作‘春蚕’，也绝不是‘春蚕到死丝方尽’，而是丝虽尽，身却不死。蚕化作蛹，蛹变成蛾，蛾又孕育、孵化出蚕宝宝，无穷无尽……那真是如诗如画！”这便是一种境界，这种境界来源于哪里？我想正如唐江澎老师所说：“当我以对人生价值、生存方式的剀切体验来诠释教师职业的意义时，我获得了从事这种职业所需要的刻骨铭心的挚爱。”（《学习，生命存在的方式》）当一个教师有了这种职业感受，他才能体味到奉献的精神旨趣。

如果说师德教育，是教师教育的核心，那么，爱则是师德之魂。苏霍姆林斯基曾说：“一个好教师意味着什么？首先意味着他热爱孩子。”透过“名师人生”的足迹，相信会有越来越多的教师能读懂“爱会产生智慧，爱与智慧改变人生”这饱含哲理的话语。

如何让读书成为习惯

张新洲

读书，就一个人而言，如莎士比亚的诗："生活里没有书籍就好像没有阳光；智慧里没有书籍，就好像鸟儿没有翅膀。"

读书，就全人类而言，应如高尔基的名句："书籍是全人类进步的阶梯，是全世界的营养品。"

由此说来，"读书"就有了个人发展与社会进步的双重作用。如果把"读书"放在我国建设"学习型社会"的时代背景中来思考，作为一名教师——"学习型社会"的开拓者，养成良好的读书习惯，已不仅仅是摆脱平庸、增长智慧、陶冶情操的个人行为。"让读书成为习惯"，已不仅仅是建设"学习型社会"，全面实施素质教育向广大教师提出的时代要求，更是直接关系到中华民族伟大复兴的进程与中华民族充满"阳光"的未来……

问题是如何让读书成为习惯？

成功的人总是从别人的成功中汲取经验

一个人成功的因素不只是读书，但是，读书却是一个人成功的重要因素。古往今来无数的圣哲、文学家、教育家，无不是在让读书成为习惯中走向成功的。

开儒家学说之先河的孔夫子，为万世景仰。可是，这通往圣贤的路在何方？圣人自己曾说"吾十有五而志于学"，"发愤（下决心学习）忘食，乐而忘忧，不知老之将至"。这样说来，孔夫子在中华民族读书史上开创了让读书成为习惯的先河。

唐代大诗人李白，人称诗仙，声蜚四海。人们常常仰视"李白斗酒诗百篇"的才情，却很少品味他"吾五岁诵六甲""十岁观百家”“十五好奇书”的自述。而被列为“唐宋八大家”之首的韩愈，享有“文起八代之衰”的美誉。他在《进学解》中却借弟子的口说出自己“口不绝吟于六艺（《诗》《书》《礼》《乐》《易》《春秋》）之文，手不停披于百家之编”的读书经历。南宋大诗人陆游在《剑南诗稿》中为我们留下9000多首诗篇，是我国古代大诗人中留下诗篇最多的一个。当我们顺着陆游成长的足迹寻找其成功的奥秘时，他那“少小喜读书，彻夜守短檠”“万卷纵横眼欲枯”的诗句，再一次印证了一个道理——一个人成功的因素不只是读书，但是读书却是一个人成功的重要因素。

读书，因心中的志趣而播种

每个人都有心底的梦，读书能承载着人们心底的梦，游向光辉的彼岸。可是，有的人却常常把美好的时光花在喝茶、聊天，整晚看电视上，更有的人宁愿面对着仅剩下的一点可怜时间发呆，也不愿意拿起一本书来读一读。安徽省亳州市的一位老师在来信中所说：“由于教师缺编，教师负担过重，疲于应付工作，超课时跨课时又有晚自习，教师几乎长期处于单一放电状态，很少有时间去看书学习。”所以这种由应试教育孽生的现象如果得不到有效的控制和解决将会是教育的悲哀。

一个只凭两本书：一本教材和一本教参年复一年地重复着昨天故事的教师是可怜的。那么如何从闲散、繁重的工作和琐碎的家庭事务中振作起来，如何处理好工作与读书的关系，如何在现有的客观条件下，挤出一点读书的时间？如果，一个人能静下心来读一读左拉的“生命的全部意义在于无穷地探索尚未知道的东西，在于不断地掌握更多的知识”；仔细地品一品爱因斯坦的“人的差异在于业余时间”；琢磨琢磨鲁迅先生所说的“我把别人喝咖啡的时间用在学习上了”的话语，他就有可能把像海绵里的水一样的时间挤出来。

而把时间挤出来的动力，是一个人的志趣。从古往今来无数有成就者的读书经历来看，让读书成为习惯的过程，总是在静静地阅读中伴随着一个人的志趣和毅力，而且二者是相辅相成的。诸葛亮在《诫子书》中所说的“学需静也，才需学也，非学而无以广才，非志而无以成学”，便是这个道理。

这里所说的读书与志趣的关系，并非是极其功利的庸俗实用主义阅读方式。一个人“总有一种真情让你感动”，当一个人抓住让自己感动的真情，追逐心底的梦，燃起“阅读改变人生”的火种，那么，繁重的工作和琐碎的家庭事务已不再是无暇读书的理由；你将不再多愁善感，不再得过且过；你将克服读书倦怠心理……因为“伟大的精力，只为了伟大的目的而产生，一个人有崇高的生活理想，才有斗争的方向和胜利的信心。”而这自信便是一个人成功的起点。

也许有人说这个话题有些理想化。然而，人生真的需要一点理想、一番真情来播种读书——追求的种子。实践证明：“一个人追求的目标越高，他的才智发展得越快。”正是因为有“路曼曼其修远兮，吾将上下而求索”的追求，才有“虽九死其犹未悔”的屈原，才有不朽的《离骚》。因为有“申管晏之谈，谋帝王之术，奋其智能，愿为辅弼，使寰区大定，海县清一”的襟怀，才有“白衣一跃为卿相”的李白。因为有“致君尧舜上，再使风俗淳”的志向，才有“读书破万卷，下笔如有神”的杜甫。即便是“采菊东篱下，悠然见南山”，“好读书，不求甚解”的陶渊明也曾有“大济苍生”之志。

正是因为有“用爱与智慧塑造民族未来的教育理想”，才有我们教师从事这种职业所需要的刻骨铭心的挚爱与责任，才有让读书成为习惯的李吉林、魏书生等无数优秀教师的成长。

读书，因静静地滋养而生根

如果说“志趣”是让读书成为习惯的起点，那么静静地阅读便是一个人精神成长的旅程。

近年来，许多学校打出“书香校园”“静静阅读”的品牌，努力为学生们营造一个适宜的读书环境。在这里我们要特别强调的是，我们的校长在努力为学生营造一个适宜的读书环境的同时，也一定要为我们的教师创造一个良好的读书环境、读书氛围，要给教师松绑、减负，要给教师一些读书思考的时空。

由于人的秉性、兴趣及成长环境等方面的不同，一个人养成读书习惯的途径也不同。金庸先生接受本刊特约记者采访时说：“我一生最大的乐趣就是读书，直到现在，我每天仍然花四五个小时读书。”而且是“我从小喜欢读书，并不是大人逼出来的，完全是自己的兴趣所在”。而更多的人是受环境的熏染，或在引导和督促下形成的，甚至有些人的读书习惯是被逼出来的。无论哪种形式，养成良好的读书习惯，都将为你带来幸福。

读书与练功一样，练功一般讲静而收心纳意，意守丹田，方能练精化气，练气生神，方能取得练功的佳效。就一般人而言，读书也需要一个安静的环境。安静的环境能使一个人浮躁的心静下来。当一个人品着“凡物静观皆有得”，“才需学也，学需静也”的箴言；或兴之所致，或强迫自己静下心来读书，一天、两天、三天……**随着读书的数量与质量的提高；随着自己知道读什么，怎么读，到读书使你喜静的过程，读书的种子将会在你心中生根。**你将在收获智慧的同时，收获几分从容与自信，收获几分学生对你的尊敬，而这几分收获又激发你不断地读书。

在江苏省南通市濠河岸畔，有一座非常安静的院落。李吉林老师数十年如一日，除在外开会讲学外，每晚都在这安静的院落里读书。在静静地阅读与思考中，在“情境教育”的探索实践中，李吉林老师从一位只有中师毕业的普通教师，成长为今天受人尊敬的教育家。而赵谦翔（著名特级教师、曾荣获全国十杰中小学中青年教师等称号），当年，没有在“地仅容膝，在昼犹昏”的小屋子里多愁善感，自怨自艾，而是投身于“两山夹水，沿水有路”的天然大书房，春、夏、秋三季，“举手为案，漫步当椅”，忘情地享受着读书之乐……

也许有人说，这已是赵老师30多年前的往事，而如今已是信息社会，网络时代，还能，还需要静静地读书吗？重庆的龚春燕老师几次来京，我去宾馆看他的时候，他都在静静地读书。他说：“魏书生老师给我的贺年片上总爱写一句话：‘静能生慧！’”龚春燕就是一位一只手拿着书，一只手拿着笔记本电脑，在汲取网络信息中，在静静地阅读中，从一位普通的教师成长为今天的特级教师、全国学习科学学会副会长兼秘书长的。刚刚提到的几位教师都是我的师长，我的朋友。他们成长的历程，让我坚信“阅读改变人生”离我们并不遥远。

读书，因毅力的耕耘而开花

孔夫子将读书学习分为“知之者不如好之者，好之者不如乐之者”三个层次，三种境界，这是读书之道。就一般人而言，在读书学习的路上，应谨记一句格言：“书山有路勤为径，学海无涯苦作舟。”因为，在“苦学”与“乐学”之间相隔的不仅是一种精神境界，就今天广大教师，尤其是广大农村教师而言，必须超越繁重的教学工作和琐碎的家庭事务的物质樊篱。在让读书成为习惯的路上，要靠一个人的毅力和耐性来支撑，只有勤奋而不畏劳苦的人才会有收获的喜悦。

在江苏省无锡市钱钟书先生的故居中有这样一句话："小聪明成不了大气候，钱钟书的大智慧、大学问，来自大刻苦。"**而我们许多人景仰的只是成功者耀眼的光环，而忽略了"学问是苦根上的甜果"的耕耘过程。**

在中华民族读书史上，苏秦"锥刺股"、孙敬"头悬梁"、孙康"映雪"、车胤"囊萤"等故事虽然已离我们越来越遥远，但是，古人珍惜光阴、刻苦读书的精神却融进了中华民族悠久的历史、灿烂的文化中，成为了自强不息者的精神。

江苏的唐江澎老师，是我非常敬佩的一位老师。恢复高考之初，他曾因病残的腿而没有迈进大学的门槛。他一面揽来刻钢板的活，以2角3分一张的薄酬来弥补生活的拮据，一面找来游国恩的《中国文学史》和王力的《古代汉语》，"一字一字地读，一页一页地啃"……一个偶然的机遇，他当上了一名中学语文教师，他将"苦读，获得富有教育价值的学习体验"（唐江澎语）用于他的教学实践中，闯出一套体悟式教学方法。他也在苦读中，从一名代课教师成长为一名特级教师（曾荣获全国教育系统劳动模范，并获得"人民教师"奖章）。

读书，因感悟的积累而结果

让读书成为习惯，是一个古老而崭新的话题。关于读什么，怎么读，千百年来，仁者见仁，智者见智。古人常说"为学当先立宗旨""开卷有益""学贵心悟""学以致用"……

为什么用同样的时间，读同样的东西收获却不同？我想一个重要原因是用没用心去感悟。

我赞美读书要蘸着自己的生活积累去品味、感悟，如孔子的"学而不思则罔，思而不学则殆"，如张载的"学贵心悟，守旧无功"。**只有让读书的感悟融入自己的血肉与精神，才能取其精华化作自己的智慧。**

我赞美读书就是读自己、陶冶自己，一个读懂自己的教师，才能读懂自然的美好与人类的道德，才能读懂自己肩上的责任。

我赞美教师静静地阅读，为建设学习型社会添几分书香，添几分人文涵养，添几分和谐厚重。但静静地阅读并不是“两耳不闻窗外事，一心只读圣贤书”。当一名教师把他个人的志趣融于教育教学改革的时代洪流中，他的阅读才有价值。

我赞美教师博览群书，但是，要对浩如烟海的书籍加以辨别（一个自己知道读什么的教师才能正确引导学生读什么）。否则，“不加辨别地读书，是把自己的头脑变成别人的跑马场，读得越多，越是一片狼藉”（陈四益语）。

我赞美读书学习与教学实践的结合，只教不读则流于浅薄，只读不教、不实践则为纸上谈兵。

我愿“心中的志趣”“静静地滋养”“毅力的耕耘”“感悟的积累”能化作让读书成为习惯的小舟，驶向由“学会”变为“会学”的时代洪流，为了自己，为了自己心爱的学生，为了中华民族的伟大复兴。

童心师说

张新洲

教师肩负着太阳底下最神圣的使命

师者，从学官、师氏、塾师、学究、夫子、西宾、师傅、先生、老师等到今天通称的教师，不下40余种称谓的变化折射出的是中华民族尊师重教与文明演进的历史。

教师，就人类文明而言，是“为天地立心”的人类灵魂工程师，是人类通往文明的启明星。

教师，就学生而言，是“为往圣继绝学”的“一日为师，终生为父”的启智者和引路人，是用爱与智慧点燃学生心灵梦想的烛光。

教师，就一个民族而言，是“为万世开太平”的兴国者，是“国将兴，必贵师重傅”的民族振兴希望。

我们的先师，肩负着“传道、授业、解惑”的使命，怀着爱心与责任，将一代代耕耘杏坛的汗水融入黄河母亲的胸怀，哺育出多少华夏辉煌篇章。

我国现代教育经历了从“教育救国”到“教育兴国”的百年耕耘，已形成世界上规模最大的教育体系，拥有世界上人数最多的教师队伍。新中国成立60多年来，教育奠基中国。尤其是改革开放30年来的中国教育，支撑着我国经济快速持续发展，推动着社会文明全面进步。我们的教育，我们的教师无愧于我们伟大的时代。

目前，我国正处于从教育大国向教育强国、从人力资源大国向人力资源强国转变的关键时期。而这由大变强的关键在教师。刚刚颁布的《国家中长期教育改革和发展规划纲要》（以下简称《规划纲要》）在序言中明确了当前与今后10年我国教育工作的主题与核心任务，“坚持以育人为根本，以改革创新为动力，以促进公平为重点，以提高质量为核心，全面实施素质教育”。而这所有的任务最终都要通过广大教师执著地耕耘来实现。所以，《规划纲要》重申：“百年大计，教育为本”，“教育大计，教师为本。有好的教师，才有好的教育”。

以使命唤醒童心

长期以来，承载着太多的人类理想与民族希望的教师，默默背负着民族振兴的希望，背负着望子成龙家长的重托，背负着应试教育的包袱，在素质教育的理念与应试教育的实践中苦苦徘徊。正如朱永新教授所说：“‘应试教育’把成长中的孩童和引导他们的教师，一起赶入了‘斗兽场’，全然听不见他们心灵痛苦的哀鸣。这种对竞争的病态强调，导致师生之间、同事之间、亲子之间、知识与生命之间乃至自我的分离……使教师一天天地被‘格式化’，丧失了对真理的不懈追求以及对生命意义的永恒探询。” 这种病态的现象，导致一些教师产生了职业倦怠心理，失去了执著追求教育理想的激情。

如何将时代赋予教师的新任务，化为广大教师自觉的使命认同，唤醒广大教师的童心，这直接关系到中华民族伟大复兴的进程与中华民族充满希望的美好未来。

教育的本质功能与教师使命的核心是“育人为根本”。而这个根本，就是陶行知先生所说的：“千教万教教人学真，千学万学学做真人。”教人学真，贯穿教育教学全部过程，是为学生终身发展奠基的系统工程。这就要求教师自己首先具有童心，是个真人。

在“振兴民族的希望在教育，振兴教育的希望在教师”的时代呼唤中，唤醒童心的过程就是自我角色反思，自我心态调整的过程，就是唤醒教师对使命天职认同的过程，从而唤醒广大教师对教育事业的忠诚。而这忠诚的背后是对核心价值观的持守。如李镇西老师说：“一个老师有童心，有爱心，才有事业心。老师有童心，有爱心，才会有责任心。” 那么何谓童心？

童心，孕育着人类最美好的希望。童心的本质是真，是人类道德的本色，是人类最纯洁的真情。

童心，就一个人来说，是灵魂的内核，是人性真诚善良的种子。

童心，就一个学生来说，是天真无邪的笑脸，是天真淳朴的心灵。

童心，就一个教师来说，是师德之本，是爱与责任的核心，是教师的人格魅力，是教师要用一生精力呵护的灵魂。

明代杰出的思想家李贽说："夫童心者，真心也。若以童心为不可，是以真心为不可。夫童心者，绝假纯真，最初一念之本心。"

人们常说，爱是教育永恒的话题，没有爱，就没有教育。然而，如何把爱转化为教师的教育行为？当教师触摸着自己的童心，叩问自己的使命天职，把学生的身心健康发展与祖国的前途命运紧紧联系在一起的时候，他才能像李吉林老师那样，"把这种爱升华成自己的理念，又把它细化为自己的行为"。只有这样，爱才能自然而然地充盈课堂，融入知识，化为学生成长的智慧。

所以说，爱乃师德之魂，童心乃师德之本。爱因童心真诚的温暖而走进学生的心灵，童心因爱的责任雨润而化为师德的本真。

以童心叩问使命

教育是一项非常复杂的社会系统工程。在来自教育内部与外部的压力下，一些教师放不下应试教育的包袱，产生的职业倦怠等问题，不可能完全由教育内部来解决。但是，面对"教师队伍整体素质亟待提高"的时代要求，外在的培训所起的作用无论如何都是有限的。**而通过教师内心境界的提升来化解职业倦怠，唤醒广大教师的教育理想与激情将是不可忽视的有效途径。**

因为，人生常常是靠着一种理想信念而生存。而"伟大的精力，只为了伟大的目的而产生，一个人有崇高的生活理想，才有斗争的方向和胜利的信心"。教师是最善于反思的群体，能否唤醒广大教师的教育理想与激情，最终取决于教师对自己使命天职的认同。当一个教师有了唐江澎老师这种"当我以对人生价值、生存方式的剀切体验来诠释教师职业意义时，我获得了从事这种职业所需要的刻骨铭心的挚爱"的时候，他便可真正认清自己，认清自己肩上使命的神圣与崇高，从而焕发出执著追求教育理想的勇气和信心。

教师的一生，是一种追求，更是一种责任。只有当教师把这份责任镌刻在自己的人生词典中，他才能把教育理想化为自己的血肉与精神。他才能读懂必须唤醒每个教师的教育理想与追求意义，才能使自己成为一个童心教师，才能用爱与责任去呵护每一个灵动的生命。

教师的一生，是一种取舍，更是一种境界。正如魏书生老师所说：

"对求之而不得的东西想得通、看得透、出得来、放得下；对自己平凡的工作想得深、看得远、进得去、拿得起。当进入一心一意、舍身忘我的境界时，再看穷山村、破教室、泥孩子、土台子，便成了宏大的可改变的世界。"只有当童心扎根在这种境界中，教师才能远离虚假，超越功利，才能让所有的孩子同在蓝天之下共同成长，才能有大爱无声的心灵对话。

教师的一生，是一种守望，更是一种奉献。自古道："十年树木，百年树人。"这就注定了教师的职业要与劳累、清苦长相守。所以，人们便用"春蚕"和"红烛"来赞美教师。教师的职业的确是清苦的，但是，教师在清苦中守望着心中那份期盼。正是因为李吉林老师有"深感当教师比蜡烛永恒，照亮别人，升华自己；即便是比做'春蚕'，也绝不是'春蚕到死丝方尽'，而是丝虽尽却身不死。蚕化作蛹，蛹化作蛾，蛾又孕育，孵化出蚕宝宝，无穷无尽……那真是如诗如画"的崇高境界，才有她"我不是农民，却是一个播种者，我不是把谷子撒进泥土，却把另一种金色的种子播在孩子的心田上——那是一片奇异的土地，播下理想的种子，便会获得令人惊奇的收获"。当童心在这奉献持守中升华，才能让无形的爱充满人文关怀。

童心与爱心交织成童心教师的人格脊梁

拥有一颗童心，是教师素质的第一要义，童心与爱心交织成童心教师的人格魅力，支撑着一个童心教师对教育的独立理解与对教育事业的执著追求，成就一个普通的教师成为一个好的教师。

好的教师总是踏着时代的旋律，从不断深化课堂教学改革中走向远方。教学过程是一个特殊认知过程，是知识传承、道德引领与一个灵魂唤醒另一个灵魂的潜移默化过程，是师生共同参与、共同成长的情感共鸣过程。当一位教师领悟到"我以吾心付童心"的境界时，才能像李吉林老师那样，用学生的眼睛、学生的情感、学生的心理，构筑自己的内心世界；才可能真正走近学生、了解学生、走进学生五彩缤纷的内心世界，沿着李吉林、魏书生这些无数优秀教师成长的足迹，去寻找一个好的教师——一个教育家成长的智慧。

"一个好教师意味着什么？首先意味着他热爱孩子。"（苏霍姆林斯基）爱，不是教师的口头禅；爱，是一份尊重，是一种艺术，是一份责任，是无私的奉献；爱，因走进学生的心灵，引起学生的共鸣而有生命力；爱，因使教育者和受教育者都感到幸福而有价值。

一个好的教师，就在于他在传授知识的过程中，把自己学习的方法体会、人生感悟一同传授给学生，教给学生的是鲜活的知识、奠基一生的能力和方法。他绝不会极其功利地，不惜牺牲学生的身心健康与学习兴趣，让其机械地做大量的计算题和模拟作文。而是以自己的人格魅力和学识魅力召唤学生，让他们站在自己的肩上，攀向知识和生命的高峰。

一个好的教师，就在于他不仅是知识传授者，而且是点燃学生人生激情和智慧火种的思想启迪者；是在学生的心灵上播种真诚、善良，教学生学会生存、珍惜生命、感恩社会、关爱世界的道德引领者。

一个好的教师，就在于他能使学生读懂“人生的全部意义在于无穷地探索尚未知道的东西，在于不断地掌握更多的东西”（左拉）。去追求“当我们停止呼吸的时候，还能用我们创造的一切，为人类社会服务”的人生境界。

一个好的教师，不在于他告诉学生一个真实的未来，而在于教会学生用自己博大的人文胸怀和人类智慧去开垦未来，创造未来。

童心教师的成长过程，是一个唤醒童心的过程，是由精神成长支撑专业成长的过程，从个人修养到民族进步相互促进的过程。童心如诗，书写着厚德载物的华夏教师的人文气质；童心如歌，吟唱着教师用爱与智慧塑造民族未来的教育理想。

一、笑谈尝试人生

邱学华

邱学华，男，1935年生，现任江苏省常州市教育科学研究所研究员，并担任中国教育学会数学教育研究发展中心尝试教育研究会理事长、杭州大学教育系兼职教授、香港现代小学数学研究社顾问等职。

作为著名特级教师和享受国务院政府特殊津贴的专家，他的主要贡献是通过四十多年的实验研究创立了尝试教学法，后升华为尝试教学理论。他认为“尝试是创造的前提，尝试是成功的阶梯”。

主要著作有《尝试教学法》《尝试教学理论研究》《尝试成功发展》《尝试·开拓·创新》《中国小学数学四十年》《邱学华与尝试教育人生》等。

“人生七十古来稀”，这是中国人的一句老话。而今在我们中国，像我这样古稀之年的人比比皆是。

回首往事，历历在目。七十春秋，风风雨雨。虽几经波折，道路坎坷，但在成长的道路上不断尝试，不断取得成功。虽尝尽人间甜酸苦辣，但也享受了尝试成功的喜悦。

我的一生同“尝试”两字结下不解之缘。我没有读过师范却要当小学教师，高中才读半年却要考大学，还是大学生却要编大学教材，没有读过数学系却要当中学数学教师，教育理论界崇洋之风大盛我却搞中国特色的尝试教学理论……我什么都敢于“尝试”。我用了四十多年时间进行“尝试”教学研究，从“尝试”教学法到“尝试”教学理论，又因执著于“尝试”教学研究而成名成“家”。

为了使大家对我有一个大概的了解，先看看我的个人小档案。

邱学华个人小档案

姓　　名：邱学华（不用别名和笔名）

性　　别：男

民　　族：汉

出生年月：1935年7月

籍　　贯：江苏省常州市

政治面貌：党员

学　　历：本科（1960年华东师范大学教育系本科毕业）

职　　业：当过小学教师、中学教师、大学教师、师范学校教师、教科所教研人员等

兼　　职：中国教育学会数学教育研究发展中心尝试教学理论研究会理事长，华东师范大学教育科学院兼职研究员、南京师范大学兼职教授，曾任常州市第八届、第九届、第十届人大常委会委员等

荣誉称号：1984年被评为江苏省特级教师，1988年荣获有突出贡献中青年专家称号，1992年享受国务院颁发的政府特殊津贴等

主要贡献：通过四十多年的思考研究和教学实验，创立了具有中国特色的尝试教学理论

著作情况：编著或主编250多本图书，在国内外教育报刊发表600多篇文章

兴趣爱好：读书、旅游、打篮球、听音乐

最敬佩的教育家：陶行知

最敬佩的政治家：邓小平

最信奉的教育理念：学生能在尝试中学习，在尝试中成功

最喜欢的格言：走你的路，让人们去说吧

最喜欢说的一句话：在人类居住的这个蓝色星球上，什么样的奇迹都会发生，问题在于你是否敢去尝试

最喜欢读的书：毛泽东的《实践论》《矛盾论》

最喜欢的称号：朱永新教授在著作中评论我时说的“教育的光明使者”“创造许多记录的长者”

最幸运的事：当过小学教师、中学教师、大学教师、师范学校教师

最高兴的事：自己的工作能同2亿多的中小学生联系起来

最幸福的事：我的学生遍及全国，桃李满天下。我给幼儿园小朋友、小学生、中学生、大学生，直到研究生上课。跑遍了全国31个省、市、自治区以及香港、澳门给教师做讲座700多场，听众约50万人次

最成功的事：编著和主编“尝试教学理论研究丛书”一套7本，由教育科学出版社出版，奠定了尝试教学理论的基础

最失败的事：中学读了三年半英语，大学读了四年俄语，毕业工作后又进修了三年俄语，去日本考察后又学了一年日语，可到现在外语水平却不行，有的连字母都忘了

最难忘的事：1980年，国门刚打开，我随江苏省普通教育考察团赴日本考察访问，使我找回对人生的自信和自尊

尝试当小学教师

16岁当农村小学教师，对算术教学产生浓厚兴趣，五年的小学教师生涯，奠定了教学实践的基础。

1951年，我刚满16岁，就在江苏省武进县一所农村小学开始了我的教学生涯。这是我尝试人生的起点，所以必须从当小学代课教师谈起。我怎么会当小学教师，也是因为一次偶然的机会。

1950年，我考取了省立常州中学高中部。常州中学是江苏省一所很有名的中学，将来考大学是没有问题的。当时我曾梦想以后当工程师、科学家。

1951年我的家庭发生了变化，经济困难，我不能再继续读书。为了尽快找到工作，辍学后我进了会计训练班，准备通过几个月的速成，随便到哪家店铺或是工厂去寻个会计活，也好早早挑起家庭生活的担子。这一年盛夏的一个晚上，我正“劈里啪啦”地在家汗流浃背练习打算盘，姐姐的一位好朋友到我家来玩。她那时已在武进县郑陆桥的塾村中心小学当老师，让我觉得很有点了不起，手里打着算盘耳朵却在偷听她和姐姐的交谈。当我听说她所在学校缺教师，想介绍姐姐去代课，姐姐因胆怯不敢前去应聘时，我眼前一亮壮大胆子插上去问她道：“那，姐姐，能不能让我去试一试？”就这样，第二天我就带上简单的行李跟她下乡，尝试着去当我一直十分敬仰的教师了。在人生的道路上，一个偶然的机会往往能改变人的一生。想来，要是没有姐姐那位好朋友偶然中为我提供的这个机会，我现在肯定不可能成为桃李满天下的教师，说不定当了一辈子的会计师了。

从常州轮船码头坐了一下午轮船到达郑陆桥，又再步行将近一小时路程来到塾村中心小学时，太阳已经落山了。学校是利用旧祠堂改建而成的。里面到处黑咕隆咚的，只有办公室亮着煤油灯。教室的角落里还停放着一口空棺材，看上去怪吓人的。我放下行李，立即跟着走进办公室去见校长。校长听说我才16岁，满脸稚气嘴上没毛，板起个脸显得很不高兴。碍于姐姐那位好朋友的情面，同时也因急缺老师，便答应让我先代课试试再说。校长安排我去上五年级的算术课，同时兼教体育、图画课。

当天晚上，我在昏暗的煤油灯下，面前摊一本教科书、一沓稿纸，开始了生平第一次备课。想想第二天就要走上讲台，心里抑制不住兴奋之情。手摇一柄芭蕉扇，不为纳凉，只为并不济事地赶一赶“嗡嗡嗡”往我身上乱咬的蚊子。说也奇怪，当时我并不慌张。我想了一夜，想到小孩子喜欢听故事，就从讲故事开始吧。

当我踏着上课铃声走进教室，随着学生班长的一声“起立”，只见齐刷刷站起来几十个和我个头差不多高的学生，有的甚至还比我高半个头，心里吓了一大跳。他们都用怀疑的眼光看着我，看着这么小的老师。这时，有的学生开始交头接耳，有的学生开始骚动起来。当时我非常镇定，先介绍了自己，然后笑着对大家说：“今天是我第一次站到讲台上给同学们上课，作为见面礼，讲几个故事给大家听。”教室里一下就安静下来，学生们开始用好奇的眼光看着我。随着故事的跌宕起伏，不时还传出学生们的笑声。校长对我上课不放心，特地从教室门口走过，但看到学生都安静地在听我讲“课”，满意地笑了。

与学生们一起讨论问题

在中学里当班干部的经历帮了我的大忙，帮我渡过没有备课也无法备课的第一课的难关。转眼间六十多年过去了，生平第一课的情景至今仍记忆犹新。回想起来还真有意思，我竟把算术课上成故事课。现在从教育理论的观点来分析，这是先同学生建立起感情，使学生产生良好的第一印象。可当时根本不会想到这些，只是逼上梁山的“绝招”而已。这一招可真灵，他们很快就喜欢上我的课了。从同学们的眼光中，我不但看到敬佩，甚至还能读出一点崇拜来。上算术课，我没有一点“师道尊严”的架势，同学们有问题只管问，我对他们也比较尊重；上图画课，结合画画讲一些古代书画家的故事，让他们感到我肚皮里全是学问，又画得一手山水花鸟；上体育课，带他们打篮球、做游戏，到学校附近爬山，组织他们开展各种比赛。校长常对别的老师说：“别看小邱同志年龄不大，拿学生倒蛮有办法的。”这样，我就在塾村正式留下当上一名教师了。

我没有进过师范学校，只能通过模仿尝试着去当好一名教师。那时还不盛行上示范课，也没人对我进行专门辅导，但我听父辈讲过他们怎么“偷来拳头学本事”的经历，于是，没课的时候我常常会一个人偷偷站在教室外面听老教师上课，学习他们的一招一式。那些老教师也并不保守，只要有问题请教，他们也总是耐心给予指导。当上小学教师后，自己赚到了一点津贴，趁难得回常州老家的机会，最大的快乐就是能在新华书店寻找到对我有用的各种参考书，晚上在煤油灯下如饥似渴地学习。

不知什么缘故，本来对我将信将疑的校长后来竟特别喜欢我，第二年我就被他提拔为教导主任。这时，我才刚满17 岁，在教师中年龄最小，如何能领导得了全校的教师呢？在老校长的鼓励下，我还是挑起了他交给我的这副担子。想来想去，最好的办法就是嘴巴甜一点，手脚勤快点，扫地烧水的活样样抢着干。当上教导主任后，学校排课时，我总是先让别的老师挑课，剩下的课全由我大包大揽，因此小学各个年级的各门功课我都上过。大都是一边学，一边教。最难的是教音乐课，要弹风琴，光看书不行，星期天就一个人把自己关在学校里，从早到晚练习弹风琴。我也从此喜欢上了音乐，无师自通地拉二胡、吹笛子。人生没有哪段路是白走的，只要你用心去走，只要你大胆去尝试，没有走不通的，没有学不会的。虽说从小吃过不少苦，但现在想想我的吃苦耐劳精神就是在塾村养成的。

那时，虽说当上了正式教师，每月却没有工资拿，仅由国家发一点津贴。学生交学费没有现金，大都到年底用粮食、猪肉代替，过年时教师就每人分点带回家。学校没有食堂，我们这些当教师的一日三餐在学生家中轮流吃饭，当地农村里叫吃“供饭”，每星期低年级学生供一天、中年级学生供两天、高年级学生供三天以抵作学费。这样，我们天天接触农民群众，到农民家里做客。江南农村有尊师重教的风气，对教师很尊重，遇到供饭那天，总要设法弄点好菜招待教师。

我渐渐地喜欢学校，喜欢农村了。虽说郑陆桥离常州只有几十里路，一年到头我却难得回家，就连寒暑假也在塾村吃百家饭。过年了，乡亲们经常排演当地的锡剧，我不会唱，就帮他们画布景，搭布景。有时乐队缺人，我就帮着敲敲锣鼓，拉拉琴。塾村小学五年的生活，使我真切地了解了社会，对农村产生了深厚的感情，不但许多学生将我这位小先生当成他们的知心朋友，而且还有许多农民成为我的忘年交。这段经历，对我一生产生了重大影响，后来当我成为大学教师，我还是喜欢和小学生在一起，有事没事还是喜欢往农村跑，和农民交朋友。这种农村情结，这种草根情结，或许也是我的成功之道吧！

我上算术课的时候，遇到一个十分头痛的问题，不管我怎么想办法教，怎么告诫学生不要粗心，学生还是经常算错。怎么办？我买到一本苏联普乔柯的《小学算术教学法》，真是欣喜若狂。普乔柯认为，口算教学有非常重要的意义，加强口算练习可减少学生计算错误。他还在书中介绍了一种口算练习条，练习时挂在黑板上，各条的位置可以调换，可以组成很多口算题目，省去教师书写小黑板或做口算卡片的麻烦。从此，我有意识加强了对学生的口算训练，并依样画葫芦在课堂上使用起普乔柯介绍的这种口算练习条，没想到真的产生了意想不到的效果，就连班里最粗心的学生通过这样的训练也不大会算错了。一学期后，我又发现口算条挂在黑板上，使用不方便，学生看不清，又因学生一会儿抬头看题，一会儿埋头做题，影响计算速度，也影响他们集中注意力。于是我想能不能将它改成一张表格，给每个学生发一张，让他们照着表练习口算呢？口算表的构思一旦形成，我是吃饭也想，走路也想，睡觉也想，真的达到废寝忘食的地步。这样很快设计出第一张口算表，边使用，边修改。后来，我还按照各年级的不同需要，设计各种不同的口算表。从此，塾村小学的数学成绩得到大幅提高，我的名气也在全县慢慢传开，我还由此受到武进县文教局的表扬。我的处女作《一张可以组成近万道题的口算表》就是在这时写成的。“口算表”可算是我的第一个发明。

我当过班主任、少先队辅导员。回想起来，当时工作特别认真，各项工作都有工作笔记，如班主任工作笔记、辅导员工作笔记，直到现在还保存着。在班主任工作笔记中，有问题儿童的档案记载，详细写着他们的家庭情况、有什么特点、造成问题的原因、采用哪些解决办法，等等。在少先队辅导员工作笔记中，有历年的工作计划、主题活动计划、工作总结等。我搞了不少有趣的主题活动。印象深刻的有两次，一次叫“登山夺红旗活动”，全班分成两队登山，沿路要扫除地雷（预先埋在石块底下的题目，必须解答后方能前进），看哪队先登上山顶夺取红旗；另一次是放风筝比赛，各小队预先自己制作风筝，比赛时根据制作风筝的水平、放的高低而评分。孩子们在活动中个个欢蹦跳跃，兴奋不已。当时我就深切地体会到，教育孩子靠说教收效不大，应通过他们喜爱的活动，让他们自己教育自己。由于少先队工作出色，我被评为武进县优秀辅导员。

新中国成立初期，很多教师没有受过专业训练，为了提高大家的业务水平，各辅导区办起星期学校，利用星期日半天时间把教师集中起来学习，采用兵教兵的办法，能者为师，我还担任辅导教师给大家讲课，讲算术教学，讲少先队工作。那时虽然没有聘请专家讲课，但大家学得非常认真，星期学校办得红红火火。

1954年，我加入共青团的愿望实现了。曾因“家庭出身不好”，我的入团申请几次讨论都不能通过。后来是焦溪区政府文教助理员戴祖琪主动当我的入团介绍人。成为一名光荣的共青团员，给了我极大的鼓舞，从此我坚定了这样的信念：尽管我的人生道路没有别人平坦，但只要我付出比别人更多的努力，一定会达到目的的。

1955年，老校长调离了。县文教局任命我当塾村中心小学校长。那时学校已扩大到7个班，有10位教师，还要管理4个村校。我仍坚持上两个班级的算术课，还有历史、地理、音乐、美术课。

五年的农村小学教师生涯，对我来说太重要了，它是我尝试人生的起点，它确立了我一生的追求，它使我同小学结下了不解之缘，它奠定了我搞教育理论研究的实践基础。

尝试当大学生

进华东师大教育系深造，遍读教育理论著作，打下了较为扎实的理论基础，教育科研工作开始起步。

我20岁就当上了中心小学校长，是全县最年轻的中心小学校长，这是许多人羡慕不已的，真是春风得意。可是我却开始酝酿新的目标。在小学摸爬滚打几年，使我深深爱上小学教育。当时热情很高，可是许多问题想不明白，也解决不了。为什么教师辛辛苦苦，学生的成绩还提不高？为什么千叮万嘱，学生还会算错？为什么差生问题始终解决不了？……我深深感到自己文化水平和理论水平太低，当时正好允许在职干部考大学，为了研究小学教育，我决定考大学深造。

可是，我仅读过高一，考大学谈何容易。仔细算来，中小学12年，我只读了6年半。我要读小学的时候正是在日本沦陷区上海，家里穷，没有钱进学校，只能断断续续进了义务夜校识字，抗日胜利后，我们全家回到家乡常州，那时我才正式背起书包进了学校，不知道读几年级，只能按年龄算读四年级。这样小学只读了3年，初中3年，高中读半年，加起来才6年半。

我下定决心去试一试，不试怎么知道我不行。那时没有什么进修补习的机会，只能靠自学。设法借来全套高中课本，白天忙于校长工作，晚上备课批完作业后，开始自学高中课本，在煤油灯下苦读到深夜，那时冬天特别冷，把脚趾都冻坏了。我报考大学的目标很明确，就是为了研究小学教育，在师范大学里唯有教育系是研究小学教育的，当时报考大学可以填三个志愿，这三个志愿我都填上“教育系”，考不取还是回来当小学教师。

记得那天我在学校里等录取通知书，孩子们也跑到学校里焦急而担心地等待。我希望录取，可孩子们不希望我录取。当我拿到华东师范大学教育系的录取通知书时，所有在场的学生都“哇”地一声哭了，他们不愿意我离开。临走那天，孩子们成群结队到轮船码头为我送行。此情此景，我永生难忘。孩子们喜欢我，我也热爱他们。我暗下决心，进大学后要努力学习，将来更好地为他们工作！

考进华东师大教育系是我一生的转折点，使我走上了教育理论研究的道路。开学了！我拎着旧纸箱和铺盖走进华东师范大学，立即被眼前的景色惊呆了：雄伟的教学楼群，美丽的草坪，高大的树木，环绕着静静流淌的丽娃河……我，连高中都没读完的农村小学教师，居然能走进大学殿堂，非但不需交一分钱，而且每月还有工资津贴，对党和人民的感激之情，油然而生。开学后第一学期，我就向党支部递交了生平第一份入党申请书。

一个农村小学教师能够进大学读书，我深知学习来之不易，便如饥似渴地拼命学习，好像一头饿牛闯进了牧场，每天早早起来晨读，中午从不午睡，总是一吃完午饭就到教室去啃书，晚上则泡在图书馆里；星期天常常从早到晚躲进图书馆一个人静悄悄看书，中午有时就啃个馒头充饥。图书馆管理员被我感动了，让我享受到教师那样的优惠，每次可借10本书带回宿舍去。这段时间，我读遍图书馆里所有小学教育方面的藏书，读了许多世界教育名著，例如夸美纽斯的《大教学论》、卢梭的《爱弥儿》、柏拉图的《理想国》、杜威的《民主主义与教育》、赫尔巴特的《普通教育学》；同时系统学习中国教育史，读了《论语》《孟子》《师说》《九章算术》等名著。我特别喜欢读毛泽东的《实践论》《矛盾论》，这两本书奠定了我的哲学基础，使我受益匪浅，并对我一生产生了重大影响。

华东师大教育系有许多知名教授，如刘佛年、张耀翔、沈百英、邵瑞珍、赵祥麟、胡寄南等，他们严谨的治学态度和深入浅出的讲课风格都对我产生了深远的影响。张耀翔教授是普通心理学的前辈，是教育系主任。他讲课既严谨认真又幽默风趣，把人们认为神秘莫测的心理学讲得通俗易懂、趣味盎然，是他使我对心理学产生了浓厚兴趣，从而为后来搞小学数学教学心理学打下了良好的基础。他平易近人，对学生没有一点架子，对讲课一丝不苟，上完课总是亲自把黑板擦得干干净净才离开教室。沈百英教授所教算术教学法，是我最有兴趣的一门学科，也是我一进大学就确定的主攻方向。沈老师是一位没有上过大学的大学教授，这在大学里是很少见的，让我感到特别钦佩同时也特别亲切。他早先也曾当过小学教师，后来长期在商务印书馆编写小学课本，解放前全国许多套小学语文、算术课本他都曾参与编写，有丰富的实践经验和编写教科书的经验。他讲课时密切联系小学实际，还总能引得同学们哄堂大笑。我是他这门学科的科代表，因而他对我也特别关心。毕业后，我当他的助教，他是我的指导老师，我受沈老师的影响很深，直到现在我讲课的风格还很像他。

在农村小学五年的教师生涯，使我对算术教学产生了浓厚的兴趣，因此进大学后很早就确立了主攻的专业方向：小学算术教学法。师大图书馆有关算术教学方面的藏书我都读遍了。我还参加学生科研小组，利用课余时间，系统整理口算表，研究设计算术教具。有幸的是在我学生时代教育科研已经开始起步了。1958年全国开始“大跃进”，同时一场教育大革命也在全国范围兴起。在“破除迷信，解放思想”精神的鼓舞下，我向教育系领导提出一个大胆请求：教育系一直还没有“小学算术教学法”课的教材，能否让学生自己编写一本《小学算术教学法讲义》。教育系领导接受了我的建议，挑选十多位同学成立了编写组，现在全国知名的课程论专家钟启泉先生就曾是编写组的骨干。学校里都知道我有算术教学法的专长，又是发起人，就推举我当组长。同学们大都没有当过小学教师，没有教学经验，许多任务都落在我的肩上。在沈百英教授的指导下，我很快拟定编写提纲，分配编写任务，为大家搜集参考资料，到小学调查研究；我包揽了其中许多章节的编写工作，各人写出初稿后，最后由我对全书进行统稿。就这样，不到两个月时间，一本30多万字的《小学算术教学法讲义》就排版付印了。这本大学用书，作为“大跃进”的成果不免显得粗糙，但它内容丰富，同时也切合教学实际，特别是摆脱了苏联小学算术教学法的体系，探索切合中国学校实际的教学法体系。这本书受到学校和社会的高度重视，上海许多教研部门和小学都纷纷到华东师大索要这本书，一时成为“抢手货”，我也成了新闻人物。时任教务长的刘佛年教授大力赞扬了这件事，并不断关注我的成长。当时，我们都是大学三年级的学生，居然能编出大学用书，不能不说是个奇迹。这是我第一次参加写书并且取得成功，还承担了其中的主要工作，对我后来不断著书立说起到了兴奋剂般的作用。从此我更坚信：只要大胆尝试，一定能够成功。

随着教育大革命的深入，同学们不能安静地坐在教室里上课了，纷纷走出校门，有的到工厂劳动，有的去农村办学，有的搞社会调查。华东师大党委决定挑选一部分教育系师生到附小进行教学改革。我当过小学校长，又擅长算术教学法，因而被挑选上了。我们教改小组到附小同教师们一起上课，按照“教育必须为无产阶级政治服务，教育必须同生产劳动相结合”的方针实施教学改革。教改小组发挥我的优势，要求我带领全体算术教师进行算术教学改革。一方面进行教学内容的改革，自编教材使之更好地同政治思想和生产劳动相结合；一方面改革课堂教学，充分体现以练习为主，做到精讲多练，并且大胆尝试，先让学生练习，教师再讲解。这实际上已是尝试教学的萌芽。华东师大附小的算术教学改革经验受到重视，为此推派了算术教师代表参加了全国文教群英会。

华东师大接受了编写中小学数学革新教材的任务，又把我抽调去编写小学数学教材，这是我第一次参加小学数学教材编写工作，使我学到了许多东西，这为我以后进行小学数学教材研究打下了厚实的基础。

华东师大四年的学习生活，为我打下较为扎实的理论基础；小学数学教学改革的实践，使我在大学阶段没有脱离小学数学教学，这是十分有幸的；当时重视教育与生产劳动相结合，理论同实践相结合，要求知识分子在与广大的工人、农民打成一片的过程中加强世界观改造，这对自己今后的成长和发展都产生了重要的影响。

尝试当大学教师

大学毕业留校当助教，对小学数学教学开展全方位的研究，深入附小搞教学实验，走一条理论联系实际的研究道路。

大学毕业后，作为一名入党积极分子，我曾向组织坚决要求到边疆去工作，最后却被选中留校当了助教，教小学算术教学法这门课。命运，又一次将我同小学数学紧紧拴在一起。

按当时规定，刚毕业的助教是没有资格上课的，主要帮助主讲教师批改作业和课后辅导，必须有两三年学习准备的时间才能开课。可是我到教育系报到工作时，组织上通知我，我的指导老师沈百英教授病了，要我立即开课。好在教材是现成的，就是前一年主要由我负责编写的《小学算术教学法讲义》。教材是自己编的，用起来特别顺手；五年的小学教师生涯，使我具备了较好的教学艺术，又有生动有趣的实例，因此我的讲课受到大学生普遍欢迎。

当上助教，给同学们上课，我很快发现大学生普遍不重视教学法，认为教1+2=3没什么困难。我想了一个办法“治”他们，请他们推举一个最能干的学生，准备一下，第二天到附小教一年级算术课，内容是《9加几》，全班同学都去听课。结果这个最能干的学生上了10分钟就没话讲了，看着我焦急地问：“邱老师，怎么办？”大家都为这位同学捏了一把汗。然后，全班同学再听附小教师上《9加几》这堂课，这下他们全服了，认识到教学法这门课大有学问。

接踵而来的问题是如何开展教育科学研究，大学教师除了上课外，还必须进行科学研究。当时在我的面前有两条研究的道路：一条是关起门搞研究，广泛搜集资料，汇集各方面的观点，再作理论上的分析，就能写出论文或专著，这种办法既省力又容易出成果；一条是深入学校搞教育实验和调查研究，再从实践上升到理论，而教育实验周期长，又容易受外界因素干扰，往往是既费时费力又难出成果。但我觉得第一条路大都是重复别人讲过的话，理论分析得再好也是别人的东西；第二条路虽然艰苦，搞的是自己的东西，能够产生新方法、新思想和新理论。从古至今的伟大教育家从孔子直到陶行知，哪一个不是在长期的教育实践中，产生他们各自的教学理论呢？更何况当时的社会大环境，也特别提倡知识分子到基层去经风雨见世面。我毅然决定走出大学校园，决心和广大人民群众打成一片。从此，我始终坚定地走在理论联系实际的大路上。这是一条最终引导我从成功走向更大成功的道路，直到今天我还认为，这其实也是知识分子的一条必由之路。可惜，现在有很多人忘记了或者根本就不明白这个道理，有的虽然明白，人也下到基层去了，心却始终没有下去。

搞教育实验必须有实验基地，有利条件是我们师大有附小，我主动向教育系领导请示到附小搞实验研究。决心已下，我就一边在师大上课，一边到附小搞教学实验，还兼任附小副教导主任。由于绝大部分时间都在附小，我就和附小教师住在一起，和他们同吃同住同学习。由于大学上课不多，每周4课时，我大部分时间在附小，所以很多人弄不清我是大学教师还是附小教师。

几年里，我以师大附小为基地，并深入上海许多学校。其中印象最深的是到建襄民办小学的协助工作。建襄民办小学是大跃进涌现出来的一面红旗，是由吴佩芳校长带领一帮家庭妇女创办出来的。根据吴佩芳的事迹，当时拍成电影《鸡毛飞上天》，并搬上了沪剧舞台。1963年，吴佩芳校长遇到华东师大党委书记常溪萍同志，常书记关切地询问她有什么困难，她诉说学校教学质量上不去很焦急。常书记立即派我去协助她们。

建襄民办小学校舍很简陋，租用一幢民房，大部分教师是家庭妇女，没有受过专业训练。我就从怎样备课教起。对学生从基本训练抓起，试用我研究出来的一整套口算基本训练卡片、应用题基本训练卡片，课堂教学采用练习为主、先练后讲的办法。经过一年的努力，建襄民办小学的数学成绩从全区最后一名奇迹般上升到全区第二名。

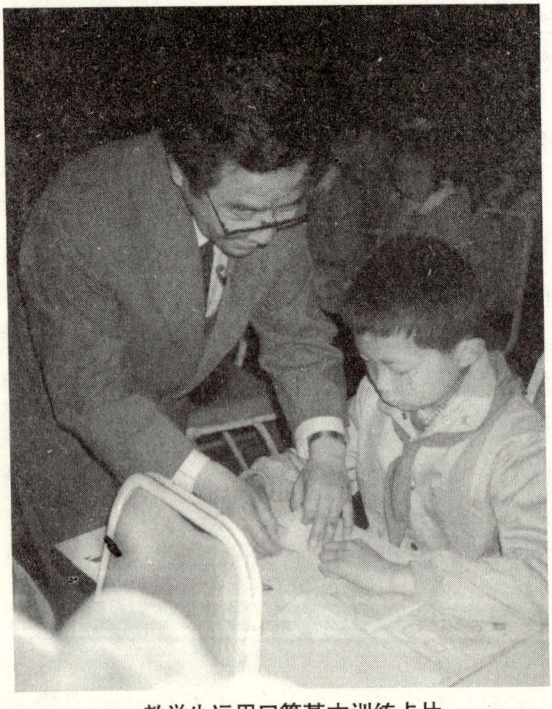

教学生运用口算基本训练卡片

这个事例，使我清楚地看出改革教学方法的重要性，学校提高教学质量有巨大的发展空间，最差的能变成最好的，这并不是梦想。

实践出真知，我这条理论联系实际的道路走对了。我对小学数学教学进行全方位研究，如口算表的系统整理、口算与笔算的相关研究、珠算熟练的心理学研究、珠算教学改革的研究、算术教学中的基本训练研究、算术作业当堂处理研究等，研究成果迭出，相继发表在《心理学报》《上海教育》《福建教育》《江苏教育》等杂志上，引起小学数学教育界的关注。1961年，我在《江苏教育》发表《改进珠算教学的几点意见》，在全国首先提出“口算、笔算、珠算密切结合起来”的观点，并主张对小学生不需要教珠算口诀，这些观点在全国引起较大反响，促进了珠算教学改革，也为“文革”中的“三算结合教学”作了理论上的准备。

我的研究受到校、系两级领导重视。1963年，华东师大为了重点培养一批知名教授，成立了红专进修班。全校选拔了三十多人参加，我也被选定为重点培养对象。在三十多名重点培养对象中，其他人都是讲师、副教授，只有我一个人是助教。当时刘佛年教授是教务长，亲自领导这个红专进修班。从这时开始，我接受刘教授的亲自指导，学校从时间、资料、经费等各方面为我创造了许多条件。

师大当时有个规定，不管是谁的研究课题，一旦被列为全校重点研究课题，学校将提供必要的研究经费。这时，我的研究兴趣十分广泛，但却没有一个可称之为重点的课题。一次，我在上海市图书馆看书时，发现一本《日本小学算术课本史》，这本洋洋洒洒七百多页的巨著，详细记载了日本小学算术课本发展的历史和各种课本的特点。中国是一个大国，却没有一本自己的课本史，由此我萌生了搞中国小学算术课本史的想法。我的导师沈百英教授对此极为支持。

要搞中国小学算术课本史，首先要找到新中国成立前出版的各种算术课本。我在华东师大图书馆找到了十多套课本，那时没有复印技术，用照相技术记录成本又太昂贵，只能择要一一做出详细记录。我又给北京图书馆、北京师大图书馆等处发出求援信，却收获甚微。我听沈百英教授说过以前上海中华书局有一批藏书。根据这个线索，我终于在一家印刷厂的资料室找到了新中国成立前的二十多套课本，我如获至宝。但他们不同意借出，我只能整天在那里工作，给每套课本做了详细记录。当时生活很艰苦，我常常是拿几个馒头当做午餐。

要搞中国小学算术课本史，更困难的是搜集活资料。不少亲历者当时已到古稀之年，如果不抓紧搞这项研究，以后再搞就困难了。这样更使我下定决心，抱着抢救文化遗产的紧迫感着手这项研究工作。经沈百英先生介绍，我到杭州拜访被誉为一部算术教学“活字典”的俞子夷先生。俞先生是中国小学算术教学法的奠基人，新中国成立前后许多套算术课本都是他主编的，曾任浙江大学教育系教授，撰写了大量算术教学法著作；新中国成立后他担任浙江省教育厅长后，仍坚持小学算术的教学研究；1957年他被错划为右派，从此一直赋闲在家。我到俞先生家拜访时，他听说我要搞算术课本史，十分高兴。我们连续谈了三天，内容涉及新中国成立前后五十年小学算术教学的情况，他还答应我把这些情况写下来。他说："我从事小学算术教学五十多年，把自己的体会和经验写出来，给人参考，当块垫脚石。将此身心奉献教育，是我终生的愿望啊！活一天，我就要为小学教育写点东西，现在可能没用，总有一天会有用的。"不久，俞子夷将他撰写的《五十多年学习研究算术教法纪要——一条迂回曲折的路》一文寄给沈百英先生。这篇回忆录很有价值，我从沈先生那儿借来专门抄了一份。就这样，通过多方调查研究，中国小学算术课本史的脉络基本清楚，按照年代排列，沈百英教授和我很快编写出《中国小学算术课本书目》。

正当小学算术课本史研究有了眉目，令人欢欣鼓舞的时候，政治运动接踵而来，1965年我被迫去安徽农村参加"四清运动"，1966年史无前例的"文化大革命"开始了，研究工作被迫停止。

《中国小学算术课本史》研究没有完成，这是我一生的遗憾。现在再要搞这项研究，困难重重。新中国成立前出版的几十套课本已无法找到。前面谈到的华东师大图书馆保存的十多套课本，以及中华书局在上海一家印刷厂的资料室保存的二十多套课本都在"文革"中散失了，实在可惜。这个损失是无法弥补的。

尝试当中学教师

“文革”期间，离开师大到溧阳农村当中学教师，但没有停止自己的追求，仍痴迷于数学教育改革，采用尝试的办法教中学数学。

1966年“文革”开始，我因为家庭出身不好又是业务尖子，被当成师大党委“走资派”培养的修正主义苗子、走白专道路的典型，就连我曾去杭州拜望过俞子夷也被当成一条罪状，一时间受到大字报围攻，要我交代到“大右派”那里去干什么。我的宿舍被抄。“造反派”把我的全部日记本抄走，想从我日记的字里行间寻找有什么反动的东西，作为他们批判攻击师大党委的炮弹。我从当小学教师开始记日记，共有十多本，里面记录了我的工作、学习情况以及对党和人民的感激之情。造反派根本捞不到什么稻草，后来把我撂到一边，我就成了“逍遥派”。

造反派要我交代到“大右派”俞子夷家里去干什么。我隐瞒了俞子夷先生写过一份回忆录的实情，心想如果交出去，肯定要烧毁，我把这份资料藏在旧书堆里。后来我离开师大到溧阳农村，丢弃了许多图书资料，从溧阳农村回常州又丢弃了一批，可是这份资料我一直珍藏着，直到“文革”以后，俞子夷先生的这份回忆录——《五十多年学习研究算术教法记要——一条迂回曲折的路》，由我交上海《小学数学教师》杂志分三期连载发表，后又编入《俞子夷教育思想研究》一书，使这篇珍贵资料得以重见天日，这是后话。

大学不上课了，附小不能去了，无法搞小学数学教学研究了，这使我感到痛心。但我又不甘心，总想找点工作做。我从一所小学里找来一套上海市新编的数学课本，如获至宝，白天要搞运动不敢写，就利用晚上偷偷地认真研究，写了十多页修改意见。当时不敢用真名，就用“螺丝钉”的笔名给编写组寄去，也算为小学数学教材建设做点工作，心理上多少能得到一点安慰。编写组接到我的修改意见十分重视，可又没有留下姓名地址，他们从信封上的邮戳居然找到我这颗“螺丝钉”。他们通过组织关系，让我名正言顺地为教材提出修改意见。

造反派“文攻武卫”争权夺利，激不起我的兴趣。于是，我们组织了一个小分队，到上海的工厂和近郊农村去办“红师班”，培养工人、贫下中农当教师。我又干起编写小学数学师资培训教材的老本行。1970年，家庭情况有了变化，使事业的航船有了波折。江苏省开始了上山下乡运动，我妻子在常州当小学教师，也由于家庭出身不好，我妻子要带着我的老母亲和两个幼小的孩子下放农村去“闹革命”。为了照顾家庭，我毅然离开上海，主动要求调到江苏省溧阳县农村当中学教师。当时很多人劝我不要离开大上海，农村艰苦，万一有什么问题，我留上海还有回旋余地。我不怕，农民世世代代都能生活在农村，我们难道就不能生活？另外那时在大学已无事可做，我已厌倦“文革”的喧闹，还是到农村做点实际工作吧。

到溧阳后，我被分配在一所农村中学，我主动要求教数学。我想教中学数学离小学数学总能近一点吧。其实我心里明白，教中学数学我是不够资格的。我只有高中一年级的数学基础。因为教育系是文科，当年考大学不考数学，到了教育系也不上数学课。多年不用，大部分都忘了。但我相信世上无难事，于是顶着头皮教，开始尝试当中学教师。

我一边自学，一边教。先自学例题，看懂了再认真做练习题。有了这样的亲身体会，我就知道学生学的时候难在哪里，怎样突破难点。学生反映：邱老师上课听得懂，学得会。他们都喜欢上我的数学课。以后我把自己自学的方法教给学生，其实这就是“先练后讲”尝试教学模式的雏形。这为我20世纪80年代启动尝试教学法实验研究作好了准备。

我自学了高中数学和高等教学，又从初中教到高中，熟悉了中学数学教材，这为我以后从更高的层面上研究小学数学和在中学搞尝试教学实验打下了基础。

我这个人喜欢动脑筋，搞点新花样。结合中学数学教学，在联系实际、开门办学中我搞了两项小发明：一项是自制平板仪，一项是估计土圆囤里粮食重量的标尺。当时非常重视测量、绘制平面图，学校又没有仪器，我就想法自己制造，给每个小组都配一副。“文革”中农村里大造备战备荒的“土圆囤”粮仓，土圆囤里堆了多少粮食，计算比较麻烦，我就想了一个办法：在土圆囤内壁，用红漆画一根标尺，根据土圆囤圆柱体的容积和稻谷的比重，在标尺的刻度写上重量。粮食堆多高大约就有多重，一看就知道。这个办法在公社粮站推广，因此，我还受到县教育局的表扬。

我在中学教书，也没有忘掉小学数学。“文革”中开展了三算结合教学实验。我就偷偷地跑到附近小学搞实验，对三算结合教学提出自己独到的见解，写出许多有影响的文章。很多人对此不理解，都说我自讨苦吃，既没有报酬，还可能犯错误挨批。后来县教育局发现了我这个“人才”，把我调到溧阳县师范学校工作，搞小学教师培训和主持全县三算结合实验工作。

这样，我又得以重操老本行，再教小学数学教学法，培训在职的小学教师。我为自己能重新回到小学数学领域而欣喜万分，小学数学研究之舟重新起航了。那时的农村小学教师大都没有受过专业训练，业务水平较低。我必须研究怎么样把小学数学教学法讲得通俗易懂、深入浅出，让农村教师听得懂、学得会、用得上。为此，我经常骑着自行车到各公社去，有时甚至徒步翻山越岭，深入到他们所在的学校听他们上课，了解他们教学上的问题究竟出在哪里，分析他们知识结构中到底紧缺些什么。同时，我还亲自帮他们备课，手把手教他们应该怎样上课。我不但在培训班上讲，还轮流到全县各公社去讲。几年下来，我翻越过溧阳丘陵地带的大小山头，跑遍全县各个角落。当时，溧阳县的三算结合实验，搞得轰轰烈烈，全国各地都跑来学习，连北京师大、南京师大的教授也来溧阳考察过。

我们全家下放农村后，也分到三分自留田。我在中学教书，妻子在小学当民办教师。我们白天到学校教书，放学回来种自留田，种蔬菜、水稻、小麦、山芋等。在住房旁边搭了两间草房，养猪、养羊、养鸡、养鹅。我们向老农请教，看农技书。竟然出现了奇迹，种的一个南瓜有36斤，两头小猪三个月就长到一百多斤，每天长一斤。当地不种大白菜，我们从城里买来菜籽，按照《怎样种菜》书上的要求培育，结果每棵大白菜都有十多斤，又白又嫩一大片，惹人喜爱。此后，附近农民都向我们要了菜籽，家家户户都种大白菜。

我们在房屋四周都种上杨树，屋前种了桃树、梨树，边上开了一条沟，引来水渠的清水，水沟上铺了一块石板，不就是小桥流水、绿树成荫了吗，好一派田园风光。面对困境，我们还是自得其乐。

我们同农民关系很好，全村人待我们亲如一家，把我们当成自家人。有点头疼脑热时，总有人嘘寒问暖。

有人说，逆境是财富，这是对的。我在农村九年，虽然生活受到磨难，但意志得到了锻炼，思想得到了净化，使自己更具吃苦精神，这为“文革”后向教育科研攻关作好了精神准备。

我的两个孩子，在农村生活九年，深知生活的艰苦，养成了热爱劳动的精神和勤俭朴素的习惯，这是金钱所买不到的。因此他们的学习、升学、工作都不要父母操心。

“文革”中受到冲击，全家下放农村，许多人怨天尤人，愁眉苦脸，意志消沉了，把宝贵的时间浪费了。我却远离城市“武斗”“夺权”的喧闹，在溧阳农村找到一方乐土，尝试当了农民，学会了自力更生；尝试当了中学教师，自学了高中数学和大学数学。更重要的是我能够继续进行数学教改实验，使教育科学研究的航船没有停顿。

尝试当师范学校校长

“文革”结束，回到家乡常州，任师范学校校长，探索师范学校办学模式，全面开展小学数学教学研究，正式启动尝试教学实验研究。

“文革”结束，拨乱反正，迎来了教育事业的春天。许多单位都要调我去工作，有中央教科所、江苏省教研室、江苏省教材编写组、南京师范大学以及我的母校华东师范大学。

特别是我的导师华东师大刘佛年校长亲自派人到溧阳，要我回师大。时任华东师大教科所所长的江铭先生受刘校长之托，到溧阳农村找到我，要我返回师大到教科所工作。当时我听了激动不已，热泪盈眶，相隔九年了，刘校长还记得我。我婉言回绝了其他单位，决定回母校工作。但调动工作进行了近一年，最后因不能解决户口指标而失败，令人遗憾。虽然不能回母校，但刘校长的知遇之恩，我是永生难忘的。

后来，常州市教育局派人来联系。1979年，我们全家回到了家乡——常州，我得以为自己家乡的教育事业工作。

我被分配到常州市教师进修学院（后划归常州师范学校），主要搞小学数学教师培训。“文革”中，教育事业受到破坏，教学研究几乎停顿。“文革”后，百废待兴，我觉得应该首先抓骨干教师培训，然后再由他们带动大家。这个想法得到领导的支持，1980年办起了第一期“小学数学教学研究班”，在当时可能是全国第一个。

研究班招收小学数学教研员和骨干教师，每周上两个半天课，为期一年。开设的课程有小学数学教学研究、教育心理学、教学论、教育科研方法、教育统计、教育论文撰写等，都由我一个人上。在常州连续办了三期，效果很好，一批批学员都在教学第一线发挥着骨干带头作用。江苏省教育厅师范教育处领导亲自到常州考察研究班，充分肯定了这种培训形式，并要求面向全省，分期分批培训全省各师范学校、进修学校的数学教学法教师，以及各地教研室的数学教研员和实验小学骨干教师，脱产学习半年，由我主讲。外省许多单位闻讯也纷纷要求参加，学员除江苏外，有的来自于新疆、黑龙江、广西、湖南、江西、河南、河北等地，事实上已经变成全国性的了。研究班先后办了四期，共二百多人参加。他们后来大都成了各地小学数学教学研究方面的精英，所以有人戏称这是中国小学数学教学的“黄埔军校”。因此，在全国各地都有我的学生。

我以研究班为依托，在1980年正式开始尝试教学法的实验研究。后面我将专门进行介绍，这里不赘述。

1980年10月发生了一件使我一生难忘的事。有一天，我在办公室备课，听见走廊上我院杨院长在接电话，好像是苏州市教育局邀请我去讲学，杨院长回答说：“实在对不起，邱老师马上要出国，要到日本考察访问，只能回国后再到苏州。”我以为这是杨院长为了推托故意说的笑话。他到办公室一本正经对我说：“不骗你，你真的要出国了，教育厅直接点名，通知已经到了教育局了。”我还是不相信，以为杨院长还在开玩笑。可是，不久，果真市教育局局长亲自找我谈话，正式通知我到省教育厅报到。

那时，我心里久久不能平静，思绪万千。我是一个普通教师，全省教师有几十万，怎么会选上我？由于家庭出身不好，自己总觉得低人三分，入团时几次讨论都通不过，入党更没有希望，为此"文革"初期受到批判，为此我妻子下放农村，为此我女儿差点进不了高中。所以连做梦也没有想到自己能够出国。

到教育厅报到后，才知道我是参加江苏省普通教育考察团到日本爱知县访问，全团5人，有教育厅2位领导，还有3位教师，除我以外，一位是南通师范二附小的李吉林老师，一位是南师大附中的胡佰良校长。1980年，改革开放初期，国门刚刚打开，我们非常幸运，成了第一批出国考察的教师。

我们是属于江苏省人民政府委派的代表团，日本方面接待规格较高，所到之处都有市长亲自接待，政府大楼门前高高飘起中国国旗，接待室、学校里都悬挂着五星红旗，每一次看到这种场面，我心里特别激动，我代表的是中国，我身后有伟大的祖国，爱国之情油然而生。

我们在日本见到的是现代化的城市建设，学校都有现代化设备，特别是教学方法先进。相比之下，我们太落后了。我越看心里就越着急，一直问自己："我能为国家做些什么？"

这次出国访问对我触动很大，也是我人生道路上的一个转折点，扫除了由于家庭出身不好的自卑感，找回了人的自信和尊严。有人说："改革开放打碎了套在知识分子身上的精神枷锁。"对于这句话，我是深有体会的。真有一种感到"解放"的心情。过去认真钻研业务别人会说你走白专道路，著书立说会说你有成名成家的个人主义思想。现在终于可以甩开膀子大干了，想人民所想，急国家所急。很多人问我，当时为什么想到尝试教学法研究，为什么能执著坚持二十多年，我想从这里可以找到答案。

1983年4月，常州师范学校老校长要退休，市教育局党委经过组织考察，广泛征求群众意见，任命我担任主持全校工作的副校长（当时没有正校长），同年12月我加入了中国共产党。我从1957年开始写入党申请书，经过26年，终于实现了自己的愿望。在入党宣誓仪式上，我立誓为实现共产主义奋斗终生，为中国教育科学的繁荣发展努力工作，更坚定了尝试教学实验研究的信念。

虽说我20岁当过中心小学的校长，但常州师范学校有一千多名学生，一百多位教职员工，当时正在筹建新校舍，工作千头万绪。我是从一个普通教师直接当上学校第一把手的，对我来说，这又是一次新的挑战，要敢于去尝试，走出一条新的师范办学模式。

工作从何着手，我的管理理念是办好学校主要靠教师，办学要从关心教师做起。我在会上公开说："校长多关心教师，教师多关心学生，教师无论在工作上或生活上有什么困难尽管找我，我愿做大家的后勤部长。"当时我作了三项决定（教师们说是邱校长上任的三把火）：

第一，上午课间每位教师送一杯豆浆和一块点心，由食堂送到每个办公室。

第二，50岁以上老教师实行弹性坐班制，可以迟点来，早点走，可在家里办公。

第三，全校教职员工每人发100元，分期分批到北京参观学习。连食堂炊事员也组织他们暑假去北京。

现在看来，这三项决定不算什么，可是在1983年却引起常州市教育界的轰动，传出许多风言风语，也有人到教育局打小报告。我并不害怕，因为用的是计划外办班的收入，按政策规定可以用于教师福利。我在大会上当众表态："出了问题，我承担责任。"

教师们都是有情有义的，你能为教师承担责任，教师也能为学校承担责任。直到现在，大家都退休了，谈起当年我的"三把火"，还津津乐道呢。在师范的办学方向上，我主张："面向小学、面向实际。"

面向小学。中等师范是培养小学教师的，目标非常明确。我当过小学教师和小学校长，是有切身体会的，小学需要有热爱教育事业、知识面宽、兴趣广泛、教学能力强的教师。因而规定师范学生一年级到小学听课，同小学生交朋友；二年级教育见习，要跟班见习，并上一两堂课尝试一下；三年级教育实习。对教师也要求定期到小学联系实际，基础课教师要听课，专业课教师要给小学生上课，而且都有具体指标，作为考评教师的重要内容。如果师范教师自己都不会上小学的课，如何指导师范生去上课呢？这是非常简单的道理。我在学生中广泛开展各项活动，有歌唱比赛、演讲比赛、器乐比赛、写作比赛、写字比赛、数学奥赛、卡拉OK大奖赛、教学基本功比赛等，让学生有施展才能的平台。这样把学校课余生活搞得丰富多彩，红红火火。

面向实际。师范学校要同当地教研部门紧密联系，鼓动教师参加地方各种教学研究活动，同小学结合起来开展教育科学研究，对有贡献的教师给予奖励。

省教育厅师范教育处对我校面向小学、面向实际的做法给予肯定。因此来校参观考察的人络绎不绝，学校呈现出一派欣欣向荣的景象。

1984年初，我被江苏省人民政府评为师范学校特级教师，这是党和人民政府给我的荣誉，我珍惜这个称号。既然是特级“教师”，就应该进课堂上课。因此，我当了校长以后，也没有离开过讲台。我不但给在职教师、师范生上课，还给小学生上课。在常州师范举办的江苏省小学数学教学研究班仍然由我主讲，每周上课十多节。我是全省师范数学教研组大组长，受教育厅委托主编江苏省三年制师范学校课本《小学数学教材教法》《小学数学基础理论》。

尝试教学实验研究工作深入开展，逐步推向全国各地。我利用当校长的方便，除了办半年的小学数学教学研究班外，再办3天的短训班，听尝试教学法的讲座，看观摩课，当时正是教学改革的高潮，教师学习热情高，每期都有来自于全国各地的四五百人。就这样，我们为全国各地培养了一大批的尝试教学法实验的骨干教师，为尝试教学法在全国推广做好师资上的准备。

尝试当教科所研究人员

我辞去师范学校校长职务，在教科所当普通的研究人员，全身心地投入尝试教学实验研究，走遍全国各地为教师作讲座、上观摩课，并进行总结提高，撰写教育理论著作。

尝试教学实验研究发展迅猛，许多县、市都在大面积推广，急需要一本系统的理论书籍进行指导，也需要我亲临各地去指导。而师范校长行政事务繁忙，我家住在常州城区最西边，而学校在最东边，每天骑自行车上班往返要花将近两个小时。时间矛盾越来越尖锐，我体会到或当校长，或搞实验，两者只能选取其一。我思量再三，决定辞去校长工作，集中精力搞实验。开始，教育局党委不同意，好说歹说磨了多少次，总算同意。可是教育厅师范教育处又不同意，说我是师范学校为数不多的特级教师，不能调出师范教育系统。我又去做工作，直到1988年8月才正式调离师范学校，到常州教育科学研究所当一名普通研究人员，调动时我坚持不当所长。后来常州市委组织部就把我作为能上能下、能官能民的典型。

现在回过头来看，当时的决定是对的，这样才能使我有时间进行系统的理论研究和撰写著作；才能跳出常州，到全国各地宣讲尝试教学法，指导实验工作。从我的身上可以看出，如果业务尖子都套上一官半职，并不是一个好办法。其实应该给予他们充足的时间，为他们创设良好的工作环境和条件，使其在业务上进一步发展，对国家、对个人都有好处。现在对中国六十多年来只出了一个诺贝尔奖获得者的原因，议论纷纷，很多人都怪罪于教育制度和教学方法，说教学方法太落后，没有培养学生创新能力，其实并没有说到点子上，我认为根本的原因还在体制上。这个问题太复杂，不是我们能说得清楚的。

我辞去师范校长职务，许多朋友说我是傻子，有官不当，有权不要。还有一些人乘机放出话："邱学华在师范混不下去了。""邱学华犯错误了，免职了。"对于这些议论，我不屑一顾。

在教科所做一名普通研究人员，使我换来了最宝贵的时间。在常州师范当校长期间，我搞研究只能利用业余时间，我没有星期天、节假日，吃了苦还要被旁人说"不务正业"。调到教科所以后，搞研究就是我的正业，我可以正大光明全身心地投入，心情感到特别轻松愉快。教育局和教科所领导非常关心照顾我，一般不布置其他任务给我，让我集中精力搞尝试教学实验研究。

这期间，我从以下几个方面抓紧工作，形成攻关态势：

第一，有计划地学习现代教学理论著作，不断充电；

第二，为了手中有典型，有计划地建立实验基地，培养实验研究骨干分子；

第三，到全国各地宣讲尝试教学法，大力推广；

第四，申报"八五"规划全国教育科学重点研究课题："尝试教学理论研究与实践"，组织全国各地106个子课题配合研究；

第五，把尝试教学理论推广到中学、幼儿园、聋哑学校等。

工作千头万绪，十分繁忙，真是比在师范学校当校长还忙，不过都是我自己主动要求做的工作，没有人任何人逼我去做，再苦再累心里也是欢畅的。

我开始以常州市博爱路小学为基地进行尝试教学法实验，逐步扩大到昆明市中华小学、广州市昌岗东路小学、深圳市园岭小学、上海市明珠小学、浙江长兴煤山中学、常州市聋哑学校、常州市北环幼儿园等。1993年成立尝试教学理论研究会后，实验基地迅速增加，直到现在已有近2000个。

把实验引入聋哑学校，也出自一次偶然的机会。在一次市人代会上，我遇到聋哑学校刘校长。我从来没有去过聋哑学校，出于好奇心，向刘校长提出去聋哑学校参观。那天去聋哑学校，我被允许听了一节数学课，教师采用的教学方法同普通学校差不多，也是教师先讲例题，学生再做习题，教师比划着手语一遍又一遍地教，聋哑学生非常认真地看着教师，目光里饱含着求知的渴望，看来弄不懂，急得他们咿咿呀呀地叫着，他们听不见，说不出，实在太可怜了，我是含着眼泪听完这堂课的。听完课后，我沉思良久，心想能否为他们做点什么，我想：聋哑学生已经听不见了，教师翻来覆去“讲”，效果有多少呢？能否用尝试教学法试一试？我把这个想法告诉刘校长，得到了他的支持。他选派了两位教师搞实验，我同他们一起研究试教。一周后初见成效，令人振奋。上课时先出示尝试题，引起学生注意，然后引导他们看课本自学例题，聋哑学生模仿力强，让他们仿照例题去做尝试题，尝试练习后再进行正误对比，教师帮助他们分辨谁做对了，谁做错了，接着进行第二次尝试、第三次尝试，直到他们全明白了。聋哑学生在课堂里都露出了笑容，看到他们的笑脸，我也心花怒放。随着实验研究的深入，实践证明，尝试教学法完全适合聋哑学生，并且能起到神奇的功效。学生学得高兴了，教师也教得轻松了。江苏省召开的特殊教育研讨会上，常州市聋哑学校介绍了经验，引起与会代表的兴趣，全国各地的聋哑学校纷纷到常州取经学习。

尝试教学思想引进幼儿园，是我看到一则报道引发的思考。有一篇报道介绍，在75位曾获诺贝尔奖的科学家举行的一次集会上，记者采访一位老科学家：“请您谈谈，您是在哪所大学、哪个著名的实验室学到了您认为最重要的东西？”老科学家略想了一下说：“在幼儿园，我学到了最重要的东西：把自己的东西分一半给小朋友，不是自己的东西不要拿，东西要放整齐，吃饭前要洗手，做错了事要道歉，午饭后要休息，要仔细观察周围的大自然。从根本上说，我学到的东西就是这些。”与会科学家都表示赞同。

这篇报道虽不长，但极大地震撼了我。这位老科学家的话给了我两点启示：一是幼儿教育对一个人的成长有着极其重要的作用；二是幼儿教育最重要的是培养一个人的精神和良好的习惯。由此使我下决心把尝试教学思想引进幼儿教育，培养人的尝试精神从幼儿开始。

说干就干，我立即联系常州市的五所幼儿园作为实验基地。我在小学、中学、大学、师范工作过，就是没有当过幼儿园老师，这项实验可以使我有机会向幼儿园教师学习，补上这一课。幼儿园老师工作认真，虚心好学，我很乐意跟她们合作。我们一起备课、一起施教、一起总结。实验效果令人满意。幼儿教育实验研究的定位在“培养幼儿尝试精神”，着眼点是培养一种精神，不要生搬硬套中小学的尝试教学模式，我们总结出幼儿教学活动的“四前四后”：

幼儿在前，教师在后；尝试在前，指导在后；
练习在前，讲解在后；活动在前，结论在后。

在山西太原全国协作区第二届尝试教学法研讨会留影

五所幼儿园的实验取得成效后，逐步推广，先后已有江苏、上海、浙江、山东、湖南、湖北等地三百多所幼儿园参与。研究成果《幼儿尝试教育活动设计》一书，已成为幼教方面的畅销书。

这期间我的一项重要工作是到全国各地宣讲尝试教学法和尝试教学理论，全国各地都纷纷邀请我去，真是应接不暇。为什么各地教师如此地欢迎我，除了尝试教学法本身的生命力外，主要是我能给小学生上观摩课，既作报告又借班上课成了我讲学的特色。一个搞教育理论的人，为什么能如此大胆在小学教师面前班门弄斧，这还得从山西太原的一次研讨会说起。

以前我经常给小学生上课，主要是为了搞研究，取得第一手的资料。一般不上公开课，就是有人听课，也是小范围的。1986年一次偶然的机会，我被“逼”上了一次大型公开课。

1986年4月，在山西省太原市举行全国协作区第二届尝试教学法研讨会，与会代表临时提出建议，要求我亲自用尝试教学法上观摩课。当时我思想斗争很激烈，一方面考虑自己应该上，我要求大家尝试，难道自己就不能尝试；一方面又害怕上，有来自全国各地近千名代表听课，万一课上不好，我这个特级教师可没有面子了。最后，我还是决定上。我想一个人应该有努力拼搏的精神，个人有没有面子是小事，何况我当过小学教师，现在又经常上实验课，应该对自己有信心。我临时给三年级小学生上“几倍求和两步应用题”这堂课，临时准备了教具和学具，了解了学生情况，课前做了充分准备。

那天上课时，太原市的很多教师都闻讯赶来，一千五百多人把一个影剧院挤得水泄不通。我站在舞台上给小学生上课，往下一看黑压压的一片，开始时真有点紧张，但是小学生是天真的，他们看到人多反而高兴，孩子们轻松愉快的情绪使我也放松了。课上，学生们的积极性非常高，不时发出愉快的笑声。学生的笑声也说明了这堂课获得了成功。大家反映，这堂课既体现了尝试教学思想，又充分调动了学生的积极性，上得生动活泼。大家的肯定，使我受到了鼓舞。

后来《山西教育》杂志刊登了这堂课的教学设计，并加了编者按。这样就轰动了，都说：邱学华不但能作学术报告，还能亲自给小学生上示范课。以后每到一地，都要求我既讲学，又上课，我逐渐形成了自己的讲学风格，理论与实际密切结合起来。先讲尝试教学法理论，再运用尝试教学法上示范课，使教师清楚地看到，尝试教学法在课堂教学中如何具体运用，把高深的教育理论同具体的操作活动结合起来。许多教师说："听了邱老师报告还是顾虑重重，看了邱老师亲自上课，才下决心搞尝试教学法实验的。"这样，我走一地，传一片。我的课堂教学录像在中央教育电视台播放，这使更多的教师都能看到尝试教学的教学过程。尝试教学法所以能在短时间内在全国大面积推广应用，与我能到全国各地宣讲和上示范课是分不开的。

从在山西太原第一次上大型公开课后，我在全国各地已经上了几百场公开课，北到黑龙江黑河，南到海南岛，东到山东威海，西到新疆伊犁。单是黑龙江"北大荒"就去了十多次，两次上了世界屋脊西藏，广西和云南的几乎每个地市都跑遍了。一次在昆明市讲学，连讲3天，云南省教育厅唐副厅长坐在那里也连听了3天，场场必到，最后他对我说："你讲得实际，对老师有帮助，请您到云南的每个地市都去讲。"

每次讲学对自己也是一次教育，感受到广大教师对教育的热诚，对学习的渴望，他们是尝试教学法的实践者，是我最强大的后盾。每次都有难以忘怀的激动场面。通过到全国各地的讲课，我把先进的教育理念传送给广大教师，所以苏州大学朱永新教授称我为"教育的光明使者"，"创造许多纪录的长者"。

这里仅写印象最深的三次。一次在西藏拉萨，世界最高的地方；一次在广东佛山，参加人数最多的一场；一次在昆明，边远贫困山区教师参加最多的一次。

1992年8月，我应西藏自治区拉萨市教体委的邀请，赴拉萨讲学，宣讲尝试教学法。行前，大家都劝我不要去，说高原反应会使人头痛不适，流鼻血，甚至耳朵也会出血。我没有被吓倒，毅然去了。

那天，拉萨市教研室的同志带着氧气袋到机场接我。说也奇怪，我走下飞机，没有感到任何不适，只感到空气特别新鲜，根本用不上氧气袋。我在拉萨连讲了五天，每天都要讲六七个小时，连西藏的同志都感到惊奇。特别值得一提的是，在拉萨，我见到过模范共产党员孔繁森同志，他当时还是拉萨市副市长，分管文教卫生工作，他设晚宴接待我，非常和气，没有一点架子，谈吐豪爽，对西藏教育事业充满信心，给我留下了深刻印象。后来他调到西藏阿里地区，为西藏人民献出了宝贵生命，现在我还珍藏着他送给我的哈达和当时拍的照片。

与顾明远先生（右）合影

拉萨市教研室组织了五六百位教师听我讲学，其中70%是藏族教师。他们大都是内地民族学院培养的，都能听懂普通话，听我的讲座没有问题。我最担心的是借班上示范课，亲自用尝试教学法给小学生上课，我想如果藏族学生听不懂我的话怎么办？如果他们不适应我这一套教法怎么办？如果学生都不开口，如何把课上下去呢？

那天上示范课的内容是“三步复合应用题”，借的是拉萨市实验小学四年级藏族班。结果出人意料，学生思维很活跃，课堂气氛热烈，顺利地完成了教学任务。藏族学生一口流利的普通话，内地的汉族学生也很难讲得这样标准。学生思维敏捷，反应快，我并没有讲例题，让他们尝试自己编题、自己做题，结果全班95%的学生都做对了。最后，我布置一道思考题让他们试做：“电视机厂一月份生产彩电1500台，二月份生产的台数是一月份的两倍，三月份生产的台数比前两个月生产的台数总和还多500台。三个月一共生产多少台？”这是一道六步计算应用题，已超出教学大纲的要求，可是全班有60%的学生都能算出来，使我大为吃惊。有个名叫次多的小同学竟能列出最简便的算式：1500×（1+2+1+2）+500。我在全国各地都借班上课，比较来看，这个藏族班学生的素质已达到一流水平。

进藏前，有人说藏族学生由于高原缺氧，思维反应慢，记忆力差，从这次上课看来，这是毫无根据的。从实验小学藏族班的情况来看，只要教学得法，藏族学生同样能达到高水平。

1999年在广东佛山市举行全国协作区小学数学课堂教学观摩会，除有大陆几位顶尖的小学数学特级教师上课外，还邀请了香港、澳门、台湾的优秀教师上课。这是一次两岸四地教师共聚一堂的盛会，全国各地教师都闻讯而来。连西藏都派人来参加，全国29个省、市、自治区都有教师参加，特别是珠江三角洲的许多学校都是倾巢而出，开了校车来听课，参加观摩会的竟有近5000人，把偌大的一个佛山体育馆挤得水泄不通。体育馆门前广场以及四周路边都停满了汽车，公安局都出动民警来维持交通秩序，盛况空前。

近5000人怎样搞观摩会，简直不可想象。上课的学生在中间比赛场地，听课的教师坐在周围及四周看台上。全场用的是搞演唱会的音响系统，声音清楚响亮，采用闭路电视，四周看台上有几十台电视机同步放映课堂实况。黑板两旁还有大屏幕投影。上课用多媒体电脑辅助教学，大家都能看得清楚。观摩教学也应用了现代科技，一派现代化气息。当时到会的港、澳、台教师看得都惊呆了，一次教研活动有这么多人参加，大陆教师对教学改革有如此热情，教学设备如此现代化，这一切使他们感到由衷的敬佩。尤其是台湾来的教师，她们是第一次到大陆，以前只听说大陆很落后，可是见到广州佛山现代化的城市建设，在体育馆里搞如此大规模的教学观摩活动，有如此现代化的教学设备，大陆教师高超的教学水平，她们说简直不敢信自己的眼睛了，羡慕得不想回台湾了。在这次观摩会上，我上了三年级“年、月、日”一堂课，我的两位徒弟，深圳的黄爱华老师和香港的谢爱琼老师也都上了一堂课。

1997年，在昆明市举行庆祝香港回归小学数学课堂教学观摩会，我上五年级“质数和合数”一堂课，学生是借中华小学的学生，虽是刚见面，但是学生们都喜欢我，上完课久久不愿离开“课堂”，有的学生拉着我的手说：“邱老师，不要走了，留下来当我们的老师吧。”这话听了实在使人感动。这次活动在昆明体育馆举行，有3000多人参加。这次活动最大的特点是邀请贫困山区的教师参加，名额由省教研室同各地市教研室商定分配，一共邀请了200多位边远山区的少数民族教师，他们不需交会务费，还赠送会议资料，对其中20位优秀教师，还可以报销车费和住宿费。在优秀教师座谈会上，他们激动万分。他们大都从来没有走出过山区，第一次到了昆明，第一次参加这样大规模高水平的观摩会，第一次学习尝试教学的先进教育理论，说着说着都流下了眼泪，感谢我做了好事。我说，不要感谢我，我并没有拿出一分钱，是党和政府为大家创造了这样好的条件，我也是来学习的。这件事，受到云南省教育厅领导的赞赏，说我把教育扶贫工作真正做到了实处。

云南省教育厅曾组织调查组深入山区调研，他们发现边远山区许多教师都能用尝试教学法上课。我听了十分高兴，这同我十多次到云南讲学，每次做一点扶贫工作是分不开的。我相信，只要付出，定有回报。

以后，每次开研讨会或观摩会都有扶贫措施，有时干脆把观摩会放到贫困地区召开，所有讲课的专家和特级教师都义务讲学，组织沿海地区的学校和当地贫困学校建立手拉手关系，就在观摩会上签订协议。我想，我个人的力量是有限的，每次只能帮助十几人或几十人，如果大家都来做这件事力量就大了。

那时，我每年大概有七八个月在外面，东奔西跑，走南闯北。时间对我来说太宝贵了，利用旅途的时间我做了两件事：一是为写书作准备，写点素材；二是写回信，几乎每天都有全国各地的来信，我都一一回信。

回到常州，我主要的任务是写作，我的几部重要著作都是在这期间写成的，如《尝试教学法》《邱学华小学数学教育文集》《中国小学数学四十年》《小学数学教学研究》《尝试 开拓 创新》等。每本书都有几十万字，任务非常艰巨，我必须利用每一分钟、每一秒钟。每天坐在书桌前十多个小时，的确很辛苦，可是我觉得每天生活很充实，很有价值，当一本书写成后，心中产生的满足感和成就感是无法用文字形容的。

辞去师范校长，到教科所八年，争取到宝贵的八年时间。这段时间正是尝试教学法升华到尝试教学理论的关键时期；这段时间正是尝试教学法向全国大面积推广的时期；这段时间正是我写作的旺盛时期；这段时间正是我跑遍祖国山山水水，到处讲学的时期；这段时间是对我一生的发展起着极其重要作用的时期。

可是在中国许多单位里，不干活的非议干活的，干得越多，遭受的非议也越多。我不会坐办公室一张报纸一杯茶混日子，搞教育科研必须深入基层，亲临教学第一线。由此，我常常遭到非议："邱学华经常不上班，没有组织纪律性"，"邱学华到处讲课，想捞钱"，

“邱学华只能搞小学，有什么水平”，“邱学华只能跑跑农村”……听了这许多非议，我一笑了之，根本不去理会，我已经没有时间同这些人纠缠了。

按政策我可以延长到65岁退休，为了摆脱一些人的非议和纠缠，1996年我按时办理退休手续。这样我可以获得更多的时间和更大的空间。从1996年到现在，当了十几年的退休老兵。在这十几年里，尝试教学研究有了更大的发展。

尝试搞尝试教学实验研究

从尝试教学法到尝试教学理论，有挫折，有发展，随着教学改革前进的步伐，我密切配合素质教育，搞创新教育、新课程改革，不断创新，与时俱进。

前面是按照我的工作阶段介绍的，可以看出我是如何从一个农村小学教师成长起来的。我的一生中最重要的事是尝试教学实验研究，长达四十多年时间，它是我尝试人生中的主要部分。我是随着尝试教学的发展而成长的。现在沿着尝试教学实验研究的轨迹，继续探索我成长的道路。

教育实验也是一种尝试，而且是一种高层次尝试。物理化学的实验对象是物质，失败了可以再做，而教育实验的对象是青少年，如果失败了，给青少年带来的心灵上的损害是无法挽回的，因此必须力争成功。教育实验要处理方方面面的关系，特别是人际关系，非常复杂。传统教育的习惯势力比较顽固，不是轻易可以改变的，这一切决定了教育实验的复杂性、艰巨性和不可预测性。所以教育实验不能“心血来潮、空穴来风、急功近利”。我应该用大胆尝试的精神、谨慎细致的工作方法去搞尝试教学实验。实验工作必须采取渐进的方式，从酝酿、实施，到总结、提高；由点到面，由几个试验点到小范围试用，再到大面积推广。这一过程，分成六个阶段，走了四十多年。

（一）酝酿阶段

“教师不先教，先让学生试一试，学生在尝试中学习。”这是一个大胆的设想，早在我的头脑里就已酝酿了。

当小学教师的时候，我跟着老教师上课，用的是“满堂灌”的方法，教师要讲得清清楚楚，明明白白，甚至还要讲深讲透，学生都听懂了，点头了，然后再去做练习。这种教学方法，教师讲得很辛苦，学生学得也很辛苦，成绩又平平。我想，这种传统的教学方法能不能改呢，当时年轻，既缺乏教育科学知识，又缺少经验，无法解决这个问题。

我进入华东师范大学教育系深造后，从古今中外的教育理论著作中，发现古今中外教育家的思想，虽各有特点，但它们都有一个共同的思想：“相信学生，要让学生主动学习。”

1960年毕业后，留校当助教，一边在大学教小学数学教学法，一边到附小搞教学实验。我和附小教师一起试验，“让学生先做题，然后教师再讲”，这是尝试教学思想的雏形，但那时政治运动不断，无法搞系统的教学实验，后因“文革”而中断。

到溧阳农村当中学数学教师，我是一边自学一边教，采用的办法是自己先做例题，做完后再对照课本校对，检测自己做对了还是做错了，研究其中的道理，再找参考书分析，最后再做习题。发现这个办法学得很快。后来就把这个自学方法教给学生，收到意想不到的良好教学效果。事实上这已是尝试教学模式的雏形。但由于正处在“文革”期间，无法搞教学实验。

（二）初试阶段

“文革”后，我回到家乡常州。“学生能不能在尝试中学习”这个思考已久的问题，重新在我头脑中浮现。改革开放的大好形势鼓舞着我，我决定进行系统的教学实验，来证实这个大胆的设想。

“教师还没有教，先让学生尝试练习”这个设想步子太大了，大部分教师很难接受，不敢试验。我找到我的学生，小学数学教学研究班的学员——劳动中路小学徐廷春老师，他一口答应，就在他教的四年级班上开始实验，我制订了实验方案，大家共同上课，他上课我听，我上课他听。一年后，实验班学生的自学能力和学习成绩大幅度提高，在一次“三步应用题”测试中，学生自学课本后做尝试题的正确率，实验班达88.2%，而普通班只有54%。期末考试成绩，实验班96.5分，而普通班只有80.6分。在其他学校，实验班也取得同样的教学效果。实验取得了成功，最终证明：“学生能在尝试中学习。”原来的大胆设想，已成为现实。

当时有一个问题我琢磨了很久，就是为这一新教法起什么名称，曾想用“五步教学法”“探索教学法”“引导发现教学法”“先练后讲法”等，都觉得不理想。早晨骑自行车上班，是我思考的好机会，早晨空气新鲜，心情舒畅，许多好主意都是在这时想出来的。一天早晨，在自行车上我忽然想到，取名为“尝试教学法”。“尝试”两字在中国通俗易懂，而且能揭示这一新教法的本质特征，能够区别于其他教学法。学生先练带有尝试性质，可以做对，也可以做错，在这基础上，教师作针对性讲解。我觉得用“尝试”比用“发现”“探究”更切合学生实际。

我用三个多月时间，经过反复修改写成论文《尝试教学法的实践和理论》。文章写成了，不知到何处去发表。当时“文革”刚刚结束，极“左”思潮仍然有影响，我这篇标新立异的文章是很难发表的。中国教育理论界向来看不起自己的东西，外国人可以提一个教学法，中国人就不行。我比较了各地教育杂志，发现《福建教育》杂志刊登的文章观点比较新，决定投《福建教育》。

当时《福建教育》杂志的数学编辑是陈辉和陈笑晴同志，他们收到我这篇文章后，极为重视，立即请示总编龚玉书同志。龚总编详细审阅了稿件，觉得此文观点鲜明，操作性强，符合教改方向，批准立即刊发。当时，第11期杂志已经编好，他们决定重新调整版面，在1982年第11期以显要的位置发表了这篇文章。

意想不到的是，这篇文章发表后，在国内引起强烈的反响，“学生能在尝试中学习”的新观点震动了大家。各地教育杂志相继转载，各地教师纷纷开展实验。各地实验都取得了成功，证明“学生能在尝试中学习”的观点是正确的。各地教育杂志纷纷报道了实验情况，全国掀起了一股“尝试热”。

（三）挫折阶段

正当我沉浸在实验初获成功的喜悦中时，想不到意外的打击已经来了。1983年10月，在西安举行的一次全国性的小学数学教学研究会上，一位小学数学教育界权威人士公开指责说："不要提这个法那个法，小学生还能自学？"大家心里明白他指的是尝试教学法。在教育杂志编辑的座谈会上，他更露骨地指着《福建教育》杂志社陈笑晴同志说："你们《福建教育》不要乱发表文章，要跟中央保持一致。"这顶"大帽子"真够厉害的。

这位权威人士的话当成"西安会议"精神传达到全国各地，一时间尝试教学法受批判了的消息不胫而走，各地实验纷纷下马，有些教育杂志也不敢发表这类文章了。在江苏情况更糟，一位参加西安会议的江苏代表，在江苏各地传达"西安会议"精神，宣传"小学生不能搞自学，尝试教学法是错误的"。于是，江苏大部分学校的实验都下马了。在常州，原来反对尝试教学法实验的人找到了"理论依据"，讥笑说："邱学华想创造新教法，异想天开""邱学华犯错误了……"当时，作为师范学校的一名普通教师，面对内外夹攻这么大的压力，我没有胆怯，"文革"的大风大浪都经历过了还怕这些？可是实验将会夭折，"学生能在尝试中学习"的教学设想将会落空，我焦急万分。当时"文革"刚结束，极"左"思潮还存在，人们思想中还是一切要"唯上"。那位权威人士的"要跟中央保持一致"这顶"大帽子"谁都受不了。

这事如果发生在过去，尝试教学法就可能被一棍子打死。但，现在不同了。党的十一届三中全会以后，恢复了实事求是的马克思主义思想路线，重申一切从实际出发，实践是检验真理的唯一标准。正因为有了党的十一届三中全会以来的正确路线、方针和政策，使尝试教学法实验研究工作得以继续发展。

在我最困难的时候，江苏省教育厅和常州市教育局给予了我支持和帮助。他们排除干扰，坚决支持我的实验研究。1983年4月，我被任命为常州师范学校副校长，主持学校工作，同年底被授予"特级教师"的称号。事实证明：教育行政部门支持尝试教学实验，邱学华没有犯错误。

西安会议结束后，《福建教育》编辑陈笑晴回到福州，向龚玉书总编汇报情况，龚总编当即表示，《福建教育》杂志社受福建省教育厅党组领导，应该坚持教改方向，支持新教法的实验，要保持宣传尝试教学法的连续性。从此，《福建教育》非但没有被权威人士所吓倒，反而加大力度追踪报道尝试教学法实验研究的发展，到现在已连续追踪报道了二十多年，发表了一百多篇文章，这在教育杂志出版界是没有先例的。

广大教育实践工作者（包括教师和教研员）并没有理会权威人士的指责，他们相信实践的效果，尝试教学法以其观点鲜明、操作简便、效果显著而赢得大家的信服，实验范围不断扩大。广大教师的积极支持，是尝试教学法发展的重要动力。教育理论界人士的参与和支持，促使尝试教学法从理论上站住脚，推动了尝试教学法走出困境并得以发展。我的导师、华东师范大学名誉校长刘佛年教授支持我的观点——学生能在尝试中学习，并要求我继续实验研究。华东师范大学李伯棠教授、华中师范大学姜乐仁教授、河南师范大学陈梓北教授等都亲自撰文从理论上阐明，学生在尝试中学习不但是必要的而且是可能的。特别使我感动的是，陈梓北教授当时有严重的心脏病，正在养病，他是抱病写了《有胜于古、有胜于洋》的评论文章。尝试教学法终于顶住了权威人士的压力，走出困境，继续向前。

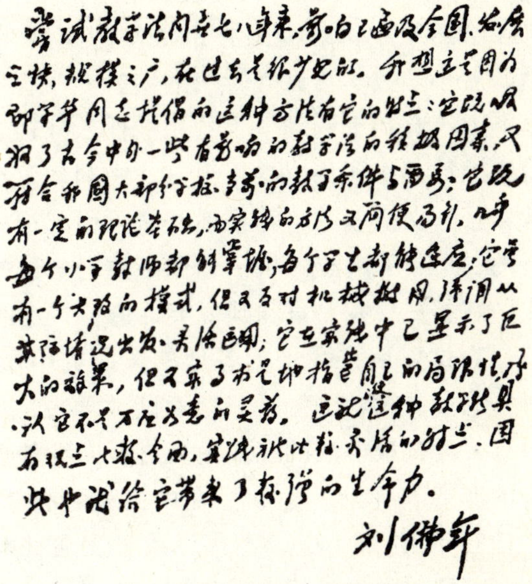
尝试教学法问世七八年来，影响已遍及全国，发展之快，规模之广，在世界上也很少见的。我想主要因为邱学华同志提倡的这种方法有它的特点：它既吸取了古今中外一些有影响的教学法的积极因素，又符合我国大部分学校当前的教学条件与要求；它既有一定的理论基础，而实践的方法又简便易行，几乎每个小学教师都能掌握，每个学生都能适应；它虽有一个大致的模式，但又不是机械搬用，须得从实际情况出发，灵活运用；它在实践中已显示了巨大的效果，但又不讳言地指出自己的局限性，承认它不是万应万灵的灵药。应该说这种教学法具有理论上的长处、全面，实践证明比较有效的特点，因此也就给它带来了旺盛的生命力。

刘佛年

刘佛年教授的评论文章

（四）发展阶段

1985年4月，由24个单位联合发起，在常州市举行全国协作区第一届尝试教学法研讨会。有来自全国各地的四百多位代表参加。这是第一次举行全国性的尝试教学研究活动，受到教育媒体的关注，《中国教育报》《福建教育》《江苏教育》《湖南教育》等十几家教育报刊杂志社的编辑都到会采访报道。《中国教育报》记者张玉文出发前，领导曾交代她，到常州参加研讨会只要听，不要表态，不要报道。张玉文在会上看到各地代表对尝试教学法热情高涨，便私下采访代表，了解到实验是真实的、科学的，连夜打长途电话向领导汇报，领导立即决定，要求张玉文尽快写成新闻稿传真到报社。

会后《中国教育报》以最快的速度在头版刊登了报道："常州等地开展小学数学尝试教学法的实验——这种教学方法有利于培养学生自学能力，有利于调动学生的积极性，减轻学生课后作业负担。"各地教育杂志社都作了相应的报道。《中国教育报》是国家教委的机关报。因此，张玉文记者的这篇报道在全国引起很大的反响，这是尝试教学法发展的一个新的起点。以后，张玉文对尝试教学研究进行跟踪报道，我们成了好朋友。我一直和她说笑话道："您的一篇报道救了我啊。"

在这以后，我根据各地实验研究中所提出的新问题，继续撰写出《再谈尝试教学法》《三谈尝试教学法》两本著作。而后又把以前发表的有关尝试教学法的三篇论文进行归纳整理，写成《小学数学尝试教学法的实践和理论》，刊登在中央教育科学研究所主办的《教育研究》（1986年第4期）上，不久译成日文在日本《新算数研究》杂志上全文刊登，日本国立横滨大学片桐重男教授亲自为该文写了按语。后来此文又收录到华东师范大学瞿葆奎教授主编的《教育学文集》中。同时，这项研究获得了江苏省教育科研成果一等奖。到此，尝试教学法已得到教育行政部门和教育理论界的认可。

按理说尝试教学法研究已大功告成了。但是，广大教师迫切需要更具体的操作方法，理论上还必须进一步提高，靠写几篇文章是不能解决问题的，为此我决定写一本专著——《尝试教学法》。我当时工作十分繁忙，既要当校长，又要搞研究，只能利用休息的时间写作，已没有星期日和节假日，就这样前后用了将近一年的时间完成了这本著作，由福建教育出版社出版。该书从理论和实践上回答了"学生能在尝试中学习"的命题，并建立了比较完整的理论体系，对如何在小学数学、语文、常识以及中学数学教学中进行运用提出具体操作模式。我国著名教育家刘佛年教授和日本片桐重男教授为该书题了词。此书出版后，大受教师欢迎，促进了尝试教学法的推广与应用。几年来再版重印数次，总印数达六万多册。1989年举行全国首届教育理论著作评选，参加评选的都是一些著名教育理论家撰写的重要著作，仅评选出49本书获优秀教育理论著作奖，结果出乎意料之外，《尝试教学法》一书竟获此殊荣。

1990年在北京举行国际数学教育会议（RCME），我在大会上宣读《尝试教学法在数学教学中的应用》论文，受到与会代表的关注。我和日本片桐重男教授在一个小组内，并共同主持会议。台湾数学教育界朋友第一次来大陆参加会议，他们把《尝试教学法》一书带到台湾，向台湾的师范院校学生介绍。屏东师范学院黄金钟教授还亲自在一些学校试用尝试教学法并获得成功。尝试教学法论文被译成日文、英文、德文在国外杂志上发表。1992年在常州市举行全国协作区第六届尝试教学法研讨会，中国新闻社记者陈琪以《中国历尽十年研究和实验，尝试教学法推广已获实绩》为题，向海外作了报道，引起强烈反响。世界各地的教师纷纷来信，他们大都是华侨和华裔教师，有的要求进一步了解情况，有的要求索取资料。1993年，我应日本数学教育研究会邀请到日本讲学，着重介绍了尝试教学法。而后上海市教师培训中心的德国专家岗特·雷诺先生亲自到常州考察尝试教学法，由他推荐在德国《世界教育》杂志发表尝试教学法的论文，编辑部特别加了“编者按语”，郑重推荐这篇论文。我为我国自己创造的教学法逐步走向世界而感到自豪。

（五）提高阶段

从20世纪90年代开始，我有了新的思考：“为什么尝试教学法在中小学各科都呈现积极的效果反应，是否受一种教育规律所制约？”尝试教学法在小学数学教学中开始实验，后来又发展到语文、常识等学科，又从小学发展到中学、大学，又从普教发展到幼教、特教、职教。大量的教学实践充分证明，“学生能在尝试中学习”是带有普遍意义的。因此我萌发出把尝试教学法升华到尝试教学理论的设想，提出“尝试教学理论研究与实践”的研究课题。

这项研究得到国家教委和中央教育科学研究所的支持，经全国教育科学规划领导小组审核批准，“尝试教学理论研究与实践”列入“八五”规划全国教育科学重点研究课题。从此尝试教学的研究进入了一个新的阶段，一项雄心勃勃的研究计划开始了。

构建教学理论是一项复杂的系统工程，靠个人的力量是不够的，必须联合各方面力量共同攻关。原来尝试教学法有一个全国研究网络，于是我在此基础上构成新的研究网络，以重点研究课题为核心，在全国各地联合106个子课题相配合。我的研究重点也转向理论层面，同时指导全国106个子课题的研究。

经过近五年的研究，终于写成《尝试教学理论研究与实践》研究主报告，106个子课题也相继写出实验报告和研究论文，汇编成近60万字的论文集——《尝试、成功、发展》，由湖北人民出版社出版。在研究主报告中提出了尝试教学理论的理论框架，在理论层面上有以下几个方面的突破：

第一，探明尝试教育思想的历史渊源。从古代的孔子和孟子，到现代的陶行知和叶圣陶，都具有尝试教育思想。历史事实证明，尝试教学理论源于中国，在中国这片沃土上产生和发展尝试教学理论，是历史发展的必然。

第二，阐明尝试教学理论的实质，将其概括成“学生能尝试，尝试能成功”。

第三，提出“尝试成功理论”新观点，以区别于美国桑代克提出的尝试错误学说，并阐明达到尝试成功的七个因素。

第四，提出了尝试教学的操作模式，有通用模式、基本模式以及各种变式，建立灵活多样的尝试教学操作模式体系。

1996年10月，在湖北省十堰市举办了全国协作区第八届尝试教学法研讨会，同时举行对国家重点研究课题——“尝试教学理论的研究”的专家鉴定会，全国教育科学规划领导小组委派以四川省社会科学院查有梁研究员为首的专家组进行鉴定。

这里有一件令人难忘的事。当时进行专家鉴定，没有经费。湖北省十堰市教委主任王福海对我说：“邱老师你放心，出版论文集、专家鉴定的经费由我们来承担。”我只好千谢万谢。他却说：“你为中国教育作出这么大的贡献，你又为了什么！我们做一点工作是应该的。”这话听了真是催人泪下。

专家组成员有华中师范大学姜乐仁教授和瞿天山副教授，中央教科所戴汝潜研究员，苏州大学朱永新教授。专家组全程参加了全国第八届尝试教学法研讨会，这次会议有来自全国各地近2000名代表。盛况空前，一个大会堂挤得满满的，连走道上、主席台上都坐满了代表，一个民间研讨会会有这么大的吸引力，本身就说明了问题。全国教育科学规划领导小组的办公室主任金宝成全程参与鉴定工作，他对尝试教学理论受到第一线教师如此欢迎，我同各地教育局和教研室的关系如此密切，感到惊奇和赞赏。他由此得出一个重要观点——教育科研要转化成生产力。

专家组听了来自全国各地代表的发言，又听了7节尝试教学法的观摩课，然后再审读课题的研究主报告及子课题研究报告。他们对研究成果给予较高评价，专家鉴定意见中的两条主要结论如下：

第一，尝试教学理论，主要是在中国古代优秀的教育思想基础上升华出的现代教学理论。

第二，尝试教学理论，从实践到理论已经历了15年的实践检验。尝试教学法普适性强，已成为基础教育的重要教学方法之一，值得推广。

国家重点研究课题——“尝试教学理论研究”获得了专家鉴定，标志着尝试教学法已升华到尝试教学理论。

（六）创新阶段

1999年9月，这项研究荣获全国第二届教育科学优秀成果二等奖，由教育部颁发证书和奖牌。这给予参与尝试教学实验研究的几十万教育工作者充分的肯定和莫大的鼓舞。

“尝试教学理论研究实践”研究课题结题，并不表示研究的结束，而是开创了一个新的起点。一种教育理论的形成和发展，必须经过长时间的反复实践，并在教育实践中不断提高，不断完善。全国教育科学规划领导小组同意我继续进行滚动研究。

1998年10月，我在湖南省张家界市举行的全国第九届尝试教学法研讨会上作了“尝试教学是实施素质教育的有效途径”的主题报告，并提出“尝试与创新”的研究主题。全国一千多个实验基地学校，展开新一轮的实验研究，在理论和实践上探索尝试教学与创新教育的关系，构建尝试创新教学模式，使尝试教学理论达到一个新的水平。

2000年10月，在山东省济南市举行的全国第十届尝试教学法研讨会上，我作了“尝试中创新”的主题报告，完整地提出“学生能尝试、尝试能成功、成功能创新”的新观点，要使学生在“尝试中学习”“尝试中成功”“尝试中创新”，形成了尝试教学理论的核心。《中国教育报》在“邱学华谈尝试与创新”专栏下，连续发表了6篇文章，系统论述“尝试中创新”的新观点。尝试教学适应了创新教育的要求，符合培养21世纪人才的需要，这给尝试教学理论的研究开拓了广阔的天地。

为了不断充实尝试教学理论体系，在教育科学出版社的大力支持下，我们编辑出版了“尝试教学理论研究丛书”，这也是一项复杂艰巨的系统工程。这套丛书的出版，为尝试教学理论的形成奠定了基石。国家教育部总督学柳斌先生亲自为这套丛书题词：“深化教改实验，建设有中国特色的教学理论体系。”

这里有一个小故事：柳斌先生当时担任国家教委副主任，我们仅在1990年参加国际数学教育会议（RCME）欢迎外宾的宴会上见过一次面，并不认识。我觉得这套丛书十分重要，很想请柳斌先生题词。有人劝我，请国家教委领导题词很难，要找熟人介绍。我又找不到熟人，只能抱着试一试的心情，给柳斌先生写信并附上“尝试教学理论研究丛书”的编写计划。不久，接到柳斌先生的回信和题词。国家教委领导工作日理万机，竟然能为一个不认识的普通研究人员的著作题词，直到现在我还没有机会当面向柳先生表示感谢。

随着新课程改革的开展，尝试教学研究又进入一个新的阶断——从学习论的角度，研究尝试学习理论，把尝试作为学生的一种学习方式。改变学生的学习方式是这次新课程改革的重要内容。倡导学生自主学习，主动参与，自由探究，因而尝试学习不失为一种理想的学习方式。2002年11月在《人民教育》上发表《尝试学习的原理、策略与实践》一文，把尝试教学研究与实施新课程改革结合起来。

目前，全国已有近2000个实验基地学校，有六七十万教师参与实验研究，并有更多的教育理论工作者加入了研究队伍。这样大规模的实验研究，在当今世界上是不多见的。尝试教学实验研究还在继续发展，我们有信心、有能力把这项具有中国特色的教学理论深入研究下去。

尝试人生的感悟

走过七十多年尝试人生，留下了人生的足迹，也对人生有了感悟，从自己成长的道路，感悟到的几点，写出来供大家参考。

（一）祖国和人民的培养，各方面朋友的支持

我的成长离不开祖国和人民的培养，以及各方面朋友的支持。这绝不是“大话”“套话”，这是发自肺腑的内心话。我16岁当农村小学教师，当时还是一个不懂事的毛孩子，是国家和人民培养了我，使我从一个不懂事的孩子成为一名中心小学校长；我在大学读书，非但不需交一分钱，还每月领工资津贴，是人民养育了我；“文革”中全家在农村遇到各种各样的困难，是周围朴实善良的农民帮助了我们；在尝试教学实验遇到挫折时，是党和人民支持了我，任命我为师范校长，评为特级教师……这是千言万语也说不完的。

人民养育了我，我是人民的儿子，为人民努力工作是我应尽的责任。做人要有良心，古人都知道“滴水之恩，涌泉相报”，我们就不能为国家、为人民多做一点工作？国家有了翻天覆地的变化，一个国家在发展中肯定会遇到困难，会有不尽如人意的地方，我们不应该去埋怨、责备，而是应该想到我能为国家和人民做点什么。

在我的成长道路上，在尝试教学实验研究的发展中，不知有多少人关心和帮助了我。有六七十万教师参与实验研究，有许多教育界的专家、学者参与理论建设，有许多教育行政领导全力支持并积极推广，有许多媒体朋友积极扶植并大力宣传，有许多学校校长换了几任还坚持实验。没有他们的关心支持和努力工作，尝试教学研究是不可能成功的。我一直说，尝试教学理论不是我个人的创造，它是集体智慧的创造，是三十多年来改革开放和教学改革的成果，它凝聚了千千万万人的心血，决非个人力量能够办得到的。

（二）改革开放的正确路线，稳定的政治局面

我成长的关键时期是党的十一届三中全会以后，改革开放的三十多年。改革开放的路线送来了知识分子的春天，打碎了套在知识分子身上的精神枷锁，使我们可以甩开膀子大干。过去想干又不能干，欲罢又不能，特别是家庭出身不好的帽子压得你喘不过气来，怕说错话，怕犯错误，怕政治运动挨整。现在真是幸福，想学习有进修机会，想改革有领导支持，想说什么可以大胆地说，想干什么可以大胆地干。现在的青年人，因为没有过去的经历是不能体会到的。

过去由于受各种政治运动的影响，政策、口号经常变，大纲教材不稳定，教学实验很难进行，大都半途夭折，大家都有切肤之痛。教学实验周期长，没有相对安定的政治局面是无法坚持下去的。特别是由于极“左”思潮的影响，教育实验工作者搞实验研究都是胆战心惊，担心哪一天会受到批判，被一棍子打死。

党的十一届三中全会以来，由于有稳定的政治局面，经济飞速增长，教育事业稳步发展，大纲教材相对稳定。改革开放的政策，促进了教学改革，鼓励大家放手搞实验研究，这样才使得尝试教学研究坚持了三十多年，使尝试教学法上升到尝试教学理论，并得到不断的发展。

改革开放以来，新教学法不断产生，各种试验教材相继出现，丰富的教育实践又推动教育理论的发展，呈现出一派繁荣景象，这是我国教育科学发展最兴旺发达的一段时期。因此，我们应该珍惜来之不易的安定团结的政治局面，国家需要稳定，教学改革的深入和教育科学的发展也需要稳定。

我曾收到日本一位数学教学法教授的来信，他对尝试教学法在中国发展得如此迅速表示惊奇和羡慕。他说，他研究发现教学法已有十多年时间了，写了不少著作，可是在日本还是应用者不多。相比之下，我深深感到自己生长在一个伟大的国家和伟大的时代无比幸福。

（三）热爱教育事业，树立远大理想

我为什么喜欢教师这个职业？主要是五年的农村小学教师生涯，使我爱上了孩子，爱上了当教师。如果从我出身经历来看，还有深层次的

原因，这还得从我的儿童时代说起。

我从小很苦，父亲是磨豆腐出身，没有文化，后来为了生计从苏州来到常州火车站做了清洁工，又做了检票员。抗战期间，沦落到上海在旅馆里做茶房（现在叫清洁工），这在旧社会是很低下的工作。家里没有钱让我进学校读书，我十分羡慕别的孩子背着书包去上学。后来，我想办法进了基督教青年会办的义务夜校。这个学校不收学费，还送课本。来上学的都是穷苦的孩子，教师都是年轻的大学生。这对我幼小的心灵触动很大，当时我曾暗下决心，将来长大当一名校长，穷人读书不要钱。这个愿望在新社会果真实现了，我不但当了小学校长，还当了师范学校校长。

我热爱教育事业，喜欢孩子。看到孩子们的笑脸，我就有无穷无尽的乐趣，再苦再累也心甘情愿。中国的中小学生有两亿多，我认为我的工作能为两亿多学生服务，该有多么大的意义！这是我努力工作的最大动力。

干一行要爱一行，热爱自己的事业，甘心为此献身，才能有所成就。一个人连自己的事业都不热爱，当然不会有成功。我几十年执著追求，艰苦奋进，如果不用热爱来解释是无法理解的。

几十年的亲身经历，使我坚信中国的一句老话："有志者，事竟成。"

按说，我的条件并不好，首先是家庭出身不好，这在改革开放以前是一个致命的弱点；其次，我原本是一个只有高一文化程度的农村教师。但这些不利条件没有使我退却，我相信一个人只要有志气，有远大的理想，是能够干出一番事业的。重要的是要不断地树立新的目标，时时自勉，不断奋进。

刚踏上小学讲台，我就立下志愿，要当一名好教师；为了研究小学教育，我立下志愿，一定要考取师范大学教育系；大学毕业留下当助教，我立下志愿，在小学数学教学研究方面作出成绩，争取做小学数学教育专家；"文革"后，大胆进行尝试教学实验研究，我立下志愿，在教育理论上走一条创新之路，向陶行知学习。

一个人应该有远大的理想，有志气，有雄心。否则就会失去前进的目标和奋进的动力。

（四）执著追求，勤奋刻苦地工作

一个人树立了远大的理想，立下了志愿，只是在人生的道路上跨出了第一步，要达到目的，实现志愿，必须有执著追求的精神，勤奋刻苦的工作。不付出艰苦的劳动，“成功”不会从天上掉下来。远大的目标必须靠一步一个脚印地向前走，才能接近，才能达到。“千里之行，始于足下”，空谈是永远得不到成功的。

在农村当小学教师的时候，我为了编制口算表，简直到了废寝忘食的地步，每天晚上都搞到深夜。从一张口算表，到设计每个年级配套的口算表。进大学后，我对口算表进行了系统整理，“文化大革命”后再进行修改，才正式由上海教育出版社出版。这本仅有二十多页的小册子，前后经历了二十多年，不知花费了多少心血！

20世纪70年代末，我开始研究小学生口算能力测定。为了制定口算能力的标准，我与同仁们一起对全国16个省、市、自治区进行广泛的调查测验，测验学生达72000多人次。当时没有计算机，几万人的数据都是用算盘进行统计分析的，工作量之大可想而知。

为了调查尝试教学法的应用范围以及数据，我进行了三次全国性调查，每次都印发一两千份表格，我没有助手，从发信、收信到统计数据，都要自己亲自干，每次都要用几个月的时间。

从1978年到现在，我编著和主编的著作达250多本，平均每年八九本，总字数达3 000多万。同时，在这期间我跑遍了全国31个省、市、自治区，为教师作了600多场报告。很多人对此疑惑不解，问我哪里来的这么多时间。我回答说，我是用别人休息和打扑克的时间在工作。

由于我能作报告，会写文章，又能上公开课，一些朋友开玩笑地叫我“江南才子”，其实我心里明白，我并没有太高的天赋，只是能吃苦而已。我这个人别的本领没有，坐功挺大，一天在书桌前连坐十多小时读书写作，都无倦意。以前在师范学校工作，离家很远，骑自行车往返需近两个小时。白天利用点滴时间思考问题，晚上伏案写作。搞研究的人，要耐得住寂寞，应该钻得进去，坐得下来。

一个人要想在事业上取得成功，还必须有较好的身体素质。我每天工作十多个小时，从来不觉头痛或头昏。两次到西藏拉萨，都感觉不到高原反应。从昆明到思茅，要坐整整两天汽车，我都没有不适应的感觉。现在我已到古稀之年，还感到精力充沛。我有这样的身体条件，应归功于青年时代的锻炼。在大学期间，我每天坚持长跑锻炼，还是一名篮球运动员。在常州师范学校当校长时，每天近两个小时骑自行车上下班，也是一种很好的锻炼。另外，在全国走南闯北，东奔西跑，也是一种锻炼。

（五）理论联系实际，一切从实际出发

几十年来，尝试教学法从一个试验班发展到几十万个班级，从小学发展到中学、大学，从普教发展到幼教、职教。这中间并没有靠国家的红头文件，国家也没有给专门的研究经费。许多人感到奇怪，认为这是教育研究中的一个奇迹，也有人称之为“邱学华现象”。

其实并不奇怪，我靠的是理论紧密联系实际的研究道路。我坚持教育研究是为了解决教育的实际问题，使学生能够受益；我坚信，教育实践是教育理论的源泉。为解决教育实际问题，在教育实践中产生的理论，才有生命力，才会受到广大教师的欢迎。我的许多新思想、新方法，都是在教育实践中萌发出来的。

尝试教学研究所以能坚持几十年时间，经久不衰，所以能受到广大教师的欢迎，道理就在于此。古人说得好：“纸上得来终觉浅，绝知此事要躬行。”

大学毕业后留校当了大学教师，我义无反顾地到附小搞教学实验，为了方便，我干脆和附小教师住在一起；“文革”中，在农村已经到了穷困潦倒的地步，我还偷偷到附近小学搞实验，别人都以为我疯了；在担任师范学校校长时，工作千头万绪，我还是坚持到小学搞实验。为了把尝试教学思想引进幼儿园，我深入幼儿园达十多年之久。

走出办公室，投身到教学实践中，虽然道路艰难困苦，但有取之不尽的源泉和无穷无尽的乐趣。在教学实践中，平等对待教师，不以指导者自居。不单做指挥员，同时也做战斗员，自己亲自上研究课，取得第一手实验资料。

我能亲自给小学生上公开课，成了我得天独厚的条件。我到各地讲学，都是先讲理论，再借班上课，大受教师欢迎，他们觉得亲切可信。这样，走一地，传一片。几十年来，我跑遍了全国各地，这对推广尝试教学法起了极其重要的作用。

深入教学第一线，你会有机会交很多朋友，有第一线的教师、学

校管理者、教研室教研员以及教育局领导，他们会给你支持，也会给你出好的主意。这些好朋友都是构建尝试教学理论的无名英雄。个人的力量是有限的，要组织大家一起来研究。主要有三方面力量：一是第一线教师，二是教研部门的教研员，三是教育理论工作者。从1985年开始，每一年或两年举行一次全国协作区尝试教学法研讨会，已经坚持开了十次。这种研讨会把培训教师、互相交流、发表论文结合起来，受到大家欢迎。每次都有一两千人自愿参加，充分显示了广大教师的教改热情，正如《河南教育》主编冯振山指出："伴随着尝试教学法深入发展而出现的一次又一次群众性教学法研究热潮，便已构成了现代中国小学教坛上的一大奇观！"

（六）敢于尝试，大胆创新，走自己的路

在教育研究中要敢于尝试，大胆创新，走自己的路，不唯书，不唯上。

记得在农村当小学教师的时候，看到苏联普乔柯的《小学算术教学法》一书中介绍的口算练习条，特感兴趣，就照此使用，发现使用不方便，我就大胆加以改进，创造了"口算表"。在大学读书时，我大胆提出大学生自己编写《小学数学教学法讲义》，而且不用苏联教学法体系，摸索符合中国学校实际的教学法体系。传统的"先讲后练"的教法走不通，我大胆设想：能不能倒过来试一试，"先练后讲"的尝试教学法就这样诞生了。

中国教育理论界一向崇洋，看不起自己的东西。翻开教学论著作，全是外国的教育理论。纵观中国近代教育理论的发展，先是学日本，后来学美国，新中国成立以后又"全盘苏化"学苏联，现在又全面"开放"，外国各种各样的教育理论、教育思潮涌进中国。我读过许多本《中国教育史》和《外国教育史》，为我国古代光辉灿烂的教育文明史深感自豪，也为近代教育照搬照抄外国而感到羞愧。直到现在，有些人只相信外国人，开口布鲁纳，闭口赞柯夫，总看不起自己，不敢相信自己的东西。我国是十多亿人口的社会主义大国，有几千年的文明史，还有两千多年的教育优良传统和经验，难道就不能在教育理论研究上走一条创新之路，建立具有中国特色的教学理论？我是憋着这股气而发奋工作的。

在中国，有80%以上的学校在农村和山区，目前农村和山区经济尚

不发达，教学设备并不好，教师教学水平也不高。这是我们考虑问题的出发点，广大教师急需的不是艰涩难懂的外国教育理论，他们需要教育观点鲜明、操作程序具体、表述语言清楚的教学理论。尝试教学理论正符合这些要求，因而受到广大教师的欢迎。外国教育理论研究得再有水平，终究是外国人的东西。我们应该根据中国的国情，走自己的路，解决中国教育的实际问题。

尝试教学理论继承中国古代教育思想的精华，又从中国教育的实际出发，具有鲜明的中国特色，因而受到国外教育界的关注。我的导师刘佛年教授曾指出，中国的教育理论必须“具有中国特色，才能走向世界”，这是十分正确的。借鉴外国的教育理论是重要的，但是我们不能照搬外国的东西，应该根据中国的国情，走尝试创新的道路。创新教育呼唤教育的创新。具有中国特色，才能走向世界。

别人对尝试教学法和尝试教学理论评价如何，我并不在乎。我高兴的是，这种教学法已为我国几十万教师所掌握，已影响几千万学生，对推动教学改革和大面积提高教学质量产生了一定的作用。

（七）不怕逆境困境，受得住非议，经得起磨炼

一个人的成长不可能是一帆风顺的，难免会遇到困难，也难免会身处逆境。面对困难，不要惧怕，对自己要充满信心，只要奋发图强，努力工作，没有过不去的坎。真所谓：船到桥头自然直。身处逆境并不可怕，可怕的是因此而精神崩溃，我下放农村整整9年，始终笑对逆境，自得其乐。在最困难的时候，我对党和国家都没有失去信心。

有的人不怕困难，却怕遭人非议，有时冷嘲热讽、流言蜚语甚至会把一个人打垮。

“文人相轻”是中国少数知识分子的劣根性，他们看到别人的进步就妒忌，看到别人出成绩就眼红，喜欢在背后说三道四，冷嘲热讽。这些人对领导拍马奉承的功夫特别好，往往会受到青睐。在一些单位里，平平庸庸混日子没人管。谁要想有什么创意，或想干一番事业就会引来风言风语。

我对此深有体会，我在成长道路上经受的非议和磨难太多了。“文革”中，由于我钻研业务，刻苦学习，却成了走白专道路的典型，遭围攻，受批判；粉碎四人帮后，在揭批四人帮爪牙的时候，我又受到了围

攻，逼我交代两个问题：一是“三算结合试验”是从上海搞起来的，而上海是四人帮盘踞的地方，邱学华搞三算结合试验同四人帮有什么联系？二是邱学华每天都有来自于全国各地的信件，有没有四人帮爪牙写来的信？简直是莫名其妙，使人哭笑不得。在尝试教学实验研究初期，一位权威人士的一句话，使实验纷纷下马，有些人就说：邱学华犯错误了。为了集中全力搞实验，我主动辞去师范校长职务，又有人传出：邱学华在师范混不下去了、邱学华犯错误了……这种事例太多了。

这些非议的确使人难过，辛辛苦苦努力工作还要受冤枉气，有时委屈得也会流泪。我经常用马克思《资本论》里引用但丁的一句诗“走自己的路，让别人去说吧！”来激励自己。在我办公桌玻璃台板下，写着一首诗，我用它时刻激励自己：

长短任人说，是非有公论；

扪心无自愧，坦荡何所惧。

有人问我有什么养生之道，我回答说：“受了挫折，有了气，不要往心里去，什么事情要想得开，乐观地看待每一件事，要懂得保持心理平衡。”遭受非议并不是一件坏事，正所谓：能受天磨真铁汉，不遭人忌是庸才。

尾　声

作为一名教师，我当过小学教师、大学教师、中学教师、师范学校教师，我是幸运的。

作为一个共产党员，我为国富民强，尽心尽力，扪心无愧，我是忠诚的。

作为一个教育理论工作者，在大家的帮助下，我构建了具有中国特色的尝试教学理论，我是成功的。

作为一个教育实践工作者，我能给全国各地各民族的孩子上课，走遍祖国山山水水，我是快乐的。

作为一个父亲，我有美满的家庭，和妻子风雨同舟、相濡以沫度过四十多年，两个孩子都有出息，我是幸福的。

作为一个人，我身体健康，已经七十多岁了，身上各个“零件”还都没有大毛病，看来再活30年没有问题，哈哈，活到100岁！

回首往事，风风雨雨七八十年。在成长的道路上不断尝试，不断成功。发自内心地说，我是幸运的，我是快乐的。我无怨无悔，心满意足，每天都有好心情。我相信尝试是创造的前提，尝试是成功的阶梯。这条尝试人生的道路我将继续走下去！

二、贝壳里有一个世界

张兴华

张兴华，男，1941年生，特级教师、中学高级教师，先后被评为全国优秀教师、江苏省有突出贡献的中青年专家。1999年获国务院政府特殊津贴，被评为江苏省首批名师。致力于小学数学教学四十多年，潜心于小学数学教学心理的研究，发表论文一百余万字，著有《儿童学习心理与小学数学教学》《走进儿童的数学学习》等。主讲的20集电视讲座片《儿童学习心理与小学数学教学》在中国教育电视台播出。

生活在江海之滨，对这样的场景非常熟悉：每每潮水退去，人们追逐着浪花，尽情地奔跑、嬉戏。在浪花亲吻过的沙滩上，散落着无数的贝壳。也许与大海相比，它们过于渺小，以至于人们经常忽略了它们的存在。而我对这些小小的贝壳却情有独钟，常以捡拾贝壳的人自诩，我认为，这些不起眼的贝壳，蕴藏着江海的年轮与潮声。

有贝壳的地方是大海

想要得到贝壳，必须让自己走向大海。让我庆幸的是，从一开始我就选择了去大海的路。至今，有两件事令我无法忘怀，也许正是这两件事的机缘，注定我以教师的身份漫步海滩。记得儿时在乡镇小学读书，一次学校里来了一群年轻人，他们是来自南通师范——张謇创办的全国第一所师范学校的新教师，讲着一口标准动听的“国语”。那时学校里年轻教师特别少，他们的出现让我眼睛为之一亮。青春的身影，扎实的功底，渊博的知识，教学的风采……蒙眬之中，我对他们产生了仰慕之情，憧憬着将来要做像他们这样的教师。这种体验日渐强烈，以至于影响了我的一生。

还有一次，教数学的汤老师讲授“鸡兔同笼”问题。开始我很纳闷，只觉得依据笼子里鸡兔共有的头数和足数，怎么就能知道鸡、兔各有多少只呢？后来，经汤老师那么一假设，“如果笼子里的鸡都变为兔子……”我如醍醐灌顶，恍然大悟，觉得数学真神奇，特别是对点拨迷津的汤老师更是佩服得五体投地，不禁仰视着他，心想，长大后若能成为汤老师一样的老师那该多好啊！

1957年，我初中毕业。正值国家经济紧缩，所有技校都不招生，几乎所有的应届毕业生都涌向师范学校。面对空前激烈的竞争，我硬是跨进了南通师范学校的大门。怀着敬畏之情，我每每漫步校园，念及张謇先生的“坚苦自立，忠实不欺”谆谆诫语。我特别留意胸前的校徽，佩戴校徽，在社会上会招来一些别样的议论，人们因为你是个师范生会投来不屑的眼光，“小教儿！”“小教儿！”然而，我总是将这枚校徽别在醒目处，大模大样地穿走在南通的大街小巷。三年的南通师范生活，我如饥似渴地学习功课和专业本领。非常庆幸自己遇到了一批德高才厚的教师，他们治学严谨、素养深厚。出身语音世家的邵磐世老师说我的语音天赋好、语感强，在提高我的语言水平上倾注了不少心血。他让我听著名播音员齐越等人的播音，我能够成为学校颇有“人气”的主持人与歌手，大半应归功于邵老师。朗诵与歌唱从此成为我生活里不可或缺的内容，与我如影相随。

走出师范大门，我踌躇满志，然而与“文化大革命”撞了个满怀。我从中学下放到小学，又从中心小学“发配”到了偏僻简陋的村小。但不管信息如何闭塞，条件多么落后，只要能够让我教书，能够让我和孩子们在一起，这就足够了。那段日子，我就像一位老农，日出而作，日落而息，精心呵护着自己的田地。投入而忘情地与孩子们一起编织美丽的童话，畅游数学王国，放声纵情歌唱。一个人包揽各门学科，几乎无所不教。那段时间，尽管工作生活单调，但对于我来说，获得了宝贵的实践财富，为以后的教学奠定了最初的经验基础，也为我今后更加努力地追寻作了思想和意志上的准备。

我是一片贝壳，在被人遗忘的角落，但心中自有潮声。

捡起最初的贝壳

南雁北归，冰雪消融。整整20年后，我四十多岁时被调入县实验小学。这一切来得太不容易了。人到中年，我憋足了劲儿，开始了第二次起航。我暗下决心，一定要把逝去的青春追回来，于是，我与时间展开赛跑。从那时起，我给自己设置了一个近乎苛刻的生活节律——每晚不到12点不就寝。多少次从暮霭遍地到旭日临窗，我徜徉在书海之中，手不释卷，孜孜以求。怀着对知识的强烈渴求，在书的汪洋中采撷着。也正是从那时起，这种习惯一直让我受益至今。摘录的资料卡片足有300万字。即使至今我仍无多大建树，仅凭这些记录，我也可以做到问心无愧，我是用了全部的爱与忠诚从事着教育事业，无怨无悔。

跋涉的过程，也是一个发现的过程。教学操作层面上的细节逐渐投入我的视野，成为我的思考对象，促使我在教学研究上的起步。初期，主要还是关注于教学环节、教学手段的选择优化。记得教学“乘法分配律”，课始，我即以43×56+43×44，73×28+73×72，81×34+34×19一组题与学生比赛计算，学生按部就班的计算刚刚开始，我即已算出得数。学生惊异之余，想知道我如此快捷的秘密。我告之方法以后，就让学生在同类算题中试着速算……在学生屡试屡对的喜悦中，我让学生“欣赏”这些算式速算的过程。在观察、比较、思考中体验、理解和掌握了乘法分配律。教学“面积和面积单位”一课时，学生对平方厘米这一面积单位有所掌握后，我让学生用平方厘米度量一些相宜图形的面积，度量邮票的面积，又不露声色地要他们度量课桌的面积。学生感觉很麻烦时，认知平衡被打破，终于想要找大一点的面积单位，并真的找到了平方分米、平方米。接下来，学生就像学习平方厘米一样学习平方分米、平方米，所有问题均依靠学生自己的力量予以解决。究其本质，关键在于始终制造认知冲突，并充分利用这种冲突，把它转化为持续高涨的内驱力和心智活动。

直到今天，听过这节课的一些人遇到我，还会提到“面积与面积单位”这堂课，并从中分析出一二三来，认为这是一堂经典之课。多少年前的一堂课，至今仍有人从中受到启发，这足以让我感到欣慰，也让我更加坚信了一点，以科学理念指导下的教学，永远具有生命力。

我相信，我已经捡到一枚贝壳，尽管花了很长的时间。但这是个起点，我希冀得到更多。

和弟子张齐华在一起

贝壳里的世界

1984年的金秋，我应邀参加了江苏省小学数学教学研讨会。会上，专家们对我国学科教学心理学现状的分析令我怦然心动。确实，优秀教师的教学实践之所以富有成效，无不是成功运用心理学原理于实践的结果，而许多教师的教学之所以事倍功半，也正因有悖心理学规律而致。作为一线教师，尤其需要心理学的启迪与指引。然而就我目力之及，我国学科教学心理研究尚属空白。我为自己找到一个全新的研究突破口而欣喜，从此，我便一头扎了进去。为了使研究一开始就能获得必要的理论支撑，从奥苏伯尔的《有意义学习心理学》到朱智贤的《儿童心理学》，再到邵瑞珍的《学与教的心理学》……一本本教育学、心理学的理论著作，成为我汲取理论营养的重要源泉，也为我随后的学科教学心理学的研究打下了厚实的理论根基。

带出一个优秀的数学团队

没过多久，研究出现了新的瓶颈。这时，有人曾善意地提醒我："一个小学教师是很难在小学数学教学心理学领域获得建树的，这些事应该由理论工作者们来做。"但生性固执的我，最终还是选择了坚持。我决定依托于一定的课题，使研究走向深入。从20世纪80年代末、90年代初，围绕着小学数学教学心理学这一专题，我展开了多角度、多侧面的实验与研究：《有意义学习与小学数学教学》《小学数学教学培养学生思维品质的实验》《提高小学数学课堂教学效率的实验研究》……一项项课题丰富和深刻了我的数学教学理论和实践。功夫不负有心人，正是在那段时间里，一份份课题研究的成果、报告见诸报端、刊首，在小学数学教学心理学这片处女地上，开始留下了我们播种、耕耘的印痕。从此我一发而不可收，《把好思维活动的门户》《儿童的智慧在手指上》《为迁移而教》《把新知之舟停泊在旧知"锚桩"》……这些原本纯理论的观点渐渐走出一般心理学的轨道，在小学数学教学这片肥沃的土壤中生发、铺展开来。这些心血结晶最终凝聚成《儿童学习心理与小学数学教学》一书，周玉仁老师欣然作序："学科教学心理学在我国还是尚未开垦的处女地，《儿童学习心理与小学数学教学》一书的出版，将对小学数学教学心理学的研究作出铺垫。"对我而言，这无疑是一种莫大的激励。在随后的日月里，蒙同道厚爱，这本薄薄的小书多次加印，直至今日，仍有不少老师念及并索取，我也深感为幸。1994年，蒙江苏省小学数学教研室王林老师的引荐，我的关于《儿童学习心理与小学数学教学》的专题讲座（共20集）在中央教育电视台得以连播。

当然，更令我感到欣慰的是，当初在我的“小学数学教学心理学”研究团队中有那么一批青年教师，如华应龙、徐斌、朱玉如、蔡宏圣、王庆念、施银燕、张齐华、贲友林、许卫兵、朱洁芬……如今都已经迅速成长起来，并成为当下我国小学数学教学的新生代人物。我们所在的海门市实验小学这所百年老校，也因此而获得勃勃生机。

英国科学家牛顿说，他是一个在沙滩上玩耍的孩子，偶然间捡到了一枚贝壳。牛顿是大科学家，是我们的敬慕对象。他的这句话，我却深有感触。贝壳傍海而生，它记录着潮汐涌动，斗转星移，蕴藏着无比神奇。拥有它并欣赏它，需要穷尽一生的时间。

三、追寻教师职业生命的价值

吴正宪

吴正宪，女，1954年生，特级教师，现任北京教育科学研究院基础教育研究中心小学数学研究室主任，国家教育部中小学教材审查委员，全国小学数学专业委员会副秘书长，民进中央委员，民进北京市教育工作委员会副主任。

曾荣获全国模范教师，首批“首都基础教育名家”等称号。曾在国际数学教育研讨会上宣读论文，独立完成四本数学专著。她独具特色的教学风格受到教师和孩子们的喜爱。她为联合国教科文组织录制了教学片，中国教育电视台在《名师讲坛》中播放了她的个人专辑。她多次到边远地区支边讲学，受到基层教师的好评、专家的认可和社会的尊重。

写在前面的话

1970年的盛夏，年仅16岁的我就匆匆地踏上了教育的征程。做了25年的一线教师，当过班主任，教过语文、数学；又做了17年的数学教学研究工作。四十多年的教育教学生涯，我曾经彷徨过、犹豫过、迷茫过，但是我始终没有放弃过对事业的执著追求，没有淡化过对学生真挚的爱怜。我爱事业、爱学生。正是这条爱的纽带始终牵动着我的情思，她让我努力、催我奋进；正是这份从未动摇过的信念，使我从一个“先天不足”的小老师逐步走向进步和成熟。

小学教师的工作看似简单且辛苦，普通而平凡。然而，当我真正走进学生的内心世界，当我用整个心灵去拥抱她的时候，才领悟到教师工作博大精深而丰富的内涵，才感受到教师工作的幸福与快乐。“一切为了孩子的发展”是我教育思想的核心；“做孩子们喜欢的老师、创造孩子们喜欢的课堂”是我多年来努力追求的目标；“把小学数学教育的重心转移到促进学生和谐、持续地发展上来；把教育教学研究工作落实到促进教师的专业发展上来”已成为我平日工作中自觉的教学行为。《我与小学数学》以真诚的爱、诚挚的情，把自己多年来在教育教学道路上的风风雨雨、点点滴滴向教师朋友们娓娓道来。愿您和我一起走进课堂，走近学生，共同去经历在研究中工作、在工作中研究的乐趣，共同去感受和孩子们在一起的幸福，共同去体验做教师工作的快乐。

如果说，在四十多年的教育教学工作中，我有了一点点进步，那么永远不会忘记给予过我热情帮助的每一位，是我的领导、导师、同事、朋友和家人们为我的成长付出了太多太多。如今年轮的青春虽已成为昨日，但我坚信一个人只要不断地挑战自我、完善自我、超越自我，那么事业将会青春永驻。

探　索

在漫漫教学生涯的长河中，我曾彷徨过、犹豫过、迷茫过……但是我始终没有放弃过努力，没有放弃过追求。在四十多年的教育教学之路上，我一直在全身心地投入和探索着，一步一个脚印地向前迈进。每日超负荷的工作，我不在乎；每天辛勤的付出，我心甘情愿。但是终于有一天我发现了自己努力的结果并没有带来学生的发展和飞跃，我逐渐地意识到教师的任务绝不单纯是课堂上知识的传授，更应关注学生的情感、态度、价值观等多方面的进步与发展。教育科研理论的学习使我跃进了一个崭新的教学层面，儿童心理学的兴起，点燃我心中那份久违了的热情，我开始走上了以科研促教研的教学改革之路。我拜师学习，苦练内功，注重积累；我努力学习，勤于笔耕，从一个“经验型”的教师开始向“科研型”的教师转变。在孩子们的眼里，我再也不是那个只管“传道、授业、解惑”的“平面教师”，而是一个充满情和爱，不仅给予他们智慧还能给予他们力量的“立体教师”。多年来数学教学改革道路上的艰辛探索为我今天的逐步成熟奠定了良好的基础。我在探索数学教学改革之路上，感受着教师职业生命的价值和快乐。

（一）从这里起步

记得初为人师的日子里，心头涌动的是不尽的新鲜感和兴奋感。我曾天真地认为，只要全身心地投入，勤勤恳恳地工作，就能胜任“传道、授业、解惑”的教师天职。我使出了全身的解数，点燃了自己生命中所有的热情，早出晚归，加班加点，兢兢业业地耕耘着。课堂上我不遗余力地向学生传授书本上的所有知识，每一篇文章、每一个例题都进行深入浅出的讲解。学生似乎是个容纳知识的容器，好像教师讲得越多，学生的收获就越多。我不知疲倦地讲解，学生机械重复地记忆，日复一日，年复一年。当我照本宣科，在“满堂灌”的课堂教学中乐此不疲时，终于有一天，我却蓦然发现课堂上学生变得越来越麻木，目光有些呆滞，语言有些贫乏，思维有些滞后，感情有些苍白。他们稚气的脸上刻上了忧虑与沉重，天真的少年竟变得暮气沉沉、没有朝气。我开始抱怨学生脑子太笨，学习不用功。课堂上除了滔滔不绝地演讲之外又多了几分埋怨与责备，课堂气氛死气沉沉，让人感受不到生命的存在。我痛苦而不安，我彷徨而茫然，原有的冲动与热情几乎降到了冰点。我不止一次地自问：难道要在这条没有阳光、没有笑容的路上走下去吗？当时紧张、疲劳、冷漠、无情的气氛笼罩着校园，那些脸上写满稚气的孩子们，背负着成年人沉重的期望，本该快乐的童年生活却充满了无奈和困惑。“满堂灌”的课堂教学已使孩子疲惫不堪，兴趣索然。回到家中还要长时间伏案对付那似乎永远也做不完的练习题。孩子们的负担太重了，生活太乏味了，于是有些孩子不堪忍受而逃学拒学，也有一些禀性顺从的孩子为了不负父母的期望，成为教师心目中的好学生，只好以自己软弱的身躯和无助的灵魂勉强支撑着，昔日的好学生行为变得怪异，情绪变得焦躁冷漠，失去了童年生活的乐趣。至今我还清楚地记得在某刊物上看到一位六年级小学生发表的一首小诗：

无　题

在我幼小的心灵深处，
有一个五彩的天地，
那里有蓝蓝的天，白白的云，
那里有飞翔的鸟，游耍的鱼。
可是到了六年级，
如山的作业摧残了这柔弱的小花，
父母的加码践踏了这无声的草地，
从此，在我幼小的心灵里，
再也找不到那五彩的天地。
我问蓝蓝的天，白白的云，
我问飞翔的鸟，游耍的鱼，
我为什么不能和你们在一起，
奔向那五彩的天地。

这首小诗真实地记录了孩子们厌恶学习、渴望美好童年的心境。当时有些孩子终于忍耐不住向大人发出了“救救我们”的心声。一幕幕触目惊心的事实再次引起了我的震动，使我陷入沉思：教师教得很辛苦，学生却不爱学；教师教学很投入，学生学习效果却不佳。只图分数的提高，不顾学生身心健康和道德修养，这样的教学能培养出适应未来社会需要的合格人才吗？一股强烈的责任感、使命感在我心头凝聚起来，冲击开去，“一切为了孩子的发展”，这是教育工作者的良知与责任。我决心通过自己的努力探索出一条减轻过重负担、提高教学质量、促进学生生动活泼、积极主动、全面发展的教学新路。这就是我当今教育思想形成的基础。我的教育教学改革正是从这里起步的。

（二）拜师学艺

当我在教学改革的道路上蹒跚摸索不知所措的时候，马芯兰老师鲜活的教改经验令我眼前一亮，这不正是我想看到的课堂场面吗？我深深地被学生乐学、善学、会学、爱学的热烈场面所吸引。同学们怀着浓厚的兴趣，跟着马老师一步步走进那充满生机的数学王国。课堂上，同学们时而紧锁双眉，沉思不语；时而各抒己见，争论不休，急性子的孩子索性跑到讲台前，引经据典，据理力争，思维碰撞的高潮迭起。孩子们在学习中充分体会着参与的快乐与合作的愉悦。马老师与孩子们心灵的沟通、情感的交融、人格的碰撞，使孩子们备受激励和鼓舞。抽象的数学课不再枯燥乏味，而变得妙趣横生。我好像在茫茫的沙漠中看到一块生命的绿洲，它为小学数学课堂教学改革注入了活力。我下决心要学马老师这本真经，便一头扎进马老师的课堂。每天早上天未亮，我就把睡梦中的女儿唤醒，从居住在东直门的家乘车把孩子送到天坛幼儿园，再骑车疾奔朝阳区幸福村中心小学，听马老师的第一节数学课。然后，再疾车返回坐落在天坛北门附近的锦绣街小学上我的两节数学课。白天紧张地工作，晚上静下心来反思，记下学习的收获体会。当我真正走近马老师的时候，蓦然发现她的教学改革绝非仅仅是教学方法的改革，而是更多融入了她的教育思想和灵魂。马老师以学生的全面发展为目标，以一切为了孩子为宗旨，她把对事业、对学生浓浓的爱融进了课堂中。我从马老师为学生所创设的支持性学习环境中可以感受到她教育思想的内涵。

在马老师教育思想的影响下，我开始了小学数学教学改革的艰辛探索。我的教室后面常常坐着一位老人，一边听课，一边认真记着笔记。

她就是我的导师——北京市特级教师刘梦湘同志。我们正式确立师徒关系是在1992年人民大会堂举行的拜师会上，市教育局还颁发了证书。记得那天师傅送我的礼物是他用心用情录制的一盘磁带，字里行间饱含了教育战线的老前辈对青年教师寄予的殷切希望。我送给了师傅一块匾，寥寥几字倾吐了心声——恩师难忘。20世纪80年代初期我就和师傅一起设计策划小学数学教改的蓝图。教了十几年语文的我，对小学数学虽然了解不多，经验不足，但是从另一角度看也是件好事，由于没教过数学，脑子中没有任何条条框框，改革起来就不太受约束，只要学生喜欢的，我就努力做。尽管当时的想法不太成熟，但很快得到了刘梦湘老师的理解和关注。他一头扎进我的课堂和我一起筹划课堂教学改革的蓝图。从教学的指导思想到教学方法的选择，从例题的讲解到练习题的设计，从学习氛围的创设到语言板书，从教师的教态到师生交流的每一个环节……彼此互相探讨着。刘老师十分重视教育科学理论对教学改革实验的指导，他向我推荐了《教育心理学》《给教师的建议》等书籍。他把自己几十年珍藏的教育教学书籍及亲自撰写的教学经验手稿全部送给了我。他说："教学改革不是走过场，是一项实事求是的科学实验，必须脚踏实地。"刘老师来听课从不事先打招呼，每每都是推门而入，我也从此养成了上每一节课都像上观摩课那样投入、那样充分、那样认真的好习惯。站了几十年的讲台，至今，我不敢慢怠课堂上的每一分钟。多年来的教学改革之路可谓风风雨雨，坎坎坷坷。当我受到挫折时，他会告诫我不要灰心，重整旗鼓，以利再战；当我有了成绩时，他会说山外有山，还要向新的高度攀登；当我在教学改革中徘徊犹豫退缩时，他向我推荐报道改革者的文章，说能饱尝成功的喜悦，也能承受失败的打击，才是改革者应有的素质。

我的第三个师傅是缪玉田老师。缪老师是北京实验一小特级教师。他一生都是在教学第一线，是我国第一个用唯物辩证法研究小学数学教学的，有专著传世。他在小数界威信很高，数学知识渊博，古今中外名题、趣题、难题记得特别多，谁有解不了的算题都去问他。他德高望重，诲人不倦。虽已退休多年了，但仍十分关心小学数学界。

我在刘老师的引见下拜访了缪老。至今依然清晰地记得，那日缪老很是高兴。谈起小学数学教学，老人家有说不完的话。从此，我们这一老一少成了知心朋友。有一段时间不见面，就相互挂念。老人家没安电话，有时工作忙了，顾不上去看他，就写信寄去。老人收到信叫儿子念给他听。他也给我回信。由于老人眼睛看不见，都是摸住纸瞎写上去的。信的背面、正面都是字，这可能是一时找不来纸了；有些地方字迹不清，这可能是笔没墨水了；有些地方没字，有的字压字，横的、竖的、斜的乱压一气，这可能不是一次写下来的；有的字大，有的字极小，有的字配合得还可以，有的配合得不成样子，这可能是手有时抖得轻，有时抖得很厉害，几乎写不成了……每次当我接到这像天书一样的奇异书信，都忍不住热泪盈眶。如今老人已驾鹤西去，这11页书信将是我永久珍藏的纪念。有时记者借去阅读，大家费好大劲也只能辨认三分之二。内容很丰富，有老人编的几十道各类数学题，是让我帮助学生进行思维训练的；有古代名题，如韩信点兵等，是让我学习欣赏开阔视野的；有的则是询问我的学习、工作、生活；更有教育我有了成绩不要骄傲的；还有对片面追求升学率的看法，那是帮我树立正确的学生观、教育观、价值观的；有谈市、区和学校领导教师给他过生日，他心里又激动又难受，感到自己老了，再也不能为党的教育事业出力而叹息的……

这哪是信呀，这是老人对共和国教育事业、对新世纪的年轻一代教师、对祖国下一代献的一份爱心，留下的一份宝贵财富啊！每次读着读着都不觉潸然泪下。

北师大周玉仁教授、上海特级教师顾汝佐老师、中科院心理研究所张梅玲教授也都是我的老师。他（她）们都给过我真诚的帮助和热情的指导，令我难以忘怀。

1995年中国数学记者工作委员会与上海《小学数学教师》编辑部在青岛联合举办了“青年教师吴正宪、潘小明教学艺术研讨会”，周玉仁老师、顾汝佐老师亲自到会，为青年教师的成长发展倾注心血、铺路架桥。他们精彩的点评、独具魅力的学术报告为我在小学数学教学改革的探索中燃起一盏明灯。专家们高尚的师德、精湛的教艺更给了我深深的启迪。课后两位专家对我悉心指导，指出努力方向，让我信心十足。平日里，我也经常向二位老师请教，每每在教学研究中碰到了难解的问题，总是打电话或当面向他们请教。周玉仁、顾汝佐老师认真地阅读批改过我的学术论文，并亲临课堂亲自给我指导和点拨。我很珍惜每一次和老师们在一起的时光，并把它作为极好的学习机会。我在事业上的进步与成长得益于二位老师的指导和帮助。

对我影响较大的另一位导师是中科院心理研究所研究员、教授、博士生导师张梅玲，她曾被邀请到崇文区作一周儿童心理学讲座。讲座的题目是《儿童心理学与小学数学教学改革》。我认真听，仔细记，收获很大。早在上中师时我学过心理学，但学得比较粗，好像都是些难懂难记的名词术语，留下的印象很少。听了张老师的讲座后就不同了，她把心理学讲得那么生动有趣，全新的理念，具体生动的事例，加上张老师优美动听的语言表达，让人耳目一新。现代教育心理学，简直像一把魔剑，经张老师这么一挥，出现了神奇的效果，数学变得那么美，数学教学变得那么有趣，学生变得那么可爱，师生关系变得那么和谐融洽，真叫人高兴！从此，我对学习现代教育心理学有了极大的兴趣。讲座结束后，我就主动找张老师借书读，提出问题请教，并邀请张老师指导作课。我们亦师亦友，亲密无间。

其实，我的师傅还有很多，身边的同志都是我的老师，他们政治上关心我，业务上帮助我，我十分敬佩他们。特别是很多年轻教师，他们在实践中创造了许多新鲜活泼的教学方法和好的教学经验，不能视而不见。所谓汲取百家之长，自然也包括广大教师的经验，甚至还包括向自己的教育对象学习。我想，只要我们留心学习，虚心请教，就会常常有意外的惊喜和收获。

在漫长的教育教学生涯中，我得到了这么多专家、导师及同事们的指导和帮助，我的教学改革能有一些进步是他们高尚的师德、锐意改革的敬业精神、实事求是的科学态度、严谨治学的工作作风深深地感染着我的结果。我时时都可以感受到他们优秀人格的魅力。导师们热爱教育事业、淡薄功名、无私奉献、精益求精的敬业精神以及那谦虚谨慎、友善宽容的态度给我留下深刻而美好的印象。

（三）艰辛的探索

20世纪80年代初的教育界片面追求升学率形成“大潮”，为了应付考试，大搞“题海战术”，作业堆积如山，学生痛苦不堪。在这样的教育背景下，我开始了小学数学教学改革之路的艰辛探索。

在领导的指导及同志们的支持下，我认真学习教育科学理论，虚心向老教师们学习，博采众长，刻苦钻研教材，开始了“小学数学归纳组合法”的实验（即用归纳的方法讲授重新组合的教材）。它是涉及教材、教法、学法、考法及教书育人诸方面的全方位改革实验。此项实验以一切为了学生为指导思想，以学生的全面发展为本，极大地调动起学生的学习兴趣，促进了学生学习主动性、积极性及创造性的发挥，取得了显著成绩。在不留家庭作业、不增加课时、不设早晚自习、不占用其他课时的情况下，学生一年学完五、六年级两年的数学课程，并提前一年参加了全区小学数学毕业考试，平均成绩高于应届毕业生的成绩。我辅导的学生多次在市、区数学竞赛中获得优异成绩，连续多年获得区数学竞赛团体总分第一名，有三名学生获全国数学竞赛一等奖。学生的数学能力和数学素养有了明显提高，尤其是对学习数学的情感、态度有了根本转变，实验终于赢得了学生的喜爱和社会的认可。

该项教改实验，从教材改革入手，根据知识的内在联系和学生的认知规律，重新编排教材，组合成“六条龙”的小学数学知识体系。在教学实践中，我总结了十几种切合学生实际的教学方法和学习方法，为学生创设了愉悦和谐的学习氛围，充分发挥了学生的主动性和创造性。学生学习兴趣浓厚，求知欲望强烈。课堂上常常出现一派乐学、爱学、善学、会学的生动活泼局面。教学改革促进了学生健全人格的发展，学生不仅学文化，而且学做人。1987年该项实验通过了中央教科所、中国科学院心理研究所、北师大教育系、北京市教育局小教处等十个单位有关专家的鉴定。此项实验在多家刊物上进行了报道，被列为北京市重点教育科研项目，引起了教育界较大的关注。

实验中，我从教材、教法、学法、考法及教书育人等多方面进行教改探索：

1. 注重知识联系，重新组合教材

教材改革是这项整体性教学改革的基础工程。我首先从教材改革入手，对当时教材的编排体系进行了分析，为了建立完整的数学知识结构，根据知识的内在联系把当时数学教材第九、第十、第十一、第十二册书的内容进行重新调整和组合，整合成六大知识体系（简称“六条龙”）。

（1）面积教学一条龙

以长方形为基本图形，通过学生亲自动手拼摆、旋转、平移，推导出其他图形面积计算公式。在推导的过程中同学们感受到转化思想的应用，体会到数学知识内在的联系。如下图所示：

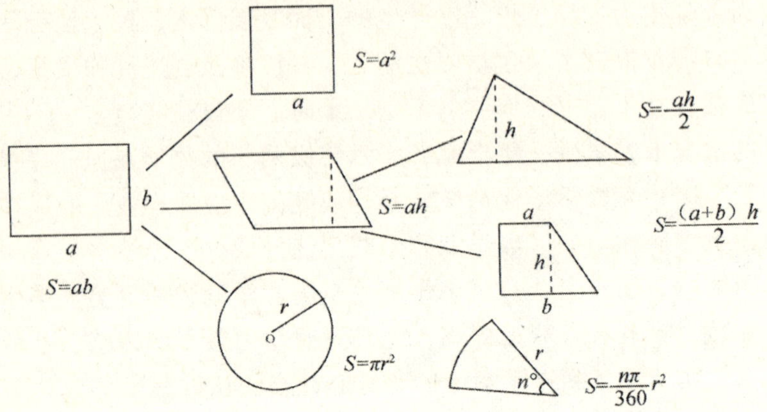

（2）体积教学一条龙

以长方体为基本形体，通过学生动手操作发现和推导出其他形体的体积计算公式。使学生在观察、推导、转化中获得条理化、系统化、整体化的知识。如下图所示：

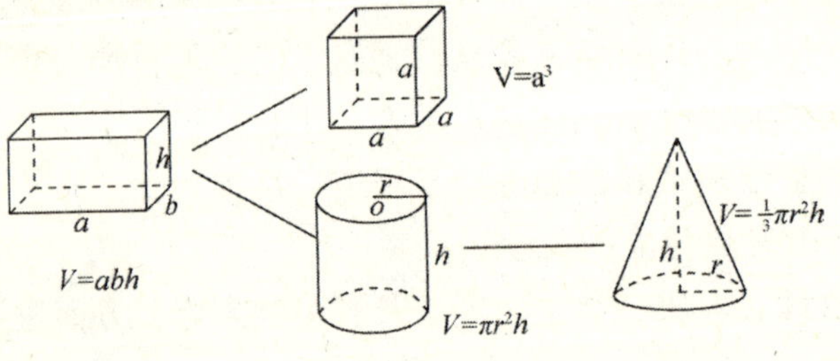

（3）分数四则计算一条龙

按照对立统一的辩证唯物主义观点，将加、减、乘、除法用比较对照的方法学习，鼓励学生合理简算，准确中求速度，合理中求灵活。

（4）分数、百分数应用题一条龙

为了揭示分数、百分数应用题中的数量关系，我仍采用对照比较的学习方法引导学生学习。乘、除法对照讲，分数、百分数应用题同时学，减少了课时，提高了效率，促进了学生思维的发展。

（5）数的整除一条龙

数的整除是小学数学概念最集中的一个单元，我坚持同时揭示一对对互相矛盾又相互依存的概念，在比较中区别异同，在对立中求得统一。

（6）正反比例一条龙

正、反比例知识的对照学习，不仅揭示了正、反比例意义及正、反比例应用题的内在联系，发散了思维，而且培养了学生举一反三的能力。

2. 改进教学方法，加强思维训练

在重新组合教材的基础上，必然要涉及相应教学方法的改革。“满堂灌”的课堂教学除了“注入式”这个明显的弱点外，还存在着“重知识，轻能力；重结论，轻过程；重成绩，轻发展”等倾向。教法单调，课堂气氛沉闷，学生学习兴趣不高，影响了学生健康情感及态度等多方面的发展。改革教学方法首先要更新教育观念，以科学的教育理念指导课堂教学改革。我努力做到民主施教，对每一位学生都给予尊重、关爱、鼓励、宽容和理解，认真倾听学生的发言，尊重差异，因材施教。教学中努力创设愉悦和谐的学习环境，建立民主平等的新型师生关系，使学生在宽松的环境中积极主动地学习。为了进一步促进学生思维品质的发展，我十分注重学生的思维训练。数学课堂教学中加强了假设、对应、逆向、转化等思维训练，重视从学生的生活经验和已有的知识中学习和理解数学。在这个过程中将数学思想和数学方法融入其中，促进学生数学素养的提高。

3. 发挥主体作用，掌握良好的学习方法

在过去的教学中我只重视教的过程，忽视学的过程。学生学习的主动性、创造性受到了压抑，学生的发展受到了影响。为了发挥学生的主体作用，我力争使全体学生参与学习的全过程，课堂上为学生留有更多的思考时间和空间。使学生呈现出勤于思考、善于思考、敢于提出问题、善于提出问题的思维状态。尤其是在课堂教学中为师生互动、生生互动创造了条件，使每位学生都有较强的求知欲和积极性，对后继学习更有信心。为了使学生掌握良好的学习方法，我采取了自学法、讨论法、操作法、小组合作学习等学习方法，帮助学生学会学习，使之既长知识，又长智慧。

4. 改革考试方法，培养实际能力

教材、教法、学法的改革必然带来对考试方法的改革。我认为测试考查、教学评价要承认学生学习数学的个体差异，用正面的方法发现和鼓励每一个学生的进步，更有利于促进学生的发展。通过对学习过程和学习结果的考查，使每一位学生树立学习的信心，提高学习数学的兴趣。我从三方面对改革考试方法进行探索：一是在考查的内容上从侧重知识到关注能力（尤其是运用数学知识探索解决简单生活问题的能力）及非智力因素的考察；二是在考试形式上从单纯的笔试，转变为笔试、口试、操作、实践等多种形式的考查；三是对评价的手段进行了改革。课堂上适时适度地展开生生之间、师生之间的互相评价，教师满腔热情地鼓励孩子们的一切努力，增强学生的自信心，使每一次考查、评价都成为学生学习道路上的加油站。

5. 坚持教书育人，促进学生全面发展

小学数学归纳组合法的实验是一项全方位的改革实验，是一项探索以学生发展为本的实践。教学中，我始终坚持教书育人，注重学生创新精神的培养和健全人格的发展。我以学生主动学习、潜力开发和多方发展需求的满足为目标，使传递知识、启迪智慧、完善人格三者得到发展。1988年我撰写的《深入教学改革，坚持全面育人》一文刊登在《北京市崇文区教育学会第五届学术年会论文选》上，被评为优秀论文一等奖。这篇近2万字的学术论文是我当时教育思想和教学行为的真实写照。

教学改革的实验给课堂教学带来了勃勃生机，学生的负担轻了，学习的兴趣浓了，思维能力有了明显提高。

（四）苦练与积累

我是一个七零届初中毕业生，在那个特殊年代，不满16周岁就匆匆踏上了教育岗位。记得在当时的日记中我曾十分惋惜地写道："当我的一只脚刚刚踏进青春的门槛，另一只脚还流连于在做学生的纯真时，就已经开始承担起成人的重任，小小年纪的我多么希望能在求学的征途上继续学习深造，汲取营养。"然而，儿时上大学、当科学家的美梦被无情的现实击碎了。一个"文革"中的初中毕业生可谓先天不足，后天营养不良，怎能担得起教师工作的重任？！别无选择，"书山有路勤为径，学海无涯苦作舟"。我为自己约法三章："要敢于吃别人不愿吃的苦头，要乐于花别人不愿意花的时间，要敢于下别人不愿下的苦功。"在那个"读书无用"的年代，白天我拼命地工作，晚上我发奋地读书。大概是受父亲的影响，我酷爱文史。我通读了范文澜的《中国通史》，浏览了当时少得可怜的几本名著，亲手抄写的《唐诗三百首》，至今还珍藏在我小小的书柜中。它为我十几年的语文教学奠定了一个较好的基础。20世纪80年代初期由于工作的需要我开始语文、数学教学双肩挑。数学教学对我来说真是一片空白。在教一年级数学前的那个暑假，我找来了1~12册教材，仅用一个假期，就把全套教材所有的例题、思考题及有代表性的练习题全部亲自做了一遍。我查阅了大量的参考资料，虚心向教师们学习，并根据数学知识内在联系整理成知识网状图，整理了厚厚的一大本学习笔记。此时，我已通读和熟悉了一至六年级的全套数学教材。记不清有多少个夜晚，我在台灯下认真演算着数学题，凡是要求学生发散思维、一题多解的题目，我首先从自己做起；遇到数学奥林匹克竞赛辅导中的高难度题目，我就一张张草稿纸地演算，草稿纸摞起来比写字台还要高。当时《人民教育》发表的329道小学教师自测题，我只用几个晚上便全部完成。我精心整理了《小题库》《难题辨析》《思维训练》《趣味数学》《教海拾贝》等学习笔记。就这样在较短的时间内攻下了第一关——教材关，为自己数学素养的提高奠定了基础。

教学改革的实践使我体会到：一名教师仅仅能驾驭教材是远远不够的。教学研究是科学的实践，必须有先进的科学理论作指导。我开始有计划地学习教育科学理论。白天听了北师大教授“智力及其测量”的讲座，晚上我就随笔记下学习心得；学习了《教育心理学》理论，我就试着做小学生学习心理的研究；学习了《教育评价》，我就尝试着在实验班做学生评价改革和考试方法的改革。我认真阅读教育理论书籍，注意从各种教育刊物上捕捉信息，写下了几十万字的学习笔记，至今二十多本写满密密麻麻学习体会的笔记本和教学随笔还珍藏在我的书柜中。两次喜迁新居，忍痛割爱扔掉了不少书，唯有那发黄的学习笔记本还紧紧地与我相随，我对它情有独钟。它时时告诫我：脚踏实地、厚积薄发、善于学习、重视积累、贵在坚持，在教育教学改革之路上绝无捷径可走。

随着教学改革的深入，我的工作也愈发地忙碌。超负荷的工作，早已使我没有了8小时的概念。不论工作多忙，我始终保持一个很好的习惯，即年年有目标，月月有计划，周周有安排。每天早上我常常以小时为单位安排好一日工作。我的工作原则是：在做好本职工作的基础上，努力做好社会工作；白天做不完的工作就晚上做；紧急的工作优先做。我早已适应了这种高频率、快节奏的工作生活方式。多年的实践使我逐渐学会了“弹钢琴”，繁杂的工作，忙而不乱，井然有序。在教学改革的道路上，我始终以奉献为乐趣，一步一个脚印地去实现自己的诺言——努力做一名学生喜爱的教师。从自己教学改革的实践中我深深体会到：人生中许多美好的东西都是从勤奋进取中得到的，当我们把教育教学工作作为一项事业时，就会为之奋斗，无怨无悔；当我们把教育教学工作作为一门科学时，就会不断地探索，乐此不疲；当我们把教育教学工作作为一种艺术时，就会追求更加美好的境界，创造出神奇的效果。

升　华

（一）茅塞顿开

清楚地记得，一个风雪交加的下午，我区数十位青年教师坐在育锋小学的大教室中静静地等待着中国科学院儿童心理研究所的一位教授来作报告。不一会儿，一位风姿潇洒的女教师走上讲台。黑板上一行醒目的大字跃入眼帘——儿童心理学与小学数学教学改革。接下来就是滔滔不绝的演讲。

青年教师朋友们：

我们教育工作者不仅是青少年的老师，还应该成为他们亲密的朋友。当孩子的内心充满孤独寂寞和惆怅时，教师应该走近他们，理解他们，善待他们，尊重他们，激励他们。教师不能只关心孩子们的学习，更应关心他们的心理发展。教师要读懂青少年心理这本书。要为学生创设一个心理健康的支持性的学习环境。教师要关注孩子们的心理体验、个性发展，建立平等、友好、民主的新型师生关系。要以人文精神去感染学生，和他们手牵手共同走过成长中的欢乐与烦恼……

那是我第一次见到她——著名的心理学专家张梅玲教授，也正是在那次报告中第一次听到“心理健康”“支持学习的心理”“心理体验”“新型师生关系”“人文精神”这些新名词。我被她娓娓道来的极富人情味的演讲感动着，不知不觉已经融入了她的报告之中。报告中列举的那么多的课堂教学实例不就发生在我们身边吗？我怎么就没想到孩子们的喜怒哀乐会与学习数学连在一起呢？凡事都认真的我，着着实实地进行了一次自我教学行为的反思。

在过去的课堂中，我不论是面对着勇敢热情、思维活跃、开朗大方的学生，还是性格内向、不善言谈、胆小忧郁的学生，常常是“一刀切”地统一要求。要求每一个学生按照同样的方法学习数学的概念、法则、定理、公式。学生不得不用死记硬背的方式去背定义、套公式、记题型，为的是共同到达理想的分数线。课堂上缺少师生之间、生生之间的交流，缺少思维的碰撞、情感的沟通，使学生在数学学习的过程中很难感受到数学的乐趣和魅力，忽视了学生丰富的心理体验。课堂上我俨然是一位主宰孩子们学习命运的救世主。教材上有什么，我就讲什么；我讲什么，学生就学什么；学生学什么，就得会什么。行间巡视，我睁大眼睛寻找的是哪道题答案正确，哪道题答案有误，就连结果正确，中间环节常常少步骤的那几个机灵鬼耍的小花招也逃不脱我锐利的眼睛。然而，我从来没有用心观察过哪个孩子的脸上流露着惆怅和孤独，哪个孩子的目光里有不安和期待。我走进的是学生的行间，而不是学生的心间。在我的头脑中潜藏着这样一种意识：我是数学教师，把1+1为什么

倾听孩子的回答

等于2讲清楚了，学生会解题了，成绩提高了，教学目的也就达到了。至于学生的喜怒哀乐，学生的心理健康似乎与数学学习关系不大。当时只是单纯从知识系统方面评价学生，而忽视了学生心理对人生发展的重大影响。

在那天晚上的学习笔记中留下了我的思考：教师为什么要读懂青少年心理这本书？青少年心理状态对他们一生的发展有什么影响？为什么要提倡建立平等、友好、民主的师生关系？难道教师的微笑也有学问吗？带着一个个疑问连续听了有关儿童心理学的系列讲座，茅塞顿开，似有登高远望之感。张梅玲教授使我走进一个崭新的教学层面，我感到拂面而来的是一种属于自由和生命的教改春风。那份久违了的热情再一次在我的生命中燃起。从那时起我开始用心去感悟孩子们的每一丝变化，用情去激励孩子们的每一点进步。我开始动脑筋想尽办法全身心地投入，努力为孩子创设一个有利于成长的支持性学习环境。当孩子们的学习遇到困难时，我伸出热情的手，帮助他们扫清障碍；当孩子们内心充满孤独和惆怅时，我又走近他们与他们分担忧愁，成为可以倾吐肺腑之言的知心朋友；当他们有了点滴进步的时候，又是我满怀真诚地去欣赏和赞美他们，和他们共同体验成功的快乐。在学生们的眼中，我再也不是那个只管传道、授业、解惑的"平面教师"，而是一个有血有肉，充满情和爱，能给予他们智慧和力量的"立体教师"。

与学生们一起讨论、交流

正是这“茅塞顿开”的经历，才使我的教育思想、教学行为开始发生了变化。当初的“小学生学习心理与小学数学”讲座，犹如在把传授知识、培养能力作为教学的主要目标，而忽视学生全面发展的社会背景下吹来的一缕春风，给我带来了一丝春意。虽然体会是肤浅的，但它毕竟是我今天教育思想形成的基础，为我教学特色的定位给予了关键性的支持。我从过分强调传授知识的系统性、完整性，开始向关注学生人格发展的健全性、全面性思考；从过分强调严格划一的统一要求，开始关注不同学生的不同需求和个性发展；从偏重知识传授，智力开发，开始向注重学生心理健康、情感体验等非智力因素的思考；从偏重课堂教学具体环节程序的设计，开始向注重创设愉悦和谐的课堂氛围而努力。课堂教学的过程，不再是单纯的认知过程，学生在教学实践活动中体验着数学知识形成和发展的过程，体验着与伙伴们合作的过程，体验着亲自实践和创造的过程。课堂教学中“认知、体验、实践”这三个层面互相渗透，整合成一个有血有肉充满生机的教学过程。孩子们在教学活动中充分体验着课堂生活的愉悦，情感态度及价值观等方面得到了和谐发展。教改实践使我深深体会到现代教师要读懂每一个孩子的特殊心理。要真正了解每个孩子的情感、意志、能力、气质、性格等心理特征，尊重他们不同的心理体验。作为现代教师，要用心去感悟青少年的每一丝变化，让每一位青少年都能体会到教师的爱。教师要用真心去抚爱孩子，用智慧去启迪孩子，用人格去感化孩子，用权威去约束孩子，使每一个孩子不仅有知识，更有思想；不仅有文化，更有品位；不仅有个性，更有魅力。让每一个孩子都能以愉悦的心情经历每一天的新体验、新感受，从而不断丰富和发展学生健康的个性，促进学生心灵的净化和精神境界的升华，真正成为一个心理健康、学有特长、全面发展的学生。

好一个“茅塞顿开”，让我回味无穷。

（二）走上科研路

我的思绪不知不觉已回到了十几年前崇文区第三届教育科研工作的研讨会上，当时我的小学数学课堂教学改革实验论文获得了北京市和崇文区首届教育科研成果一等奖，领导让我在大会上作经验报告，因此选择了《走上科研路》这个题目。此时此刻，仿佛又回到了二十多年前，

20世纪80年代教学改革的风风雨雨又一次冲开了我记忆的闸门，唤起了我的回味与思考。我愿意把这篇大会发言奉献给教师朋友，请您和我一起经历昨天。当时作为青年教师的我，没有高屋建瓴的理论建树，没有高瞻远瞩的战略眼光，没有超前的理念，但它毕竟是自己探索小学数学教改之路的真实记录，是自己朴素的教育科研思想的真实写照。它记录了我当年是怎样跌跌撞撞地闯到了教育科研的道路上，记录了我这个初出茅庐的"丑小鸭"是怎样由不自觉到自觉地研究起"大人物"们的专利——教育科研与教学改革。或许二十多年前的这篇发言稿能引起您思考点什么，或许您能从"我是怎样走上科研道路"的旅程上悟出点什么，那将是我的期盼。

20世纪80年代初期，教育界片面追求升学率现象十分严重，为了应付考试，校内大搞题海战术，校外作业堆积如山。毕业班形成数学教师、语文教师轮流作战的"二人转"局面。教师劳累过度，学生疲惫不堪……面对这样的现实，我陷入沉思：难道这样就能培养出合格人才？难道除此之外就找不出其他途径吗？只图分数的提高，不顾学生身体状况、道德修养和能力的发展，这不仅是对教育的失职，也是对社会、对未来的犯罪！一种强烈的责任感在我心中凝聚起来。我下决心要用自己的努力去探索一条适合学生实际、有利于学生发展的教学新路。就这样我很快地投入到小学数学改革之中。尽管有了这样的思想基础，但是当时我却天真地认为改革小学数学教学就是减轻学生的负担，将数学知识提前交给学生，比别人先行一步，不曾想过也不曾估量过教育科研理论会对教学改革产生多大的作用。我认为理论研究是科研部门的事，与第一线的小学教师关系不大，所以当初在规划教学改革的蓝图时，并没有考虑到要用先进的教育科学理论作指导。在自己朦胧的意识中也没有科研的位置。但是，当我在教学改革的道路上蹒跚地向前摸索时，当我遇到了一个又一个难解的问题时，科研理论却神奇般地闯进了我的视野。我自觉不自觉地开始了理论与实践的行动研究。

改革小学数学教学首先开始的是教材改革。为了赶进度，我把下学年的教材刻印成讲义，提前交给学生。在组合教材中忽视了知识本身的内在联系和学生认知结构这两个基本要点，结果是欲速则不达，学习效果欠佳。记得刘梦湘老师对我说："改革教材，要用先进的科学理论作指导，辩证唯物主义的观点是重新组合教材的基本思想。"我读了毛泽东的《矛盾论》《实践论》，一条清晰的思路开始在眼前展开。

按照辩证唯物主义对立统一的规律，不是可以把正比例与反比例、分数乘法与分数除法等知识重新组合在一起进行编排吗？在对照比较中，学生明确了意义、法则和性质，澄清了概念，区分了异同，潜移默化地受到了辩证法的启蒙教育。按照辩证唯物主义“变中有不变，不变中有变”的基本观点，在处理几何知识的教材中，不是可以让学生充分动手操作，把新图形转化成已学过的图形，再根据知识的内在联系推导出新图形的计算公式吗？这样在教学中不仅渗透了辩证法的基本观点，还培养了学生创造性思维的优秀品质。按照辩证唯物主义“透过现象看本质”的基本观点，在数学教学中，我注意引导学生在变化的数学现象中抓住不变的实质，训练学生思维的深刻性和灵活性，使学生受到辩证唯物主义的启蒙教育……就这样，依据数学本身的辩证法，依据数学知识本身固有的联系，“六条龙教学”在科研理论的指导下形成了。实验证明，它符合学生的认知规律，产生了良好的实际效果。

教材改革了，接下来的就是如何改革教学方法。难题又一次出现了。

在教学中，我经常遇到这样的情况：自认为备得蛮理想的一节课，学生却不感兴趣，学习效果令人失望。为此，我深深地苦恼过。原因在哪？百思不得其解。

正在这时，区教研室请来了中国科学院心理研究所张梅玲老师作《心理学与小学数学教学改革》的系列讲座，我茅塞顿开。翻开1986年11月14日的读书笔记，记下了这样的一段：

我顶着凛冽的寒风，又一次听张老师的学术报告，终于发现了自己教学中的症结所在，课堂上我只重视知识信息的传递，忽视了师生情感信息的交流，忽视了学生心理健康的培养。学生的心理健康包括认知系统的健康发展、饱满的情感、优良的意志品质、个性的健全发展。只有注重诸因素的和谐发展才能建立民主、平等、和谐、友好的师生关系，才能使学生在愉快和谐的环境中学习。这不正是自己所欠缺的吗？教学过程中教师的态度、语言对学生都会产生深刻的影响。一句鼓励的话可以激起学生求知的欲望，成为孩子们学习入门的第一块基石；一句不经意的否定，也可能刺伤孩子的自尊心，使他们探索上进的心扉永远地关闭！教师的态度起着举足轻重的作用。在我渴望得到理论支持的时候，心理学的讲座真可谓是雪中送炭！从那以后，我有意识地在教学中为学生创造良好的学习环境，帮助学生树立起自信心，与学生建立民主、和谐的师生关系。

接下来，我碰到的又一个难题是如何客观科学地评价课堂教学。教材、教法的同步改革收到了一定成效，但评估起实验效果却缺乏科学的说服力，不是以平均分高低评价就是用描述的语言进行总结性评价。又是在我迷茫之中，在我需要寻求统计知识的时候，区教科所举办了《智能与测量》的专题系列讲座。我了解了教育统计学的意义及其在教育理论研究方面和实际工作中的作用。在一位专家的帮助下，我试着搞了实验班与普通班学生的能力测试，用有力的数据、科学的方法评价了实验工作，为教学改革的深入发展提供了科学的依据。

不知是出于一种需要，还是尝到了学习理论的甜头，我开始由不自觉到自觉地拿起了教育科学理论的书籍。我仿佛在茫茫的雾海中发现了一座闪亮的航标，它使我找到了前进探索的方向。我读了日本山内光哉教授编著的《学习与教育心理学》，了解了最近教学和学习心理学的研究动态，开阔了视野。

我读了林崇德先生编著的《智力发展与教学学习》，懂得了教学中如何协调智力与知识、技能的关系，为我在数学教学中如何发展学生的智力提供了理论根据。

我读了苏联教育科学院副院长巴班斯基的《教学教育过程最优化问答》，清楚了教学过程最优化的实质和基本内容；我读了苏霍姆林斯基的《给教师的一百条建议》，被他展现在读者面前的生动活泼的事例以及深入浅出的讲解而深深吸引。苏霍姆林斯基认为学生是学习的主体，而教师则应充当学生脑力劳动的指导者。他正是从这种“主体论”和“指导论”相融合的观点中，涌出潺潺有声的溪流——把儿童引向生动活泼的主动发展的道路。用现在的观点看，这不正是我们研究的主导与主体关系的和谐发展吗？不正是我们所提倡的让每位学生都成为学习的主人的教学理论吗？

……

几年来，我就是这样跌跌撞撞地闯到了教育科研的道路上，就是这样由不自觉到自觉地拿起科研理论研究起教学改革。教训与实践给了我深刻的启示：从开始根本没想到科研，到走投无路、逼上梁山；从不懂科研到寻求科研的支持；从不自觉到自觉地参与科研；从断断续续的心得笔记到一定质量的论文……这一切都证实了：教改离不开科研！先进的教育科学理论以神奇之力，给教学改革带来了勃勃生机，它为深入教学改革开拓了一个广阔而美好的前景！在教育教学科学研究的道路上，我只是刚刚起步，还有待于今后不断深入。在前进的道路上，不管遇到多大的挫折和困难，我都会发奋探索、拼搏、攀登！

努力做一名科研型的高素质教师，这是现代教师职业的要求，这是新世纪教育发展的必然。最后我愿意以《基础教育科研方法入门》一书中这段话与老师们共勉："一位教师如果有强烈的教育科研愿望，有读书的习惯，喜欢思考，那么，他到处可以看到有用的信息，到处都能发现研究不完的课题，随时都有些事情激活他的思想，使他浮想联翩。到这时候，教育科研已经成为他生命的一部分，他会从中感受到科学生活的质量和乐趣。"

（三）勤于笔耕

记得1986年除夕，伴着阵阵爆竹声，我撰写的《注重知识联系，重新组合教材》一文呱呱落地了。那时我不知道自己的这篇拙作算不算论文，十分不好意思地把它交给了我的导师刘梦湘老师，请他过目修改。大概是我的真诚与执著感动了他，当时年过半百的刘老师正在忍受着糖尿病的煎熬，每次化验都出现三四个加号，血糖已超过二百，日进食量不得超过四两，一米七八的大个子体重只剩下一百二三十斤，在这样的状态下，他仍一字一句地精心修改，从文章的中心思想到段落的布局，从学术观点的把握到文字的润色都一一提出了有价值的参考意见。此篇文章居然在当年《小学数学》刊物上发表了！看到龙飞凤舞的手写体变成了规规矩矩的铅字文，心中充满激动与兴奋的同时也多了几分冷静的思考，做教师可不能仅满足课堂教学技能技巧的提高，不能只做一辈子教书匠，要善于思考，善于总结，要勇敢地向研究型、学者型、专家型教师努力。从那以后，我更加自觉地学习教育科研理论，边学习、边实践、边总结。我把教学中的点滴体会、课后所感、教学心得等毫无保留地倾吐在笔记本上。此时此刻抬头可见，书柜中已微微发黄的笔记本仍整整齐齐地站成一排。挡不住的诱惑，使我又一次走近了它，翻开扉页，一行醒目的大字跃然眼前：心求通而自奋也！这句话伴随了我

在日本进行学术交流

四十多年的教学生涯。我努力着，思考着，拼搏着，探索着，大多与我一起工作和生活的人们都说我是一个不知疲倦的人。是的，为了钟爱的事业我乐此不疲。不知多少次听着子夜的钟声敲响，不知感受过多少次宁静夜幕中学习思考的兴奋与激动，不知多少次数以万计的笔记从手尖流过。那小小写字台记下了我的情和爱，记下了我的苦与乐。《教学有感》《小学数学系统整理》《值得回味的课》《业务学习笔记》《信息交流》《教学小题库》《趣味数学趣谈》《教海拾贝》……这些写满密密麻麻字体的笔记本不知要保留多久，看着眼前这一本本留下了我成长足迹的笔记本，怎能不令我回味，令我兴奋呢？作为小学教师的我，没有在高等学府系统地学习过教育理论和专业知识，但是我知道，一切才学和本领都不是天生的，于是我不懈地努力，我不敢怠慢每一天，抓紧时间，向书本学习，向实践学习，向周围的老师们学习。可能是天生的固执和执著，我竟开始拿起了手中的笔，一发而不可收。二十几年过去了，凭着几分热情，几分自信，几分执著，几分刻苦，写出了一篇篇可以登大雅之堂的小文章，我的教改文章、实验报告、学术论文散见在全国多家教学刊物上，《北京教育》《福建教育》《江西教育》《小学数学教师》《小学数学》《陕西教育》《江苏教育》《中小学数学》《小学教育理论与实施》《云南教育》《北京电化教育》《广西教育》《中国小学数学教育》以及《中国教育报》《光明日报》《青年教师导报》等分别刊登了我的文章。近年又独立完成了数十万字的专著《吴正宪数学案例与教法》，由人民日报出版社出版发行。

1992年在北京召开的国际数学教育研讨会讲坛上，我宣读了自己独立撰写的论文《改革教学方法，重视思维训练》。该论文被译成英文在国内外流传。1990年我撰写的《论小学数学教学中非智力因素培养》一文，在全国数学教学研究会小学第四届年会上流传。1997年我的《创设愉悦和谐的教学环境，促进学生积极主动全面发展》一文在海峡两岸教育教学研讨交流会上宣读。2000年我撰写的《在小学数学教学中培养学生创新精神》一文获中央教科所优秀论文评比一等奖，并发表在2000年《北京教育》首刊中……数不清有多少文章曾发表过，记不清有多少文章曾得到鼓励，不知为什么直到此刻，我仍然沉浸在二十多年前那个除夕充满虔诚而兴奋的感觉中，我仍然拥有二十多年前那样的纯真与执著。

《小学青年教师》杂志封面

在多年的教改实践中我有一个十分深刻的体会，在教学工作中人人都会产生点点滴滴的体会，或深刻，或肤浅，如果忽略，则稍纵即逝；如果稍稍留心，把它记下来，哪怕是肤浅的感悟或缺乏理性的直觉思维，都会带来日后冷静的思考。点点滴滴，积少成多，厚积薄发，我拿起手中的笔，善于思考，勤于笔耕，做教学的有心人。

（四）博采众长，创立特色

生活在世纪之交的人们大多数都能清醒地认识到，一个国家的兴旺发达绝不是以单纯的经济增长指标与数字作为尺度来衡量的，科教兴国也绝不仅仅是发展科技、增加物质投入，还必须以民族整体素质的提高来衡量。全民族素质的提高关键在教育，教育的本质就在于提高人的素质，不仅要教会人们去改变环境，以求生存和发展，也要教会人们去改变自我，超越自我，以求自身日臻完善。进入了21世纪，作为一名跨世纪教师，我越发感到时代呼唤高素质的教师，教师自身素质的提高迫在眉睫。一个教师只有善于学习，不断地反思自我，挑战自我，丰富自我，才能提高自身的素质，实现人生的价值，适应时代的发展需要。只有虚心学习，博采众家之长，创立自己特色，才能走出一条当代教师成功之路。

在紧张繁忙的工作中我始终坚持读书学习，教育杂志是我的必读之物；专家的学术报告，我百听不厌；各级骨干教师的培训学习，我更是珍惜。终身学习已成为我生活中不可缺少的一页。我有幸聆听了诸多专家、学者的教诲，常常有步入了教育的智慧王国之感觉。我有机会参加了北京市教委组织的中青年骨干教师研修班、国家教育部组织的中青年骨干教师国家级培训班，在那里为我们青年教师成长营造了一个全方位、多视角、高水平、大容量的充电站。研修班高密度、快节奏、多信息的讲课方式，满足了我对专业新知的渴求，多年来百思不解的问题在这里找到了答案。当今学术领域中最活跃、最有影响的教授们的学术报告浓缩了各自研究领域的最新成果，贴近教学实际，充满人格力量和学术魅力。导师中有年过七十且思维敏捷、治学严谨的老教授，也有年富力强、热情奔放、思维活跃的年轻学者。他们讲课内容不同，风格各异，但是他们实事求是的科学态度、兢兢业业的敬业精神是共同的。他们对21世纪教育教学改革的思考给了我深刻的启示。是导师们把我带入了对学科教学更宏观、更深层的认识领域，使我对学科教学的整体设想、课堂教学体系、新的课堂教学结构和模式、学科新课程标准的制定等学科教改最前沿的问题开始了初步的思索。从导师们身上，我不仅学到了教法，更感悟到以促进学生发展为核心的务本求实的教育思想和科研思路。他们不迷信书本，而是从学生实际出发，研究学生的学习过程，探索学科教学的规律，在多年教学生涯中形成了自己独特的教学风格。导师们各展所长，各亮绝活，真可谓精英荟萃、名师云集，听后有豁然开朗、登高远望之感。在深化教育改革、全面推进素质教育的教学实践中，我努力吸纳前辈名师的有益经验，虚心向全国各地的老师们学习，向身边的同志们学习，向学生们学习，认真总结自己的教学实践，逐步形成自己的教学风格。博采众家之长，创立自己特色。在教学中我以学生发展为本，以促进全体学生全面素质的提高为宗旨，以培养学生的创新精神和实践能力为重点。在小学数学课堂教学中，我积极实行启发式教学，激发学生独立思索和创新的意识，在努力建立民主平等师生关系的基础上，为学生创设愉悦和谐的教学氛围，促进学生积极主动全面发展。课堂上常常出现学生学习兴趣浓厚、气氛热烈、思维活跃、爱学善思、乐学会学的生动场面。四十分钟的课堂教学成了师生心灵相互沟通、生生相互交流的充满生机和活力的教学过程。

教学的进步给我带来了以下两点启示：

第一，一位教师要想不断地进步与提高，就必须树立终身学习的理念。作为现代教师要努力争取接受继续教育培训的机会，这是掌握本学科专业学术领域制高点、取得学术研究成果的途径之一。终身学习所追求的是一个人全面和谐的发展，强调教育、学习是连续不断的自我完善和自我发展的过程。终身学习要贯穿于整个人生，因此，要坚持不懈地自觉学习，把生活中的一切机会都作为学习的课堂。否则就无法应付每天纷纷涌来的信息，无法面对日新月异的新知识和技术革命，无法适应教育工作，更不能轻松地生活。学习是工作和生存的需要。“活到老，学到老”如果当初只是一句时尚的口号，那么今天应成为我们实实在在的行为准则。

第二，在众多学术成果面前，在繁杂的教育信息面前，要保持清醒的头脑，汲取百家之长，结合自身实际创出特色，努力走出一条具有特色的现代教师成功之路。

四十多年的教学生涯，使我深深地体会到：教师工作是我生命中的重要经历。我在年复一年、日复一日地付出、奉献，我也在年复一年、日复一日地收获。我收获了孩子们的那份真诚与渴望；收获了老师们的那份热情与期待；收获了社会的认可与尊重。同时我也在探索教育教学改革的道路上，获取了自身成长过程中的成功和快乐，实现了个人生命价值与教师职业价值的和谐统一。

四、我的“数学人生”

张天孝

张天孝，男，1937年生，特级教师，浙江省功勋教师，中国科学院心理研究所特聘研究员。曾获曾宪梓教育基金全国中等师范学校教师一等奖、浙江省人民政府基础教育教学成果一等奖，现任杭州现代小学数学教育研究中心主任，主编《现代小学数学》《新数学读本》《新思维数学》等小学数学教科书。

对我而言，做教师的感觉是美妙的。并不是因为有不少同学羡慕我“混得还不错”，而是因为在不断的探索和追求中，我获得了人生过程的充实感和人生价值的满足感。

回顾从教五十多年的漫漫人生之路，我还清楚地记得，刚刚走向生活、步入教坛的第一天，我在心中默默立下一个誓言：“不要虚度此生。”如今五十多年过去了，往事历历，聊以自慰的是我一直珍视着自己的事业，在小学数学教学与研究的岗位上，一路探索，一路奋斗，一路收获。

“闯”进数学教学的王国

1956年，我师范毕业后被分配到杭州市上城区第一小学任教。一进校门，学校就让我带六年级毕业班，既教语文又教数学。因为是同时教两门课，便有了一个比较。期末考试的时候，我的学生语文成绩平平，数学成绩却很不错，学校对我的数学教学很认可，这个结果使我对数学教学产生了一种特别的偏好。

在学校里，我除了教学，还做班主任和大队辅导员，多项工作让我得到了更多的历练，使我对教育教学的理解不断深刻起来。走上讲坛的第四年，学校提拔我做了教导主任，工作责任变了，我工作的内容也有了调整——由教两门课改为只兼教数学一门课。

从此，我便驻足于数学教育的王国里，与小学数学改革结下了不解之缘。

我把课堂当成自己的实验室，精心留意着我所能接触到的每一堂课。我心里有一种期盼，希望在自己耕耘的数学课堂里开出“与众不同”的花朵。

踏上教学改革的征程

小学数学教学中，计算历来受到小学数学界的重视。如何大面积地提高计算教学的质量，从而提高学生的计算能力？我研究教学的第一个关注点就落在这个问题上。为了探讨这个问题，我凭着一股子年轻人特有的闯劲儿，大胆进行教学改革实验。我与学校几位老师一起从传统教材的框框里走出来，尝试用孙士仪先生（杭州大学教授）设计的“计算练习卡片”，进行“口算、笔算结合教学”实验，第二年就收到明显的效果。那时恰逢杭州市举行全市小学生速算比赛，我带着我辅导的9名学生代表上城区参赛，结果9人全部进入前10名，一举摘得比赛的桂冠。这件事当时在杭州引起了轰动，我一下子被推到了一个令人“瞩目”的位置。

上城区教育局局长何容立即召开了全区小学数学专业会议，让我在会上作“改进计算教学，提高学生的计算能力”的教学研究专题报告。事隔不久，我被调入上城区教师进修学校，在全区推广这项教改成果，开设“计算教学研究”专题讲座。

从这以后，我就像满了弦的发条，劲头十足地“奔跑起来”。我争分夺秒地一边整理自己几年来积累的教学札记、备课笔记和教学案例；一边到杭州大学教育系进修学习，修完了小学数学教学法、儿童心理学、教育心理学、高级神经活动学说等大学课程。大学的知识，小学的实践，两者相结合，使我站在一个新的高度去思考教学实践问题，在我的脑海里激荡起了新的教学改革的浪花，这浪花一直在涌动，使我久久不能平静。

再次绽放的花朵

有人说“三算结合”发源地在上海，但杭州的“三算”与上海的不一样。这里所说的杭州的“三算”，是我的关于计算教学的第二个实验。

1972年，我听了区内一位校长谈及上海崇明“三算结合”教学的情况，我的脑神经一下子兴奋起来。我立即向领导建议，依托教师进修学校，学习上海“三算”经验，在上城区开展“口算、笔算、珠算结合”的教学实验，把计算教学推向一个新水平。这个建议被领导采纳了。

从此我一头扎进“三算结合”教学实验，用了整整6年的时间，结合我第一次实验的成果，提出了“以珠算为基础，改造笔算，促进口算”的教学思路，在小学数学计算中巧妙地运用了我国珠算的计算技巧，将多年来人们习惯笔算从低位算起的传统方法改为从高位算起，结果大大提高了学生的计算速度和正确率。

随后，我撰写的学术论文《以珠算为模式改革笔算》被译成日文发表在日本的一家杂志上；另一篇《三算结合教学研究》则被译成英文发表在美国的一家刊物上。

原教育部副部长、中国教育学会会长董纯才，在全国教育学会第三次常务理事扩大会议上的讲话中，对“三算结合算术教学法”给予了高度的评价，他说：“要看到中小学教师队伍中是有人才的……他们中有些人在教学上是有所发明、有所创造的。如浙江省杭州市张天孝等同志创造的‘三算结合算术教学法’等引起了国际上的重视，日本人曾先后五次派代表团来我国访问，学习‘三算结合算术教学法’。”

日本琉球大学教育学博士比嘉良充教授和美国梅利兰德大学心理学博士费拉那根教授来杭州上城区考察“三算结合”教学，对中、日、美三国小学生的计算能力作了比较研究，最后得出结论：“中国杭州三算结合实验班学生的计算能力达到最优秀的计算技能水平。”

在小学数学教学中，不少教师对应用题教学心存忧虑。于是，我把研究的目光又投向应用题教学。我来到过去工作的上城一小，同这里的老师们一道进行小学应用题教学改革实验。我将以前收集到的各种类型的教材和查阅到的各地小学数学教学的情况，进行分析，反复比较，做了两千多张应用题卡片，研究它们之间的各种联系及其体系，提出了“应用题数量关系的五种基本结构”，同时透析出小学应用题的三种变换规律。

1982年6月，从一年级开始进行了4年实验的实验班学生，经区教育行政部门批准，单科参加了当年的毕业升学考试，全班学生数学平均成绩90.6分，高于区内其他所有毕业班学生的平均成绩。实验取得了明显的效果。

这一研究课题，荣获了浙江省社会科学优秀成果，我作为浙江省代表参加了全国第一届小学数学教学研究会，在大会上作了交流发言。

经过计算、应用题两项改革实验之后，我进入了对数学教育深层次的思考之中：难道学生学习数学仅仅是为了能计算、能解题吗？

“数学是思维的体操”，通过数学学习，不仅可以使学生掌握基本的数学知识和技能，更主要的是可以训练他们的思维，增强他们分析问题和解决问题的能力。怎样有效地培养学生的数学思维呢？如同生物学上基因序列研究一样，这无疑是具有攻坚意义的课题。

为此，1981年我参加了中央教育科学研究所“小学数学能力研究”课题组的协作研究，我和我的同事在三所学校连续6年进行了数学能力的跟踪检测和调查，比较真实地掌握了小学生数学能力的发展情况，写出了17万字的检测分析、调查报告和建议等有关论文。在此基础上编写了《小学数学思维训练》，作为研究成果的《小学生数学能力的测查与评价》在首届全国教育科学优秀成果评选中荣获专著一等奖，受到国家教委的奖励。

教师应是永远的思考者

从喜欢教数学，到开始思考数学教学中的问题，然后逐步向数学教学的本质逼近，我经历了一个漫长的过程，伴随着的是一个又一个的改革实验。

还是在进行小学生数学能力研究的时候，我就认识到，我们的数学教学应有三个转变：一是在教学内容的组织上，要从以四则运算为中心转变为揭示数量关系和空间关系为主线；二是在教学方法的选择上，要从学生被动地接受现成的知识结论转变为主动地建构知识；三是在练习内容的安排上，要从单纯的技能性训练转变为在技能性训练的同时突出思考性训练。

一种先进的教学理念，只有在教材中体现出来，才能真正进入千万个课堂，影响到千万个学生。我不断地思考着，在前面研究的基础上，我越来越感觉到现行小学数学教材的不足，萌发了编写小学数学教材的念头，但是在那个时候编写教材谈何容易。

还真是“无巧不成书”，机会总会光顾有准备的人，三项研究的成果引起了中国科学院心理所101课题组的重视。1984年8月应中国科学院心理研究所的邀请，我参与商讨“现代小学数学”实验工作，并加入教改协作领导小组。这一实验，是中国科学院心理所主持，受中国科学院院长基金和国家自然科学基金资助的教育科研项目，我所在的杭州上城区成为全国第一个现代小学数学实验区。

与学生们一起讨论问题

记得是1984年8月20日，在飞驰的列车上，我怀揣“一揽子”实验计划。一下火车，也顾不上回家，顾不上吃饭，便直奔学校的资料室、办公室，一门心思地钻进编写《现代小学数学》教材的工作中去。从早到晚，从窗前亮起台灯到翌日晨曦微露，笔尖一笔一画地从案前的纸上划过，一页页的稿纸在书桌上增加着厚度……当我写完最后一页稿纸的时候，真不知道是睡着了，还是累倒了……就这样现代小学数学实验试用的第一册书稿，经过整整十天的奋力拼搏，静静地、完整地躺在我手边了。这十天，浓缩了我的智慧和二十多年的心血！

第二天，正好是9月1日，这恰好是又一个新学期开学的第一天！这是一个难忘的9月。从这时起，“现代小学数学”实验首先在杭州市上城区胜利小学、天长小学、饮马井巷小学、小营小学和拱墅区卖鱼桥小学等小学的八个班开始，打响了全国先行实验的第一炮。这一实验，由于切合当代儿童心理和思维发展的需要，立即受到师生欢迎。教材在第一轮先行实验里便一举获得成功。

就这样，我开始承担《现代小学数学》全套教材、教学参考资料、学生课外辅导读物以及大部分练习册的编写工作。其研究的范围之广，工作量之大，别人难以想象。就拿教材本身来说吧，由我具体执笔编写的《现代小学数学》教材1至12册，先后经历了试用本、修订本、实验本三次大的修改，而且每种版本都写了三稿：征求意见稿、教学实验稿和出版发排稿。为《现代小学数学》教材所写的手稿，竟达到二百多万字。这部教材，全面系统地吸取了杭州市上城区20世纪60年代的“口算和笔算结合”、70年代的“三算结合”、80年代的“应用题教材结构和教学进程”及“小学生数学能力的培养和发展”等课题的教改经验和研究成果，凝聚了我大半辈子的汗水和心血，也集中了我多年积累的教学经验和智慧。

“现代小学数学”之花在全国盛开，受到了国家的表彰。原国家教委基础教育司为此在给中国科学院心理研究所“现代小学数学教育研究中心”的贺信中称：“《现代小学数学》是一套有锐意改革精神的实验教材。”中科院心理研究所儿童数学思维发展课题组的研究成果，也被评为中科院科技进步奖一等奖。

进入新世纪，按教育部新颁发的《小学数学教学大纲》（试用修订版）修订的全套《现代小学数学》于2002年通过了全国中小学教材审定委员会审定，当时在全国24个省、市近一千所学校使用。鉴于我在这套教材中的贡献，1996年我被浙江省评为功勋教师，那时我已年近六旬。

我总在思考这样一个问题——数学教育的真谛是什么？不是单纯让学生掌握数学知识和技能，而是通过数学学习来发展学生的思维，提高数学素养，培养学生数学思考的习惯和能力，即从数学的角度去观察世界、处理问题、解决问题。

用数学发展学生的思维有些难度，为此，我花了很多工夫来研究和实验，编成了《新思维数学》，被全国八个省、市及港澳地区的百余所学校作为教材使用。

让探寻真理写在人生的底片上

教师的生存应该是智慧性生存，教师应该是一个真理的探寻者，要把锲而不舍写在自己生命的底片上。

在小学数学教学的研究中，我从未停止过思考，不曾有过一丝的倦怠。我总在想，我这个人不会做别的，就会这一样——小学数学教育研究。这些事情大教育家不会来做，大数学家也不会来做，就得靠我们这些熟悉教学实践的人去做。如果我能在这里面做一点微小的贡献，也就不枉此生。所以我从研究速算法开始，到后来研究应用题的教学改革，再到研究新思维数学教学，始终在这个岗位上摸爬滚打。即使在“文革”中，我被扣上“黑标兵”“白专道路”“修正主义苗子”的“帽子”，下放到“五七”干校劳动，被迫中断了教学实验研究，我也从未想过离开小学教育。

我有时自己打趣地想，搞小学数学研究，最好的就是在区一级，要搞什么实验，电话拎起来就行。教学第一线的老师有什么新想法，学生有什么新变化，在区里掌握着第一手资料。别看那些大专院校的教授，他们的科研条件还没有我这么优越呢！

探寻真理，有时要忍受“曲高而和寡”的孤独，有时会遭遇别人的猜疑。因为我所搞的实验和研究在当时都是有些新意的，新东西让人理解比较困难，而当别人理解以后，我就又翻过另一个“山头”了。熟悉我的人都认为：“你这样会始终不被人理解，刚理解了你的东西，你就去搞新的探索了，又要有一个理解的过程。”所以从某种意义上讲，我基本上是在不被理解中前进的。我这个人不想躺在原地不动，现在都70岁了，还是想搞新的东西。

现在课程改革中出现了两个问题：一是学生的计算能力下降了；二是应用解题能力下降了。有人主张要把数学的难度降下来。我认为，我们不能用降低数学水平的方法来搞课改，而是要研究降低学生学习难度的方法，通过怎样的步骤，从基础抓起，让难题变得不难；如何在教学中渗透数学的基本思想、基本方法，让学生获得数学基本的活动经验，等等。我现在搞的一个新研究就是要让“精英数学”大众化，不靠降低数学本身的难度，而是要降低学生学习的难度。我们现在已经搞了两三个实验。对这个想法可能就会有人持怀疑态度，因为过去没人搞过，能不能成功还是未知数。

有好多老师这样问我：“你的这个想法书上能不能看到，其他地方有没有？”我说看到的东西都不是新东西，新东西都没有看到过，但如果实验成功了，就证明它是合理的。也有人问我：“你这东西科学不科学？”我回答说：“你能不能拿出比这更科学的东西来，如果你拿不出来，那我这个现在就是科学的。”

比如，我认为分数的四则运算是和整数一样的，所不同的是整数运算中，整数的基本单位是“1”，分数的单位是多义的，在分数单位统一的情况下，分数的运算就是分子的整数运算。这个问题我请教过国内知名教授，我问这个问题这样陈述对不对，他说，这个提法没听说过。我问这样提科学性上有没有问题？他说科学性上没问题。如果按照这个对分数运算的认识来编写教材，第一次接触的教师就会不理解，就要有一个从不习惯到习惯的过程。

真理是要去发现的，没有对真理的探寻，没有执著的探寻精神，便不可能有新发现，也不可能有所前进。相信也好，怀疑也罢，我像科学家搞实验一样，每一个研究都有大量的数据作支撑，坚持实验，一切让实验来说明问题。

2003年1月，我正式办理了退休手续。教育局领导找我促膝谈心，为了让现代小学数学教学研究在新课程改革的春风下继续开花结果，要我留下来，聘请我为现代小学数学教育研究中心主任，带领一个团队开展“新思维数学教学体系”的研究。

我们现在需要解决一个问题，就是基础教育到底是干什么的，学习数学到底对学生的成长起了什么作用，因为99.9%的人不研究数学，为什么全世界公认，学习数学有价值，100%的人必须学习数学？我们研究新思维数学体系，实际上是在解决这个问题。

提高中华民族的数学水平很必要，数学上去了，其他也上去了，创新也可以上去。我的观点是，学数学不是为了数学本身，而是通过数学的学习，掌握一种思想方法，能够用来解决一些非数学的问题。其实名利我并不在意，但我在乎的是让更多的人接受一个好的数学教育，让我们的学生变得聪明起来，我们的国家太需要聪明的人了。

徜徉在数学教育的海洋里，一辈子用心于数学教学实践，执著于对教育教学规律的探索，我的人生是属于小学数学教学的，无论行进的路上是撒满鲜花，还是布满荆棘，我都会一如既往地走下去。

五、行走在反馈教学的路上

刘显国

刘显国，男，1938年生，特级教师，现任华夏教学艺术研究会会长，中国教育学会小学数学教改研究会会长，全国反馈教学法研究会会长，中国科学院心理研究所现代小学数学实验中心常务委员，中国教育学会现代教学艺术“十五”及“十一五”研究课题负责人、专家组组长，曾任四川省大竹县教研室主任、深圳东方英文书院教育科学研究所所长、广东省揭阳实验中学校长。出版专著《开讲艺术》《板书艺术》《课堂提问艺术》《语言艺术》《反馈教学法》《反馈教学艺术》等，主编和编著“中小学教学艺术”丛书六十余本。

在教学法的原野上

二十多年来，我研究“反馈教学法”绝不是纸上谈兵，而是运用三论原理创立的新教法，从实际出发，做到理论联系实际，为教学服务，收到良好的效果，受到全国师生好评。

当时中共四川省委机关刊物叫《党的建设》，记者杨奉纯、段吉绪在这本杂志上发表了一篇“人物特写”，题目是《山沟里升起一颗星》。文章开头是这样写的：

那个在华蓥山中打柴捡粪的山娃是你吗？那个在山沟沟中水田里驾牛耕田身高不及犁把的农家少年是你吗？偏僻村小学内那淘气的“孩子王”是你吗？那个在小镇邮局门口踮着脚跟往邮箱里递进一摞厚厚的带着作家梦的诗稿的中学生是你吗？

在兰州举行的西北五省区教改研讨会上那个慷慨痛陈传统教学法六大弊端，发誓要研究新教法的中年人也是同一个你吗？

你，既是山的儿子又是一个书生，你是驰名全国的教学法专家，又是普普通通的共产党员。

记得吗？那是1986年盛夏，在河北省承德市举行的“全国小学数学研究会”上，你面对来自全国各地的教坛元老、学界精英一千余人宣读你的长篇论文《反馈教学法》，你那一个个标新立异的观点，一段段掷地有声的阐述，使得台下响起一阵阵热烈的掌声。

“如此了得，何许人也？”台下有人打听。

“四川省大竹县一个小小的教研室主任。”

“想不到，想不到，偏远小县竟有如此人物！”

当你在鼓乐齐鸣中接受中国科学院心理研究所所长、著名心理学家匡培梓教授签发的全国优秀论文奖证书的时候，台下那激越的掌声和欢快的鼓乐奏鸣曲在你的耳畔幻化出家乡的呼啸山风……

那是一个曙色初露的早晨，无线电波传出一个含义隽永的声音：“教育要面向现代化，面向世界，面向未来！”这声音像和煦的春风鼓满你求索的征帆。你细细咀嚼着这“三个面向”的丰富意蕴，更坚定地认为自己这些年的研究没有白费，成功的彼岸已经离你不远了！

你虽居小小县城，视野却扫向浩瀚世界。在办公室，你读陶行知、读叶圣陶、读马卡连柯的书，查阅日美苏联及欧洲其他教育发达国家的教育心理学、教学法专著。夜阑人静，辗转反侧，独居斗室，面壁苦思，旅途车上，教学反思双眉紧拧。

更多的是在大竹县那三山两槽间，暑天你顶一轮骄阳，寒冬披一身雪花，从重点中学到偏远乡村小学都留下你听课、座谈、调查研究的足迹。

在研究课堂教学过程中，我发现效率低下的主要原因是"三中心"的教学模式作祟，那就是：教学活动以教师为中心，教学过程以课堂为中心，教师讲解以教材为中心。"三中心"教学模式的主要表现是老师讲，学生听，老师写，学生抄，老师问，学生答，老师考，学生背，学生完全是被动学习。这种传统教学模式，禁锢了少年儿童的聪明才智，它是课堂教学效率不高的症结所在。我认为，教学活动是信息的交流，老师处于信息的调控地位，那么，老师凭什么调控呢？一是大纲教材的要求，一是学生的作业练习。对于前者，老师用心良苦，导致"满堂灌"；对于后者，老师们不辞辛劳地和学生一块儿陷入题海而头昏眼花。减负增效，向45分钟要质量，关键在于老师要即时获得教学信息的反馈，让老师不再是盲目地教，让学生不再是困惑地学。老师发出信息——学生反馈信息——老师调控信息，如此贯穿在一堂课的四个教学环节上，即导入新课、学习探索、巩固加深、运用创新。至此，反馈教学法在我的构想中已瓜熟蒂落了。

寒来暑往，又是春秋几度，几多心血，几多求索！终于在传统教学理论与新的信息论、系统论、控制论的基础上，创造性地诞生了创新教学理论——反馈教学法。

这颗有着强大生命力的种子，一撒在教学改革的沃土上，便生根、发芽、开花、结果。

1983年，我提出反馈教学法的理论框架。

1986年，我的论文《论反馈教学法》获中国科学院心理研究所优秀论文奖。

1989年，由四川省大竹县教研室主办，召开了反馈教学法研讨会，来自川、滇、桂三省（区）的一千多名代表参加了会议。会上，9位优秀教师上了观摩课。随后出版了《反馈教学法教案集》，并建立了教改联合体。

1990年，在广西玉林成立了反馈教学法研究会，来自全国16个省、市的1300名代表参加了会议。会议集中研究了“运用反馈教学法理论优化课堂教学，发展智力，培养能力”的问题。同年，出版了18万字的专著《反馈教学法》。

1992年，我的专著《反馈教学法》获四川省人民政府优秀科研成果奖。这标志着反馈教学体系已经形成，得到社会承认，并且深入人心，成为中国当代基础教育一个重要的教学流派。

教学法，有人说它是一片郁郁葱葱生机盎然的绿洲，在这片绿洲上，反馈教学法这朵绽开的花，正迎风怒放。

为了让读者了解反馈教学法的创立背景、理论基础、基本程序和主要特性，1987年10月1日，中国教育学会高级编辑、教学版主编王增昌来到深圳采访我。（下面是采访摘录，王增昌简称“王”，刘显国简称“刘”）

王：反馈教学法在全国引起了强烈反响，请问什么叫反馈教学法？

刘：反馈教学法是以信息反馈为主线，把自学研讨贯穿始终，它改变了传统的注入式教学法，使课堂信息由“单向传递”变成“双线传递”。即学生把自己学习的成果通过各种渠道输送出去，然后收回外界对它的评议，以检验学习效果和掌握程度，从而在原有知识的基础上进行调节和改进。这种教学法是在老师的引导下，让学生边学习、边思考、边总结、边创造，并将所掌握的知识输出。输出的目的在于对学习进行检查、调节、选择、控制，从而利用反馈来达到巩固知识、培养能力的目的。

王：反馈教学法创立的背景是什么？

刘：教学过程是极其复杂的。在课堂上，教师面对几十名学生（活生生的主体），要根据每位学生不同的状况（包括知识基础、心理发展水平、智力因素与非智力因素等），使他们学有所得，逐步提高，这绝非易事。在教学过程中，有教师的独立活动，有学生的独立活动，有师生的双向活动，也有学生之间的双向活动。所有这些活动怎样在一个“闭系统”（指课堂教学的全过程）内得到协调，使之发挥有效的功能，这正是反馈教学法研究的重点。

现代教学论认为，教学过程就是教师不断把学什么（知识）与怎么学（方法）的信息传递给学生，学生接受了这些信息，进行分析思考，形成记忆，从而获得知识，再通过知识输出（讨论、作答、操作、考试），从同学、老师中吸收反馈信息，调整学法，发展思维，同时老师又不断从学生那里搜集反馈信息，有效地调整自己新的信息的输出，有效地调控课堂教学；另一方面，学生根据教师对他的回答所给予的评价和指导意见调整自己的学习，从和同学的讨论中获得启发来发展自己的思维，这种师生多边的信息传递和相互反馈，构成新的思维关系。

在当前中小学教育领域里，可以说“不存在不顾反馈信息的教师”。事实上，一个教师不管他多么不重视信息反馈，学校教学管理机构也会组织考试或考核来了解每个学生的成绩和每个教师的教学效果。在学校教学管理机构获取教学反馈信息的同时，教师也就同样得到了反馈信息。此外，教师在教学活动中，只要稍微留心观察，就可以获得大量的反馈信息。

王：反馈信息对教师的教学有什么意义呢?

刘：首先，教师获取反馈信息可以了解学生掌握知识和技能的程度。这种程度，包括处于各个不同层次学生的原有程度和当前程度。了解学生的程度，对于教师制订教学计划，选择教学方法等都具有决定性的意义。如果教师不了解学生的实际程度，就去上讲台，那只能是不看对象，无的放矢，很难达到预期的教学目的。

其次，获取反馈信息，可以检验自己的教学方法和教学效果，从而根据实际教学情况，随时调整教学计划，实践是检验真理的标准。一个教学计划制订得是否切合实际，是否能达到预期的目的，不是做表面文章，看纸上安排得如何，而是要看大多数学生是否确定接收并贮存了信息，具备了某种技能。这就要求教师密切注视短距反馈和瞬时反馈，以便满足教学的需要。

有经验的教师不仅十分重视教学信息反馈，而且能积极创造条件，抓住各种机会，获取各种反馈，特别是短距和瞬时反馈。上课时，他们一边讲课，一边注视每个学生的表情，观察学生的眼神，随时收集反馈信息，进而对自己的讲课内容作必要的修改、补充或删节；在学生做课堂练习时，他们认真巡视学生的作业情况；在与学生对话时，能随机因人而异地向学生提出问题；在课后，他们常常深入学生中与学生交朋友，主动收集反馈信息；在批改作业和试卷时，更是充分地掌握学生对教学内容的理解情况。他们对于每一个学生的思想状况、学习基础、理解能力、学习方法、身体素质以及家庭情况都有充分的了解，也对每一堂课的教学效果心中有数，然后对症下药，灵活执教，使教学有针对性，能发挥最大效益。

现在有些教师对收集反馈信息的重要性还缺乏足够的认识，他们仅仅对长距反馈稍感兴趣。因此，我们往往会看到这样的情况：上课时，很多学生皱眉摇首、目光呆滞，甚至鼻子朝天或者闭目养神，或者嗡嗡声不绝于耳，而教师视而不见，听而不闻，仍然按老套子怡然自得地讲下去。在这些教师的心目中，这种现象是学生不用功的表现，而没有意识到这正是学生对自己教学的负反馈。这样就很难在教学上取得成功。

由此可见，能否重视和收集并妥善处理教学反馈信息，使教学信息能为大多数学生有效地接收、贮存、放大，是决定教学效率高低的关键所在。

反馈教学法正是在这种背景下应运而生的一种新的教学策略。

王：反馈教学的理论基础是什么?

刘：反馈教学是根据系统论、信息论、控制论原理创立的教学体系。

（1）反馈教学的系统论原理

系统科学强调从整体上，从事物之间的联系上把握、认识事物。显然，这种认识事物的思维方式是当今最先进、最科学的。长期以来，我们习惯于从部分看整体，从静态看动态，特别是在教学法的研究上，从教学过程的局部上研究得多，从教学具体的步骤上研究得多，往往忽略了事物各个部分之间的相互联系和作用，难以从整体上认识事物的性质和功能，难以控制和把握它的发展方向。

系统科学的思维方式则不同，它着眼于事物的全局和整体，强调从各个角度、各个侧面、各个层次，全面地、历史地、运动发展地看问题；在思维的过程中，始终以研究和处理系统问题为核心。注意运用多种科学的理论和方法对它进行考察和研究，因而能从质的多样性、量的精确度上把握事物。系统科学的这种思维方式，用以研究教学活动，对更新教育观念、开拓教改思路、探索各种教学现象都具有重要的意义。

运用系统论去考察教学活动，有利于从根本上把握教学规律，实现整体优化的目标。教学系统是个复杂的系统，如语文教学，就学科性质而言，既有工具性、人文性的本质特性，又有综合性、社会性、实践性的一般特性；就教学目的而言，既有语文教育方面的，又有思想道德教育、审美教育方面的；就教学内容而言，既有语文知识、能力训练，又有课文学习、课外语文活动；就教学过程、教学方法而言，既有教的过程，又有学的过程，既包含教法，又包含学法。所有这些，它们之间互有联系，互相作用。因此，在反馈教学中必须运用系统论的原理来研究信息的反馈与调控，才可能取得正确的认识，使反馈教学能够按照规律进行，实现整体的优化。

此外，运用系统理论和方法于反馈教学，对加强教师的自身修养，建构适用于教学的知识网和能力网也大有帮助。教师是教学系统中的一个要素；教学系统目标决定着对教师素质的要求。每个教师都应该努力进修，自觉地把所学习的专业知识与各方面的文化知识同系统的目标紧密联系起来，加强学习的指向性，这样才能建构起适用于反馈教学的广泛的知识网与能力网。

整体性观点是系统论的灵魂，它强调研究和处理事物时要按照事物本身的系统性，把对象放在系统的形式中加以考察，始终着重从要素与要素之间，以及系统与外部环境间的相互联系、相互作用、相互制约的关系中，综合地考察和处理对象，以求得整体功能的最优化。系统论的这一思想对我们研究反馈教学、确立现代教学观、全面正确地认识学科的性质特点、掌握教学基本规律、全面提高教育质量都有着重要的意义。

系统论的关联性观点对反馈教学同样有着十分重要的意义。它提出了一个与传统思维方式完全不同的思路，强调用“综合—分析—综合”的方法，从系统的结构以及动态的角度，考察系统中各因素的有机关联，以实现整体的优化。这对我们设计教学、全面安排好教学过程各个环节、处理好师生关系等都有很大的启发作用。

（2）反馈教学的信息论原理

教学活动是师生通过信息的传递和转化，相互影响、相互促进的过程。所以教学过程首先是一个信息过程，是信息传递、识辨、再生和储存的过程。教学的真正意义在于信息运动。教学是一种有组织的认识过程，它是在教师的指导下，在特定的认识环境中，将人类的认识逐步转化为学生个体认识的过程。

人们的感觉以及思维，说到底只能是在对外界信息进行同化过程中呈现出的现象。

教师教学生，就是通过教师，使新知识信息被学生接受（同化）并会运用（异化）。没有信息的作用，或忽视信息的传输，则没有教学活动。

所谓同化过程，简言之，就是甲物（信息源）扩散的信息为乙物（信宿）所接收，对于甲物来说就是信息的异化过程，对于乙物来说，则是信息同化过程。老师讲课、板书等都是信息异化过程，学生记忆则是信息同化或异化所产生的直接结果。

教学信息论认为，所谓信息的输入就是信息的同化过程，所谓信息的输出就是信息的异化过程，所谓信息反馈是将异化的信息再变为同化对象。

（3）反馈教学的控制论原理

按照控制论原理，认识系统也是一个控制系统，它是由认识主体（施控主体）、认识客体（受控客体）以及认识中介（传递者）三方面构成的，其中认识主体是控制者，是主动的；认识客体是受控者，是被动的。这三种因素的相互作用、相互制约形成了整体的认识功能和行为。认识主体对客观信息的控制表现在认识的信息反馈回路上。学生获取信息后，经过两次信息变换，然后将决策方案通过效应器官（嘴、手、腿、眼等）输出信息，即回到实践中去检验，检验结果再反馈回来，进行比较分析，如果理论与实践有差距，就加以修正，经过多次反馈、调控，就能取得成功。

①教学活动是一种控制活动

教学活动是按照控制的特点、规律进行的。例如因材施教就是一种以学生可能性空间为条件，具有果决性特点的教学控制；教学过程就是一个按照控制目标施以控制信息的过程，是一个反复运用反馈原理的过程；一切教学原则、教学规律都可以说是控制规律在教学活动中的反映。

②教学系统是一个可控制系统

在这个系统中，教师是施控者，学生是受控者，控制目标则是教学目标（总目标、分目标）。系统的活动是一种有目的的主动活动，具有动态性的特点，需要有负反馈的调节。由于施控者与受控者双方都是具有主观能动性的人，不同于客观被动的机器，因此双方都需要不断地以必备条件要求自身，做到密切配合，以期实现最佳的控制目标。

王：反馈教学方法是控制方法在教学中的运用，那么如何运用呢？

刘：认识控制论把认识系统视为一个反馈耦合系统，没有反馈就没有主体对客体信息的控制，控制是通过思维的内反馈和行动的外反馈来实现的。反馈教学重视思维的内外反馈，注意及时发现问题，及时纠正、减少认识的不确定因素，提高认识的精确度和效率，提高认识的科学预见性。

从反馈教学法的课堂控制程序，可以看出信息的反馈与调控在教学中的地位和作用（如下表）。

类型		传统教学法	反馈教学法
目标		使学生获得已有的课本知识	培养学生自学探索的创造力
质量观		单一型	多维型
人才观		书生型	创造型
方法	教师	信息单向传递，反馈、矫正不及时，传播知识（扶着走）	信息多向传递，及时反馈、矫正和调控，启发探索（放开手）
	学生	被动地学习（知识结构单一化），平面思维	主动地探索（知识结构多样化），立体思维
特征表现		限于现有知识范围	超越现有知识范围
		学会模仿、解决同类问题，教学异步、情感分离	勇于创造，解决不同性质问题
		教学同步、情感共鸣	
		无实质性的进展，停留于机械记忆、积累	有突破性的发现，开拓新的知识领域
		讲多练少（注入式）	精讲多练（启发式）
		旧知识的简单重复	利用旧知识去探索新知识
		给学生奉献真理	教学生发现真理
		把学生当做知识容器	引导学生做知识的探索者
		学习负担过重	学习轻松愉快

课堂教学系统内有两类不同的信息流程：一类是学生获得信息，并对信息加工、贮存、输出的过程；一类是老师、教学目标、教学内容、教具、学具直接或间接对上述过程控制的信息流程。第一类信息流程是学生获得知识、发展智能、提高觉悟的学习过程；第二类信息流程是教师根据教学目标，通过各种途径与方法对学生的学习进行控制的过程，

即教师发挥主导作用的过程。

王：反馈教学的基本程序是什么？

刘：按照信息论的观点，知识也是一种“信息”，对这种“信息”靠教师一次简单的输入，学生是不能真正掌握的，往往需要两次、三次甚至多次的反复，每次反复也不是简单的重复，而是提炼和升华，这种反复提炼的过程就是反馈的过程，我们称之为“反馈教学法的程序”。

课堂教学的反馈一般分为两条通道：一条是反映给教师的，叫外反馈，如果学生的作业完成得好、听课聚精会神、讨论积极热烈、答问流畅自如，这就会使教师增强控制和主导作用，这是正反馈；反之，如果学生学习成绩差、无精打采、死气沉沉，这就会导致教师控制作用降低，主导作用减弱，这是负反馈。另一条是反馈给学生自己的，叫自我反馈。如果学生能理解学习内容，掌握公式、法则的推导和应用，正确回答教师提出的问题，作业正确，完成迅速，得到教师的表扬和鼓励，这样就会增强学习活动能力。掌握了课堂反馈基本规律，师生双方就可以依据反馈信息调整教与学的活动，提高课堂教学效率。

（1）导入新课——第一次集中反馈作好铺垫迁移

新课的导入主要是考虑如何促进知识的正迁移，“为迁移而教”。学生的心理状态在知识迁移的过程中起着重要作用，若学生对学习内容有着浓厚的兴趣，那么就有利于知识的正迁移，所以导入新课实际上是为第一次集中反馈作好铺垫。

导入过程是从新旧知识的联系、学生熟悉的生活经验入手，通过问答、练习、讨论研究等方式把学生从旧知识引向新知识的。其导入过程一般分为两步：

第一，出示基本概念复习题。让学生先复习与新知识有关的基本概念和与概念有关的基本练习题。这样做的目的是了解学情，促进知识的正迁移，为学习新知识铺平道路。

第二，出示学习新知识的尝试题。要学习新知识必须经过旧知识的迁移，为新旧知识之间架起桥梁。这里的尝试题正是起到以旧引新的中介作用。

这两步完成后，便可掌握学生对基础知识的理解程度，获得第一次反馈信息，进行教学的控制和调整。

（2）学习探索——第二次集中反馈作好迁移

导入新课后及时出示讨论题，学生对旧知识产生联想，对新知识产生兴趣，带着强烈的求知欲去阅读课本、实验、观察、思考、探索，最后通过讨论研究掌握新知识。这一段一般按两步进行：

第一，新知识尝试题练习。根据学生的知识水平，出示可以进入新知识范围的尝试题练习。

第二，课本阅读与研讨。通过讨论研究，进行第二次知识反馈。教师掌握学生对新知识的理解程度和逐步应用情况，及时小结，进行第二次调控。第二次反馈成功的关键在教师。教师要善于设问，造成师生双方在知识的重点区域展开讨论，反复研究，以获新知。

（3）巩固加深——第三次集中反馈深化知识

这是第三次集中反馈，也是对已获信息的再次调整、加工强化，把正确的保持下来，目的在于巩固和深化知识。可采取想一想、摆一摆、猜一猜、填一填、听一听、算一算、补一补等方式进行训练。在活动中，教师获取信息，并利用小结及时调控，以达到了解学生掌握新知识的程度、培养学生智能的目的。

（4）运用创新——第四次集中反馈掌握规律

第四次集中反馈就是在每课时的末尾，留出几分钟的时间，根据本课时制定的教学目标，安排三至五道练习题，来测试每个学生在本节课中掌握知识的情况，迅速全面地反馈本课时全体学生接受知识的第一手信息。老师根据学生全面反馈的学习信息，引导学生进行总结，发现所学知识的规律，灵活运用规律去解决实际问题。所以第四次集中反馈是培养学生能力，特别是创造能力的关键，也是反馈教学有别于传统教学的重要标志。

王：反馈教学的主要特性是什么？

刘：反馈教学在实践中充分体现出反馈的层次性、评价性、效益性和多样性。

（1）反馈的层次性

反馈教学法的几次集中反馈，都体现了层次性和有序性，每次反馈不是旧知识的简单重复，而是螺旋上升、层层推进。第一次集中反馈是为新课作好铺垫，在新旧知识之间铺路架桥；第二次集中反馈是为新课作好迁移，让学生利用旧知识去探索新知识，培养自学能力；第三次集中反馈是通过多种形式的练习，使学生学到新知识，巩固新知识，通过综合练习达到深化知识、发展智能的目的；第四次集中反馈主要是引导学生运用规律和发现规律，培养学生的创造性思维。

（2）反馈的评价性

反馈教学，它既为教师提供调整教学的信息，又为学生提供调整学习的信息。对于来自学生的信息，教师要再反馈给学生，使学生改进学法。反馈评价应注意三点：

一要及时。一般延缓评价会降低效益。

二要准确。对不同的意见，尤其是模棱两可的意见，要给予准确的评价。如果不置可否或评语含糊其辞，如“都正确”“都不对”，就会失去评价作用，甚至传达给学生错误信息，影响学习效果。

三要有重点。对来自重点内容方面的反馈要多加评价，反之则精简评价，切勿主次不分，分散精力。

（3）反馈的效益性

过去提问往往只抽优等生，不抽后进生，只让少数人参与反馈，大多数被搁置一边，这样得来的反馈信息带有片面性。反馈教学法重视反馈信息的准确有效，反馈信息的量大而广。

（4）反馈的多样性

反馈形式多种多样，学生课堂学习中的反馈主要是智力型反馈，它具有灵活多样的特点。归纳起来有以下七种：

①完整性反馈

这是指教师在教学中除提供完全正确的答案外，还应告诉学生他们出错的原因，这样能有效地促进概念的学习。

②及时性反馈

即通过当堂的提问或板演、讨论、争辩、复述、作业、小结等形式及时进行反馈，纠正学生的错误，鼓励学生的成功。经验表明，即时反馈比延时性反馈效果好。

③连续性反馈

在练习中连续性反馈频率容易形成技能技巧，特别是在概念学习中，连续反馈比间歇性反馈效果好。

④肯定性反馈

就是输出客体对输出主体所输出的信息表示肯定态度。如学生对教师讲解的内容用点头微笑表示理解；学生回答老师提出的问题正确，老师用肯定的手势、满意的表情、赞许的语言给予肯定，这都是属于肯定性反馈。

⑤补充性反馈

任何一个输出主体，输出信息都不可能是十分完整的，这就需要通过反馈对原信息进行补充，这样的反馈即为补充性反馈，在教与学的双向交流中，师生都要重视补充性的反馈，虚心听取对方意见，不断补充自己的认识，使其观点正确，知识完备。

⑥启示性反馈

输出主体在输出过程中不断得到反馈，从而与主体原有知识结构中的知识相融合，或者闪现灵感的火花，或者填补、接通原来未通的思路，使原来某个百思不得其解的问题得到答案，这样的反馈便是启示性反馈。

⑦争论性反馈

输出的主体在输出知识之后，从不同方面得到否定性、商榷性的信息反馈叫做争论性反馈。争论性反馈对人们的知识结构起到优化作用。同学之间、师生之间展开争论，都能引起“智力激荡”，争论双方大脑神经细胞会处于兴奋状态。

王：如果学生反馈的信息是错误的，如何进行矫正？

刘：矫正是反馈的忠实伴侣。反馈教学四段八步教学活动中每次反馈后紧接着就是矫正。如果有了学生掌握知识的反馈信息，而不让学生进行矫正学习，这样的反馈信息再多再准确也无价值，因为它无法实现学习目标。

矫正过程中应注意三点：

第一，讲究方法。学生未学懂，一方面原因可能是出在教学的知识上，另一方面原因可能是教师的方法不妥。因此，矫正时，要在选择教学方法上下功夫。采用学生易学易懂的方法进行教学，使学生的知识缺陷及时得到弥补。

第二，依靠学生。要在教给学生矫正方法、建立有效的控制上下功夫，提高矫正的质量，避免流于形式。

第三，要讲究效率。减少随意性，形成反馈和矫正过程的良性循环。应当把重点放在方法上，为了克服矫正过程的恶性循环，还必须重视前馈，做到防微杜渐。

总之，反馈教学能把教学系统的控制权牢牢地掌握在教师手里。教师能密切注视学生的学习动态，及时捕捉反馈信息，及时调控，使教学过程处于最佳状态。

后来，王增昌将这次专访进行整理后，用了一整版刊登在中国教育报上，并加了编者按。

寻找新教学法支点

著名物理学家阿基米德有一句名言："给我一个支点，我可以撬起整个地球。"我在教学法的原野上，几十年如一日，夙兴夜寐，孜孜不倦地寻找教学上的"支点"。

（一）探寻

我从小就有一个作家梦，学生时代，常常利用课余时间创作剧本和小说，撰写诗歌和散文，积极向杂志社、出版社投稿，还发表了不少"作品"。在事事讲阶级斗争的年代，"出身地主家庭"的我，牢记周总理的教导：出身不由己，道路可选择。我以出色的成绩被保送入重点中学读高中，这在当时可算是一个不小的荣耀。大学毕业后，命运把我安排到了大巴山区的一所乡村中学教书，虽然条件很艰苦，但我没有沉沦，是教学这门塑造人类灵魂的科学，像一块巨大的磁石，以它博大精深的独特魅力深深地吸引了我，坚定了我终身为之求索的信念。

1983年9月，我因出色的才华被调到四川省教育厅参加创办《少年百科知识报》的工作。在这里我既当编辑又当记者，为该报的创刊不知疲倦地四处奔波、摇旗呐喊，不断开拓新局面，受到人们的尊敬，得到上级的赞赏……在人们的眼里，这是实现人生目标的一次跨越。但是，仅仅工作一年，我就要求调回原来的教研工作岗位。因为在我的眼里，只有教学科研才能最好地实现自己的人生价值和理想。

十一届三中全会以后，时代向教育提出了更高的要求。我正是在这种时代赋予的使命下，走马上任教研室主任。从此，开始了漫长的教学科研生涯，时年35岁。我深入教学第一线，从重点中学到简陋的村小，从繁华的城市学校到偏远的乡村学校，都留下了我不知疲倦地听课、座谈、调查和访问的足迹。我深深地感受到了讲得多练得少、知识传授得多能力培养得少、注入式教学得多启发式教学得少、死记硬背得多创造思维得少等问题，只有进行改革才能使教学出现新的希望和活力。

20世纪80年代是中国教法改革最活跃的年代，各种新教法层出不穷。迎着改革的浪潮，我对国内外上百种新教法进行了系统的研究，在理论探讨的基础上，与邱学华合作编著了《小学数学新教法》（重庆人民出版社出版）。在积极进行教改的实践中，我广交朋友，团结了一大批志同道合的教改积极分子，他们中间有第一线的老师，有基层的教研工作者，还有专家、学者、大学教授、记者、编辑、行政领导等。在我的倡导下，1987年7月在四川的一个名不见经传的小城召开了具有纪念意义的“小学数学教改研讨会”第一次会议。参会的代表中，有老师、领导，有中科院的专家、学者，有久负盛名的教学改革家，还有大学教授共几千人，他们为同一个目标，冒着炎炎烈日，不顾旅途的艰辛，乘飞机、坐火车、乘汽车、坐轮船，千里迢迢地赶到了被称做“蜀道难，难于上青天”的四川。在我们的精心筹划和组织下，有专家的学术报告，有教改信息交流，有来自全国的教改名师献课……这次会议取得了意想不到的成功，这给了我很大的启发和鼓舞，我看到了人们对教改的厚望，以及对教改所给予的极大热情和支持。在代表们的积极倡导下，大会提出成立领导小组，是组织、发动、引导广大教师进行教改探索的学术机构，并由专家、教改名师组成了“小学数学教改协作领导小组”，我被推举为组长。从此，全国性大型的教改学术研讨会每年举行一次，从没间断过。二十多年来，会议从四川的小城开到了北京、上海等大城市，从北国的长春开到了南国的深圳，从黄海之滨的青岛开到了西北的兰州……参加的人数越来越多，教改的成果、影响的范围也越来越大，研讨会的质量也越来越高，申请承办的单位提前两年就开始申报。在研究会的推动下，成长起来的教师有的成了当地学科的带头人，有的成为年轻的特级教师、高级教师、全国优秀教师……有志者事竟成，这一举动，引起了国家教委的重视和中国教育学会的关注。1987年，中国教育学会正式接纳这一组织，成立了“全国小学数学教改研究会”，我任会长。

在倡导和潜心研究教学改革的过程中，我深刻认识到，教改需从改革教学方法入手。在我们的课堂上，教师面对几十位学生（活生生的主体），而每位学生的状况（包括知识基础、心理发展水平、智力因素与非智力因素等）都不同，怎样使他们各有所得，逐步提高，这的确不是件易事。在教学过程中既有教师的独立活动，也有学生的独立活动，既有师生之间的双向活动，也有学生之间的多向活动。所有这些活动怎样在课堂教学的全过程内得到和谐发展，使之发挥有效的功能，这成了我研究改革传统教学法的重点。

1984年5月，我独自代表农村教育工作者，带着自己一系列初步成果，参加了一次国际数学教改研讨会，会上由国内一位非常优秀的老师上了一节观摩课。课后，一位国际知名的教学法专家这样评价：也许这节课从知识传授来看是成功的，但从课堂信息反馈与调控来看是我们十多年以前的教学方法了……外国专家的评价在中国代表中引起强烈反响，它像一记重锤敲打着每位教学法研究者的心。回到宿舍后，我彻夜难眠，在脑海里反复地回放这节观摩课，仔细地思索这位专家评价的每一句话，在长时间苦苦地分析研究后，终于产生了用现代"信息论、控制论、系统论"来研究教学、研究教学法的理念。从此我大量收集并系统阅读了有关"三论"的各种书籍、杂志，为我的研究开阔了崭新的视野，拓展了广阔的理论空间，找到了更新的角度，开掘了更深的层次，使我的反馈教学法研究翻开新的一页。

从现代信息论的角度看，我发现在教学领域里，所有教学现象都可以被概括到"信息"的范畴，进而用现代控制论、系统论研究课堂教学过程，使许多难以理解的教学问题得到了比较合理、圆满的解决。事实上，课堂教学的信息反馈是普遍存在的，一个教师不管他是有意或无意中进行信息反馈，也不管他多么不重视信息反馈，都不存在不顾反馈信息的教师，因为学校教学管理机构会组织考试或考核来了解每个学生的成绩和每个教师的教学效果。在学校教学管理机构获取教学反馈的同时，教师也就同样得到反馈信息。此外，教师在教学活动中，只要稍微留心观察，都可以获得大量的反馈信息……

我在大量的第一手教学资料的研究分析中发现，教学效率低的课堂普遍存在着如下问题：

第一，信息反馈的片面性。只有或只重视知识反馈，不重视情感、智力等学习素质的信息反馈，使教师获得的信息反馈不全面。

第二，信息反馈的滞后性。把信息反馈同教学过程割裂开来。低效率的教学中也有反馈，但常常是同考试结合在一起的，往往是以终结性的环节出现，因而只是得到教学结论性认识，并没有起到过程中的诊断与调控的作用。

第三，信息反馈的被动性。由于上述两方面原因，学生被动地接受反馈，即把主动改善学习处境的活动当做教师强加给自己的沉重负担；教师也以不得已而为之的心态，视考试为“工作效果的一项不可缺少的交代”。

针对这些现象，我敏锐地提出了加强科学的“信息反馈”是改革传统课堂教学的关键。经过艰苦的探索，终于找到了这个教学改革的“支点”。为了让每一位老师都能“撬开教改的大门”，在加强教学反馈这一基本观念下，1987年我在教学实践中，经过不同的班级、不同学校上百次的实验、修改、再实验，设计出了一种新的教学模式——“反馈教学模式”。从此，我踏上了创建具有中国特色的新的教学流派的漫漫求索路。

（二）收获

两年后，我经过反复实验、修改，正式提出了这种新的“反馈教学”基本模式，并发表在中国教育学会主办的《教育学刊》杂志上，并被收入《小学数学新教学法》（重庆人民出版社出版）一书中。反馈教学模式的基本思路可以表示为：

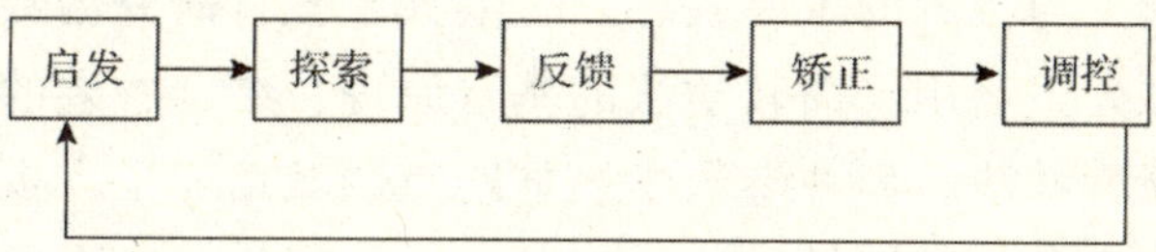

反馈教学模式中的学生、教师、教材的基本关系可以表示为：

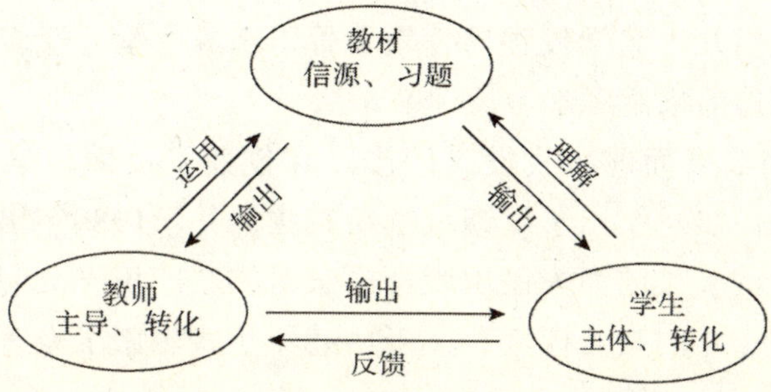

教学实践告诉我，课堂教学必须以信息反馈为主线，以主动探求为根本，把教学调控和矫正贯穿始终。这就使课堂信息由“单向传递”变成“双向传递”，即学生把自己学习的成果通过各种通道传输出去，然后收回外界对他的评议，以检查学习效果和掌握程度，从而在原有知识的基础上进行调节和改进。随着对反馈教学研究的不断深入，这种教学模式已由数学逐渐应用到了语文、英语、物理、化学等学科，从而使反馈教学法的结构纵横延伸，成为所有学科教学都能使用的基本模式。而这种模式又不是固定不变的，它在保持整个结构模式框架的同时，又体现了各门学科的学科性质。

这一新的教学模式推出去以后，立刻引起了全国同行的共鸣和强烈反响。带着这一成果，我于1992年参加了在北京举办的国际数学交流大会。会上，我的《反馈教学结构论》受到了日本等外国专家的好评，日本著名教育专家片桐重男教授在一封来信中指出：“要培养孩子们分析解决问题的能力和自觉学习的态度，促进他们独立思考、形成自己的见解的教学指导是重要的。我们期待着反馈教学法在这样的教学指导活动中发挥巨大的作用。”1993年，国家教委基教司也发来贺信：“‘反馈教学法’目前已在全国二十多个省市进行改革实验，为提高我国小学教学质量作出了贡献。”中央教科所教法研究室主任刘远图教授也撰文《总结和推广具有中国特色的反馈教学法》号召在全国宣传和推广这项科研成果。在香港举办的一次国际数学研讨会上，我介绍完这种新教法后，立刻引起了与会者的浓厚兴趣。香港天才教育研究会数学奥林匹克总教练吴重振先生运用反馈教学法的基本原理，结合香港的实际，创造了加速式反馈教学法，为香港数学奥林匹克领域培养了大批人才，使香港的许多学校也参与反馈教学法的实验……一时间，一个个全国各地的学习团体纷至沓来，一封封热情洋溢的盛赞反馈教学法的信件如雪片似的飞来，一个个盛情邀请我前往讲学的电报不断传来。仅广西玉林地区一次就派出了由几十名学校领导、教学骨干组成的学习代表团，不远千里、不辞辛苦地前来观摩学习反馈教学法。

在鲜花和成果面前，我没有停步。在创建了反馈教学基本模式的基础上，我进一步总结出了反馈教学新教法，并于1989年出版了学术专著《反馈教学法》（陕西人民出版社出版），获四川省政府颁发的科研成果奖。经过十年的艰苦探索，又于1998年正式出版了专著《反馈教学论》（辽宁人民出版社出版），提出了几十种反馈教学模式，获广东省教育科研黄华奖。在全国，参与这种教学法实验的范围越来越大，迅速扩大到了二十多个省市一万多个教学班，有四十多万学生参与了这项实验，效果非常明显，对十几个省市的实验班的问卷调查显示，有98%的师生认为用这种教学法上课，优化了课堂教学，并且课堂容量大，教学质量大面积提高。1997年，《中国教育报》用了一个整版集中刊登了反馈教学的研究成果，向全国推广。

在全国各地实验学校的积极推进下，从1998年在广西玉林市召开的第一届反馈教学法专题研讨会开始，在全国已成功地举办了二十多届五十多次大型研讨会。会上，老师们交流自己的实验成果，观摩全国各地精心挑选的优秀的研究课、汇报课，这些课得到专家们精当的指导。每届研讨会都洋溢着浓厚的学术氛围，大家畅所欲言、百家争鸣。本课题的研究还一直得到了国家教委的大力支持，1993年，中国教育学会正式批准成立了“反馈教学法研究会”，从此，反馈教学法的研究迈上了一个新的台阶。1996年6月，中央教科所又把反馈教学法列为教科所重点科研项目。1998年中国教育学会批准反馈教学法为十五、十一五国家研究课题。

岁月峥嵘，历史潮流难忘。二十多年的同舟共济，二十多年的风雨兼程，二十多年的酸甜苦辣，二十多年的心血智慧，成就了反馈教学法研究的昨天和今天，展望未来，任重道远。在准备实验、重复实验、大面积实验和一次又一次的理论探讨的基础上，经过全国各地二十多年的不断探索，已正式出版了反馈教学法专著三十多本。全国有十多家报刊杂志刊登了有关反馈教学法文章一百多篇。

为了使更多的老师能够轻松地“撬开教改的大门”，我默默地寻找最佳的教学“支点”。每一次的探索，都会有新的观点、新的发现、新的开掘和新的视角。为不使自己的视野拘泥于教学的某一个侧面，我要求自己研究探索的基点应是教学中最具前瞻性和一般意义的问题，而且每一次发现都能有新的突破。

（三）追求

20世纪80年代后期，正当人们热衷于研究各种教学模式、教学方法时，一个新的问题引起了我极大的关注，是不是一种完善的教学模式、教学方式能够塑造同样完美的教师呢？

我在研究中发现，课堂反馈的多样性，学生情况的复杂性，师生情感的丰富性，教学内容的深刻性，对老师的要求越来越高，如果不根据具体情况，只强调呆板的固定教学模式，任何一种教学法都将导致失败的教学。事实上，每一种教学模式都是由形形色色、风格各异的老师来操作的，而老师的自身素质，随着时代的进步，也发生着深刻的变化。例如，以前的小学老师大都是中师毕业，有的甚至还是高中毕业，而现在的小学老师相当部分已是大专水准，在发达地区的大部分小学老师已取得了大学本科文凭，有的还取得研究生文凭。不论是专业知识还是理论素养，教师队伍已悄悄发生了巨大的改变。以前的老师大都习惯于运用一种固定教学模式上课，而现在的老师已不满足于一种僵硬的模式，他们追求一种自己的风格。在运用教学法的主体已发生深刻变化的情况下，我们对教学法的研究如果还是停留在追求一种“永不改变”的模式、步骤上，那么这种教学法将会失去它的生命力。

二十多年来，在一次次的教学研讨会上，教坛新秀、教坛名师们上观摩课、研究课，以及在经常性的听课中，老师们那充满艺术魅力的教学风格，使整个课堂荡漾着一种“美感”，此起彼伏的“教学小高潮”，一次次深深地感染、震撼着我。在这种氛围中求学的孩子们学得轻松，学得主动，学得深刻。为什么同样的教学内容，同样的教学方式，甚至同样的学生，不同的老师教出来的效果却截然不同？一个新的概念“教学艺术”成为我又一个研究的基点。

反思是人类进步的阶梯。在以一种科学的态度审视自己，经过艰苦探索创建反馈教学法理论和实践的过程中，我深深地认识到任何一种教学模式都有它的局限性，我们建立模式就是为了摆脱模式，由必然王国走进自由王国。在反馈教学法和教学艺术的深层结合研究中发现，任何一堂课不管它有多少个环节、多少个层次，都离不开信息反馈调控，一个成功的教学艺术家正是在高超的信息反馈中，把握即时的反馈信息，并艺术化地调控教学，使教学过程出现此起彼伏的教学小高潮，使教学充满艺术魅力的。1996年6月，在桂林举办的第八届“反馈教学研究会”上，我正式提出“反馈教学艺术”的概念。我在反馈教学与教学艺术的结合研究这一新的更加广阔的充满魅力的领域里纵横驰骋了整整五个年头，我的研究方向在潜移默化中已由教学法的科学探索成功地转向了对教学艺术的追求。这一转向是教学实践与理论探索的结晶，是挑战自我的结果，是一个科学研究者艰苦探索的历程。

在这五年坚持不懈地对教学艺术的追求中，我不断地收获了理论探究的果实，取得了教学艺术实践的成功。相继正式出版了具有工具意义的《教学艺术大全》《开讲艺术》《板书艺术》《提问艺术》《练习设计艺术》等60本中小学教师教学艺术丛书，在全国召开了30次教学艺术专题研讨会。在这一系列的深入探索中，成长起来一大批教学艺术名师，全国各地越来越多的同行、第一线教师积极地加入到了这一研究的行列。

在我的倡导和策划下，1998年10月，中央教科所教学法研究室、中国教育学会反馈教学法研究会在深圳联合主办了“全国小学语文、数学十佳青年教师课堂艺术大奖赛”。来自全国各地的三千多名专家、学者、教研人员以及第一线教师踊跃地参加了会议，曾获过省级以上大奖的30名优秀小学青年教师都以精彩纷呈的课堂教学在大赛中一展风采！他们的教学艺术像带露的蓓蕾，散发出淡淡的芳香，而专家们的评课报告，高屋建瓴，画龙点睛，为与会代表打开了一扇扇鉴赏教学艺术的窗户，这次活动有力地推动了教学艺术的研究。面对记者的采访，我充满信心地预言：“如果说20世纪是各种教学模式的世纪，那么，新的世纪将是教学艺术的世纪。新的世纪里，在这一领域，必将掀起一个深层次、高水准的研究热潮。”我不是预言家，但实践验证了我的预言。

在学术报告中，我常用这样的一段话激励自己：“顺从环境，是动物的本能，适应环境是一般的常人，改变环境是超常的能人。”就是这样在不懈的教学研究的高层次追求中，我二十多年来一如既往地探寻教学支点，建立最佳的教学支点……

纵横捭阖，锐意创新

（一）在艰难中成长

我出生在四川省大竹县远离县城的一个地主家庭。日益衰败的家境没能给我留下童年欢乐的记忆，“地主崽子”的耻辱和歧视，使我长期处于社会的边缘，寻找不到人生的支点。然而，我依然固执地反抗着命运的不公道。

从小我就担起了家庭的重荷，靠起早贪黑挑煤炭读完了初中，并以优异成绩被保送入大竹中学念高中，又凭着坚韧、刻苦和厚道，任班长和团支书，似乎生活给我敞开了大门，学习冒尖，擅长体育，还自编自演话剧，写小说、散文、诗歌，居然也发表了一些文章，我时刻告诫自已，用坚实的努力证明自己是“出身不由己，道路可选择”的榜样。然而厄运还在静静地等待我：高考时因“出身不好”被录入一所名不见经传的达县专科学校，我并不埋怨。不但没有失望，反而激发出追求卓越的人生毅力。

1961年秋，我信心百倍地登上了大竹县庙坝区中学初一年级的讲台，在五尺见方的黑板上，播撒知识的雨露阳光，一个学期结束了，我所教班级成绩居全年级之首，雪白墙壁上又添了几张鲜艳的奖状。

就在我奋力向教海深处搏击时，一纸调令，转眼间我就成了牌坊乡小学的教员。这是为什么？“先天不足”，人们心里最明白这个公开的秘密。

一个初秋的早晨，我心事重重地走出了庙坝中学的校门。“小刘，等一下！”副校长尤学伍在后面叫住了我这个拎着简朴行装的青年教师，把一本半旧的苏联著名教育家马卡连柯的《教育诗篇》放在了我手上……人，都不可能预知自己的未来，但又可以去争取自己的未来。我边走边想着。

庙坝中学八公里外的牌坊乡小学当时设在一座破旧的古庙里，那些长短不齐、高低不平的桌凳散乱地排列在四面透风的教室里，只有那有气无力的上下课钟声，才使人们看出这是一所学校。更可悲的是，当年毕业的四十多名小学生仅有两人升入了初中。

生活，就以这副形象迎接自己的新主人。

我，成了这儿有史以来第一个捏着大学文凭的小学教师。

然而，面对这一切，我似乎并不介意，心想，艰苦的环境正是锻炼人的好地方，落后的教学水平，不正是自己教改探索的课题吗。因为我坚信，只要是金子就会发光的。

开学了。报名处前，三三两两的孩子被戴着破草帽的父亲和穿着缀满补丁衣服的母亲带领来了，家长们向我递上用印花蓝布手帕包了好几层的角币、分币凑成的学费。每当这时，我的心总要颤动一下。第二天的摸底测验下来，小学六年级的学生竟有半数做不来四则混合运算，语文作文只能写三五行，错别字连篇。我看在眼里，急在心上。如果再按部就班地教下去，这一群活泼可爱的生命不就要毁了吗？童话中说的那把打开智慧宝库的金钥匙，你在哪里？我索性从吱嘎作响的木板床翻身坐起，点亮那盏煤油灯，又一次捧读起马卡连柯的《教育诗篇》。

因材施教，对症下药。一次次声情并茂的课文赏析，一次次深入浅出的习题讲解，一叠叠厚厚的卡片，一摞摞剪辑的资料，一本本教学的心得，记录了我探索的艰辛和学生成长的过程。

寒来暑往，我像老农民守着刚长出的幼苗一样，以校为家，全部身心扑在学生身上。第二年的升学考试中，班上有22人升入初中，跃居全区之首。人们开始对我这个年轻人刮目相看了。

以后连续教了几届毕业班，教学质量稳步提高。

下雪了，父亲们赤着脚把孩子背来上学……

下雨了，母亲们拿着斗笠守候在教室外……

然而，我还是走路低着头，开会坐在最后，递交的入党申请书如石沉大海，“出身不好”四个字像紧箍咒一样戴在我的头上。能够安慰我的只有那三尺讲台，这是我播种耕耘的乐园。

在十余年的农村中小学教学生涯中，我像孺子牛一样，吃的是青草，挤出的是知识的琼浆玉液，尽管生活对我不公平，但我没有愧对生活；尽管时代没给我提供一个人生的支点，但我以自己的一言一行为平凡而又卑微的人生建立一个又一个微不足道的支点。因为我坚信：是金子总会有闪光的时候。

这一天，终于姗姗到来，对于我，不，对于我们的民族来说，这是一个迟到的春天。党的十一届三中全会的召开，拨乱反正，实事求是，可以不再为个人出身而自卑了，可以再也不怕“只红不专”的嘲讽了，可以甩开膀子大干一场了！20世纪80年代以来我在中国教坛迅速崛起，光荣地加入了梦寐以求的中国共产党，出任大竹县中小学教研室主任，被评为四川省特级教师、中学高级教师，有突出贡献的科技拔尖人才，还是省科普作家协会会员、省摄影家协会会员、中国科学院心理研究所现代小学数学实验中心常务委员、后任深圳东方英文书院教科所所长。

人生道路上的鲜花总是为勇士而盛开。

命运，偏爱向把它握在自己手中的人微笑。1995年，已年过半百的我，登上了开往南方的列车，只身来到深圳东方英文书院，负责组建一所立足国内、立足特区、面向海外、面向现代化的教育科研所。深圳，这个中国改革开放的窗口，对我来说，并不陌生，20世纪80年代以来，我几乎每年都要到这里开会、讲学。现在，我把自己的后半生交给了特区的教育事业，现在，我又站在了人生的又一个起跑点上。这是机遇，更是挑战。我想，没有当年下放小学教书的逆境，就形不成我的意志和决心，今天的情形和60年代初相比，我还有什么困难不能战胜的呢?

寻找人生的支点，就得做命运的主人。

（二）在改革中前进

生活五光十色，人生酸甜苦辣。我过早地承受了生活的重负，养成了坚韧不拔，不达目的誓不休的意志品质。正因为我有着坚定的信念、顽强的意志和忘我的干劲，我在从事的每一项工作中都努力追求一流。

20世纪70年代末至80年代初，是大显身手的岁月。改革开放的时代大潮荡涤着古老的中华大地和人们陈腐的思想观念，白卷英雄的时代一去不复返了，凭老茧就能上大学已成为历史的笑谈。各行各业呼唤天公不拘一格降人才。

我站出来了，不仅仅是1.75米的壮实身躯，而且是干一样、爱一样、钻一样、成一样的精神。当我在许多领域纵横驰骋时，也有“乱花迷眼”的晕眩，也有“歧路亡羊”的犹豫。

我曾从事新闻报道。或单独采访，或协助《人民日报》《四川日报》的记者采访，写成的新闻稿件多次在《光明日报》《四川日报》、中央广播电台播发。

我曾从事科普宣传。《信息——科研的雷达》《闪光的奖章》《小丁丁再战美猴王》发表在《四川日报》《科学园地》《红领巾》上；创作的科学童话《吞掉月亮的人》《学农迷的故事》《梅花岭的笑声》被中央人民广播电台播放。

20世纪80年代初，我还被省教育厅借调去参加创办《少年百科知识报》，不满一年，我就要求调回原来工作的教研单位。

此外，我还擅长撰写各类调研报告、经验总结；会速写绘画，能写一手漂亮的毛笔字，爱打篮球、乒乓球等。但不会打扑克、麻将，不会抽烟、喝酒。

那时，大竹县县委、政府、宣传部、法院和文教局，都曾打算调我去“写文章”、搞宣传，我都婉言谢绝了。因为，我明白自己的人生志向，离不开教育这块让我五味俱尝而又魂牵梦绕的沃土，就像希腊神话中的大力神安泰的双脚不能离开大地一样，离开了教育，我将失去人生的目标、事业的核心和生活的乐趣。

今天，谈起当年的爱好和选择时，我依然自豪而欣慰。自豪的是，艺多不压身，这些特长既丰富了我的生活，又为我搞教育科研奠定了宽广而扎实的基础；自豪的是，我能将个人兴趣与民族事业连在一起而让自己走向成功；欣慰的是，我没有愧对人生和时代，没有抱憾过生活和光阴。

有所为而有所不为，放弃是为了更好地选择，此处的人生辩证法，成了迈向事业辉煌的支点。

我先开始的是人才学研究。

改革初年，百废待兴，党中央提出了：“多出人才，早出人才，快出人才，出好人才。”我按捺不住了，虽然已届中年，生命的黄金时光曾被无端地弃置过。于是，夜以继日，快马加鞭，工作中学习，学习为工作。多少个斜月西沉的夜晚，一盏孤灯陪伴我；多少个合家欢聚的假日，一册书本捧在手。

那是1984年初夏的一天，台灯柔和的光线铺洒在桌面上，洁白的稿纸格外明亮，拧开笔帽的钢笔静静地躺着。我凭窗而立，眼睛久久地凝视着深蓝色天幕上的启明星。黑夜正逝，黎明将至。晨光熹微，云蒸霞蔚，一轮喷薄而出的朝阳给大地铺洒了万道金光，一群带哨音的鸽群正拍着翅膀，翱翔在万里云天。

邓小平同志曾提出：“教育要面向现代化、面向世界、面向未来。”一石激起千层浪，改革的浪潮以核爆炸般的威力，震荡着古老的华夏大地。置身于风起云涌的时代，我越来越强烈地感觉到了改革传统教育方法的必要性和紧迫性。是的，中华要振兴，民族要腾飞，科研要先行，人才是关键，而培养人才的关键又是基础教育。

为了探索教育与人才的规律，暑天，头顶骄阳，寒冬，脚踏雪花，从县城小学到偏僻的村小，从巴山蜀水到大江南北，开展调查研究，传授教改方法，广结教研朋友，交流教改信息。白天，和师生同行们座谈、讨论、听课、评课；夜晚，由于家里人多屋窄，只好在那5平米的办公室里探索教育与人才问题。《人才的智能金字塔结构初探》《家庭教育与成才》《早期教育成才》《女生成才的必由之路》等论文先后发表在《人才》《中国青年》《教育研究》《创造与人才》等杂志上。

“面向全体学生大面积提高教学质量，是我们建立具有中国特色的教学法的奋斗目标。”多年来，我用行动向这一目标迈进。20世纪80年代中期，我选择了城镇、乡中心校、村小三个典型，长期跟踪指导“三算实验班”的教改，以后发展到153个实验班，是全国最多的县之一。我还多次在全县教研会上以及省内外的十余个市县，作《转化思考方法》《帮助学生从错误中学习》《小学数学新教法》《教育质量观浅谈》《中小学数学教学衔接的研究》《反馈教学法》等专题报告，这些内容写成文章或专著后都发表出版了。

有所得必有所失。为此，我的许多爱好或特长被迫放下了，在众多领域中，我将人才——教学——教育三者沟通了。

夜幕降临，我伏案笔耕的剪影总是清晰地映在玻璃窗上，难怪同志们都说，我办公室的灯熄得最晚、亮得最早。

（三）在前进中奋进

从不堪回首的20世纪60年代初到喧哗激荡的80年代初，星移斗转的20载，沧海桑田的一瞬间，从风华正茂的大学生到意气风发的中年人，尽管生活一度辜负了我，但我没有辜负生活，尽管社会曾经冷漠过我，但我还是热情似火地投身社会。我在偏远的乡村小学，认真准备每一堂课，精心设计每一道习题。在四面透风、屋顶漏雨的教室开始了教改探索，妙趣横生的精讲多练，分类推进的整体提高，观察实验的原理总结，逐步形成了独具特色的教学风格：动手动脑的同时性，课内课外的一体化，教书育人的全方位。平心而论，这些在当时既不系统，也未上升到一定的理论高度，但它毕竟是理想追求的第一步。我像一头拓荒牛一样只问耕耘，不问收获。然而，天道酬勤，机遇是为有准备的人而降临的。

20年探索，20年奋斗，厚积薄发。一踏入教研园地，更是洞幽烛明，高瞻远瞩，游刃有余，“天高任鸟飞，海阔凭鱼跃”。

在应试教育之风盛行的时候，我提出了课堂教学三部曲。在各种复习资料漫天飞的时候，我明确地提出“改进教法，提高效益，向45分钟要质量”；在一些老师盲目追求“文凭热”时，我提倡“师德育人，科研兴教”，并掀起了教师基本功大比武的热潮。

作为县教研室主任，我倡导建立了全县教研组织网络：以县教研室为中心，成立了各学科研究会，每个区分科成立联合教研组，各个乡有中心教研组，各中学有专门的教科室，每个区配备了两名专职教研员，各乡有一位副校长专管教研，县教研室还专门聘请教学科研有一定造诣和成果的同志为县兼职教研员。从而使教研工作工程化，教研组织网络化，教研活动规范化，教研效益高效化，教研过程最优化。现在尽管我离开大竹县已多年了，但说起当年的教研活动时，老师们还记忆犹新，倍感亲切实在，一批青年教师就是这样成长起来的，不少人被评为全国和省市的优秀教师，有的还评上了特级教师。

“人才培养，教育理论，教学研究”始终是我事业人生的三要素，在10年左右的时间内我向我们的民族、我们民族的教育事业奉献上了一腔心血和满怀收获。正式出版的专著有《教学艺术》《开讲艺术》《板书艺术》《课堂语言艺术》《课堂提问艺术》《练习设计艺术》《课堂艺术探幽》，还有《中小学教研手册》等200多种，500余万字，另有200多篇文章在省级以上刊物发表，多篇获奖。近年还主编了100多万字的大型工具书《教学艺术大全》。

这应验了一句话：时代给我一次机遇，我给时代一个惊奇。

1985年，我终于走出了巴山蜀水，在全国小学数学教研园地刮起一股旋风。

4月，我参加在江苏常州召开的尝试教学法研讨会，并首次在全国性的学术会上宣读论文。5月，全国24个省、市、自治区小学数学教法研究会在重庆市万州区召开，我被推选为协作领导小组组长。8月，我又在天津登上了全国小学教改实验教师培训会的讲台；紧接着又飞赴兰州，特邀为西北五省区的小学教学改革研讨会的代表们作报告。9月，我又出席天津全国初中数学教学研究会，并在大会上宣读论文《谈转化的思考方法》。

与张梅玲教授（左）合影

当我在文稿上落下最后一个句号的时候，当我在大会上宣读论文的时候，当我接过获奖证书的时候，当鲜花和掌声簇拥向我的时候，我没有陶醉，却陷入了深深的思索和困惑之中……

20世纪80年代中期，信息论、控制论、反馈论被整个学术界炒得沸沸扬扬，也有一些教育教学论文谈到了它们的运用，我总想寻找一个突破口或支撑点来建立自己的教学理论。教学活动是信息的交流，老师处于信息的调控地位，那么，老师凭什么调控呢？一是大纲教材的要求，二是学生的作业练习。对于前者，老师的用心良苦，导致“满堂灌”；对于后者，老师不辞辛劳地和学生们一块儿陷入题海而头昏眼花。减负增效，向45分钟要质量，关键在于老师要及时获得教学信息的反馈，让老师不再是盲目地教，让学生不再是困惑地学，老师发出信息——学生反馈信息——老师调控信息，如此贯穿在一堂课的四个教学环节上，即导入新课、学习探索、巩固加深、运用创新。至此，反馈教学法在构想中已瓜熟蒂落了。

这颗有着强大生命力的种子，一经撒在教学改革的沃土上，便生根、发芽、开花、结果。1983年，我提出反馈教学法的理论框架，1986年我的反馈教学法论文获国家级奖，1989年第一次召开全国性的反馈教学法研讨会，1990年18万字的专著《反馈教学法》出版，1992年该书获四川省人民政府优秀科研成果奖，同年我主编的《课堂反馈教与学》小学一至六年级语文、数学配套实验教材24本，由四川教育出版社出版。1998年《反馈教学论》出版，1994年8月14日《中国教育报》整版刊登介绍反馈教学法的文章，1999年出版《反馈教学艺术》。20余年来，反馈教学法共出版25种书共600万字，多家刊物发表这方面的教研文章100余篇，20多年来全国20多个省市200多名教坛新秀在全国十届教学法年会上执教观摩课。

六、篮球——我的导师

华应龙

华应龙，男，1966年生，特级教师、中学高级教师,首批“首都基础教育名家”,北京第二实验小学副校长，北京师范大学兼职教授，北京教育学院兼职教授。18岁开始工作，22岁担任中心小学副教导主任，27岁担任中心初中副校长，28岁担任乡镇教育助理，30岁全家调进县城，担任实验小学副校长，36岁全家调进北京。工作28年，获得了省、市级奖二十多个，地、市级奖近20个。教学录像多次在中国教育电视台播放，中央电视台“当代教育”专栏作过专题报道，《中国教育报》推出了“华应龙教学艺术系列报道”。在《人民教育》《中国教育报》等二十多家国家级、省级教育报刊上发表文章500余篇，主编、参编了二十多本教学用书，先后参加了“苏教版”和“北师大版”国家义务教育课程标准实验教材的编写、审定和实验指导工作。

为师之路上，很多人说我一路顺风。有人怀疑："你一个一直在农村工作的小学教师，怎么会如此这般？是不是有什么家庭背景？是不是有较丰厚的经济基础？"

坦诚相告：我出身农民家庭，在读初二时，患病5年的父亲告别了人世！当时的家中，实在无法找到一件像样的东西，真正是家徒四壁。

1981年，我以优异成绩考进了江苏省如皋师范学校，真是喜不自禁。可是去如皋师范报到的那一天，是一幕无法抹去的记忆。当时大雨如注，不少同学在父母的呵护下愉快地上了路，而15岁的我却是孤零零的一个人（由于过度的悲伤和劳累，母亲的腰弯了，白发频添，我不忍心让母亲送我），一根扁担挑着行李，一步一滑，从华舍村走到瓦甸乡。由于大雨，河水升高，轮船没法开。又一步三滑，走到白甸乡。走了几十里泥泞的小路，才搭上了一辆汽车。摸到如皋，跨进校门时，我的肩磨破了，浑身湿漉漉的，有雨水，有汗水，还有泪水……我还清楚地记得：每次回家返校前，姐姐给我的是一角、两角凑成的几元钱。在严冬到来的时候，师范的老师特地给我送来一条棉裤……

生活上，我曾很是不幸；但事业上，我很幸运！"我的幸运，流畅得有如荷马的诗句。"（培根语）的确，我十分幸运，读书的时候，遇到了好老师，他们给我积极的心态，拼搏的精神；我非常幸运，工作以后，遇到了好同事，他们给我帮扶，为我加油；我特别幸运，偶有成绩之后，就遇上了好领导，他们给我以赏识，给我以舞台……不管是在师范的报告桌旁，还是在记者的采访机前，也不管是在平常的闲聊之中，还是在我专门撰写的感谢老师的文章里，我总是说：我没有什么特别的能耐，只是特别的幸运，遇上了好老师、好同事、好领导、好学生、好学生家长！

现在想来，我要感谢的还有一位，那就是我的"篮球导师"！

一直生活在农村的我，初中毕业了都没有碰过篮球。到师范后，由于身材在同学中算高的，所以被选进了学校篮球队。从此以后，不管是晨曦初露的清晨，还是烈日炎炎的正午，甚至月色朦胧的夜晚，篮球场上都会闪跃着我的身影。当时的我一门心思就是要在篮球场上出人头地，追逐梦想，放飞希望。1981~1984年的如师人都知道"华应龙是个十足的篮球迷"。

工作的最初四年里，我一边教体育和数学，一边执教学校女子篮球队。再以后，只教数学了，也坚持每天打篮球。平日里，别人打牌，我打球。有伙伴就一起打，同伴没时间就我一人打。NBA的经典赛事转播，我一场不落。身边的人都知道“华应龙是个铁杆篮球迷”。

我对篮球情有独钟，篮球对我恩泽万种。

投篮凭手感

投篮凭手感，手感是靠一遍又一遍反复地练习来积淀的。为了练就过硬的教学基本功，提高自己的课感，我创造性地开始了“自我评课”：一边上课，一边给自己的课录音，课后一边听录音，一边反思，并请同行指教。1994年，我在《人民教育》上发表的第一篇文章就是《年轻教师不妨听听自己的课》。

与顾明远先生（左）合影

随着教龄的增加，随着点滴经验的日积月累，我越来越感到自己理论知识的贫乏。于是批改完作业、备完课，我又捧起了大专、本科自学课本，参加了教育管理硕士研究生函授，捧起了“陶行知”“苏霍姆林斯基”，捧起了《课程与教学哲学》《中国数学史大系》……我的年历上没有星期天，没有节假日，有的只是一天五六小时的睡眠。更深夜半，烛泪将尽，常常是和衣而睡。一觉醒来，跑跑步，暖暖身子，继续看书。热闹正月，人们打牌娱乐，山珍海味；我却钻进宿舍，捧着书本，啃着馒头，沉浸在教育教学的王国。

苦痛、欢乐、失败、成功，我都不问，男儿的事业原本要昼夜不停。（歌德语）

打好每一个球

篮球场上，无论对手的强弱，每次比赛我都打得非常认真，非常投入，尽力拼搏。就是现在年近不惑，同事看球后也总说：“你真行啊！”我觉得应该珍惜每一次锻炼和提高的机会，也觉得这种认真对对方是一种尊重。

相聚是缘。多年的篮球生活，让我学会了与人交往，懂得了交往的首要前提是尊重。在球场上，尊重教练，尊重伙伴，尊重对手，尊重裁判，尊重观众。在工作中，尊重领导，尊重同事，尊重学生，尊重学生家长，尊重一切与自己有关和无关的人。

记得我刚刚调进县城实验小学时，新接一个六年级班，自恃特别能吸引住学生的我遭遇了挑战。开学两个星期了，男生小A都没有好好看我一眼，对我没兴趣。什么原因呢？原来这位同学长得非常特别：个子不高，可是腰是弓着的；眼睛不大，眉毛是耷拉着的，嘴唇豁开了，鼻孔也有点豁开；头发不长但缠在一起……仔细打量着他的样子，我的脑子里浮现出雨果《巴黎圣母院》里敲钟人加西莫多的形象。当想到加西莫多的时候，我心中暗喜，就接纳他了。加西莫多就是人长得很丑，但内心很美。再深入了解，我发现这位同学压根就不正眼看人，独钟情于小动物，文具盒里总会有几十只小爬虫。他不惹事，但痛恨做作业。有一次为做作业，他竟然拿刀要砍他妈妈的头。他成绩不好，数学考试总是不及格。父母对他也不寄予希望了，打算让他小学毕业后开个小店铺。原来是形象不佳，妨碍了他与人的正常交往，造成了他心理闭锁。

思考两天后，我想出了沟通的办法。星期一，数学课后，小A在花坛旁边玩。我走过去，看着他玩。他并不理我，似乎是想从花坛中找到什么小虫子。“小A，需要我帮助吗？”他没抬头，也没答应。“我们交个朋友，好吗？”他还是不理我。停了十几秒，“小A，我有个地方长得和你一样，你看我的嘴唇上面——”（我的嘴唇上也有一块疤）。这次小A抬头了，他眼睛流露出惊奇的神色，我感觉到我俩的心理距离近了。同病相怜嘛，这是我运用了交往理论中的“相似效应”。“我这儿是小时候走路跌的，你呢？”“我也是。”（其实，他是先天的。）他终于与我对话了，并且声音很亲近。后来，我在班上称他“小达尔文”，请他到我家玩，借《达尔文传》给他看，课上给他展示的机会……小A变了。他妈妈说他像“变了个人似的”，他爸爸说我是小A的“再生父母”。

人都有爱美厌丑的本性，圣人孔子也不例外。“吾以言取人，失之宰予，以貌取人，失之子羽。”但人的尊重需求，是与生俱来的。新时代的我们固然要尊重学生的兴趣爱好、思维方式、思想感情、价值观念，但首要的是尊重学生的人格，尊重学生的身材相貌。我们要调整课堂上的视线投向，让丑陋生、后进生也能天天看到老师亲切的目光，也过上幸福的校园生活。

大路上，甚至在大街上，担物载粮的农民艰难地上坡，我会顺手推一把。我觉得他们特别亲切，因为我的父辈们也是这样满脸黝黑、满手老茧。

我懂得并做到了尽可能地去尊重每一个人，所以我总是生活在阳光之中。

带头鼓掌

篮球场上，同伴每每打出一记好球，我在快速后退跑的同时都会带头鼓掌；当对手打出一个特别精彩的球，我会冲他眨眨眼睛。每个人的心底里都是渴望得到别人的赏识的。学生就更需要从老师对他的评价中建立起对自己的认识。

课堂上能迷住学生

一次，我在上小数、分数与百分数互化的复习课，要求学生把0.2等小数化成百分数。在小Y（数学后进生）回答出“20%”后，我请她说说想的过程。她说“0.2等于十分之二”，她“十分之……”才出口，同学们嘘声一片，我示意别打断，请她继续说。同学们怀着看笑话的神情，“0.2等于十分之二，等于五分之一”，有学生禁不住笑出声，我也在想，这扯到哪儿去了，可还是耐着性子让她说。“分子分母同乘以20，等于20%。”“哎呀，真了不起！”随着我的称赞，同学们鼓起掌来。“大家看，小Y同学先运用小数的意义把小数化成分数，再根据分数的基本性质进行约分，接着又一次灵活运用分数的基本性质，将分数巧妙地化成了百分数。这一系列知识她掌握得多清晰，并且能运用自如，太棒了！华老师还没有想到这么好的复习小数、分数与百分数的例子。华老师要向她学习！”教师里响起了更加热烈的掌声，小Y眼眶里噙着泪花……整节课受这情景感染，学生情趣激扬，教学效果出奇地好，“白开水”变成了“茅台酒”。

复习课最难上，往往上得平淡、枯燥，有炒冷饭之虞。要上得有生气，有高潮，是不能依赖编制几道“九曲十八弯”的难题的。教师的欣赏、夸奖、鼓励，会给学生本人和他的同学带来莫大的快乐，带来巨大的信心，带来更多的投入，使课堂教学脱去僵硬的外衣而显露出生机。只有师生全身心地投入，彼此敞开心扉，教师尊重学生，欣赏学生，致力于探索、创造充满生命力的课堂教学，师生才不只是在教和学，还在感受课中生命的涌动和成长，也只有在这样的课堂上，学生才能获得多方面的满足和发展，教师的劳动才会闪现出创造的光辉和人性的魅力。

成长需要臭球和嘘声

篮球场上，有掌声，也有嘘声。掌声，让我更尽情地发挥；嘘声，促使我更快地改进。多年的篮球生活，让我学会了接受掌声和接纳批评。

一次试卷评讲课上，我评析这样一道题：

3点钟时，钟面上的时针和分针夹角是（ ）度，再过1小时，时针和分针成（ ）角。

在画出钟面图作了评讲之后，我发现这是一道可以渗透极限思想的非常好的题，因此就问学生：“如果不是问再过1小时，而是问再过1分钟，那么时针和分针成什么角呢？”学生始作茫然，三四秒钟之后，有几个学生答：还是钝角 。这正中我的下怀。“对！哪怕是再过1秒钟，时针和分针的夹角就会大于90度，所以是钝角!”学生纷纷点头，佩服老师的高明，我也有几分自鸣得意。

下课了，伟平和炜晖两位同学走到我跟前：“华老师，您课上讲错了。”我莫名其妙，想了想说：“怎么会呢?今天华老师的课上没错。”“我们算过了……”语气中有些不容置疑。我觉得应凝神静听。“分针比时针走得快，所以再过1分钟，时针和分针的夹角是锐角，不是钝角。”

课下能听得进批评

哎呀，确实是我错了。我“狠狠地”把他俩夸奖了一番，并当即表示：一，第二天当众承认自己的错误；二，表扬他俩善于独立思考的精神；三，赠两张名片给他俩，上书：“敬赠我的一题之师！”

理想的教学应该是对话式的，师生相互请教，双方互为先生和学生。在批评教育的问题上，师生同样是平等的，教师当然可以批评学生，学生也可以批评老师。作为教师，要不断增加自己的学识，提升自己的理性。因为只有丰厚的学识与彻底的理性才能赋予人一种大气。这种大气，对于教师是非常重要的。因为只有大气，才能真诚地鼓励学生放飞想象的翅膀，去拓展自己的心灵空间。

接球也传球

篮球场上，不能只知道接球，不知道传球。篮球是集体项目，要不得个人英雄主义，要懂得合作、付出。教育工作也是如此。我是位经常布置语文作业的数学老师。我总是开门上课，热忱欢迎同行到我的教室来听课交流。我奉献出精心制作的教学设计，让年轻教师扬起教海之帆。帮中老年教师谈论文，改得面目全非的征文，让他们尝到论文得大奖的滋味。和盘托出积累十多年的课题研究资料，和教研组老师们一起开展课题研究。上厕所几分钟都不肯放松的我，可以心甘情愿地为同事帮忙五六小时。虽然曾遭遇一位好友借走了自己十多年积蓄的20万元后销声匿迹的重创，但帮助朋友的热情不减。因为我知道华盛顿父亲说的那影响了整个美国的一句话："如果你帮助别人得到他想要的，你就能得到一切你想要的。"因为我还知道华罗庚先生说的"人家帮我永记不忘，我帮人家莫记心上"。我不喜欢帮了别人就到处说的人，我不喜欢帮了别人就追着要报答的人。

当哨声总是为我而鸣

篮球比赛中，如果你遇上一个偏心的裁判，那就倒霉了。你刚一抬腿，"喏——"带球走步；你刚一起跳拼抢，"喏——"拉人犯规……你动辄得咎，无所适从。你明白裁判是存了偏心了，但你不能发火，不能怒形于色。这时候，最明智的做法就是对裁判的错判不予理睬，一门心思认认真真地、不屈不挠地、不急不火地打好每一个球，就可以了，就对得起自己了。篮球是一种对抗性很强的运动。你的得分能力越强，对手就看得你越紧，像牛皮糖一样盯着你，在你身上做的小动作就越多。如果对手比你强，你只有提高自己，如果想偷偷拖他"后腿"，那么就会"喏——"，犯规，下场……

境由心造。其实，偏心的裁判是最好的调理师。我们在工作中又何曾没有遇到这样的"裁判"？我想人家是牺牲自己的人格在帮助你，锤炼你呢。你得意抑或失意时，裁判的"喏——"就是在提醒你，你要暗暗告诫自己：不要犯规，保存自己。姚明说："在季后赛中你对你的失误不能有任何借口，一个失误就能致你于死地。"当年从乡村调往县城，我作为主管领导在与全镇教师话别的时候，我就说："衷心感谢大家对我的培养！有的是直接的培养，有的是间接的培养。"取得成绩时，我不骄不躁，不忘记关怀我的领导、扶植我的同事。遇到冷言、挫折时，我用石灰精神激励自己——越是泼冷水，越是热气腾腾。现在，我清楚地明白：怪罪别人是自己不行动的借口；不肯原谅他人，最后受苦的是自己。当新到一片球场，别人不把你当回事的时候，你要特把自己当回事；当周围的人众星捧月般呵护你，特把你当回事的时候，你可千万别把自己当回事。

球小乾坤大。

流水没有遇到阻挡就不会激起美丽的浪花。打球没有强劲的对手，轻易地得分，那太没劲了。纠缠、虚晃、突破、急停，于刹那间捕捉战机，跳投、得分，那才叫刺激、过瘾。因此在教学工作中，我从不惧怕碰到的困难。遇到棘手的淘气鬼时，我把他当做提高自己教育教学能力难得的际遇。

在篮球场上，不是所有得分的投篮都是好球，也不是所有没有投中的球都是坏球。我觉得老师看待学生的学习也该如此。学生正确的作业可能只是模仿，但错误的作业却绝对是一种创新。

子曰："君子病无能焉，不病人之不己知也。"篮球场上不相信虚名，得凭真本事说话。我们要不断提高的是自己的"能"、内功，而不是"名"。"板凳甘坐十年冷，文章不写半句空"。我上的课、写的文章不能说是真知灼见，但不拾人牙慧，一定有自己的实践和思考。

球场上的变化、发展，往往瞬息万变，令人捉摸不定，还常出人意外。一场球与另一场球，在变化与发展上是不会相同的，课堂也是如此。苏轼说；"大略如行云流水，初无定质；但常行于所当行，常止于所不可不止。文理自然，姿态横生。"（《答谢民师书》）要达到这种境界，需要才能，需要功力，还需要厚实的生活底子作基础。我也许永远达不到这种境界，但我一直在努力追求。做一株思想的芦苇，不断反思教学，超越自我。

……

从15岁读师范开始到现在，我已经打了23年篮球了。23年的篮球生活，丰富了我的生活和记忆，给了我一副强健的体魄，给了我一种拼搏的精神，培养了我团结合作的习惯与平和的心态。

现在，我儿子也酷爱篮球，我十分支持，父子俩常在球场上切磋技艺。2004年底的一天，看到儿子和我差不多高了，一时兴起，我教他灌篮。第一个灌篮表演成功，当我灌中第二个球，手还抓住篮筐的时候，

“咣当”一声，篮板离开了柱子，从我的头上飞到了身后。我一身虚汗。——哦，我笑了。是篮球在开导我，“年轻，没有什么不可以”，那是上半场。现在，年近50，是篮球下半场了。下半场打的是理性球，不再玩花样，不再陶醉于某一个动作的优美，而是讲究实用，更注重整体的战术，珍重当下，善待周遭的一切。

啊，篮球——我的导师！

七、我的教学天堂

黄爱华

黄爱华，男，1966年生，特级教师、中学高级教师，深圳市享受政府特殊津贴专家。现任深圳市福田区教育研究中心副主任。

他曾两次代表广东省获全国小学数学课堂教学评比一等奖。在全国24个省、市的数学教学研讨会上作观摩课、示范课，并作专题讲座。在《人民教育》《中国教育报》《小学数学教师》等全国十多家省级以上报刊上发表教学论文百余篇。专著《黄爱华小学数学课堂教学艺术》（40万字）由河北教育出版社出版，专著《黄爱华与活的数学课堂》（18万字）收入“中国当代著名教学流派·中青年专辑”，由国际文化出版公司出版发行。他策划的“华博士小学数学热线”网站在大陆及港澳地区数学界有一定影响。

他曾获全国优秀教师、广东省南粤教书育人优秀教师（特等奖）、广东省名师、广东省青年岗位能手、深圳市十大杰出青年等称号。

仔细想来，生命真是个奇异的过程，从一个充满稚气的孩童，经过几十年成长为一个身材还比较结实、戴着副眼镜、有些书卷气息的中年男子。这其中遇到的人和事，回望起来，竟不由心生疑惑，就是特定的那些人，那些场景，才让自己走到了今天么？

我的童年

我出生在苏北小镇的一个干部家庭。翻开早年的相册，可见我小时候胖乎乎、天真可爱的样子。听长辈们说，在我们姐弟三个中，我是最淘气的一个，总喜欢刨根问底，一直问到大人无话可说。我也喜欢串门，东家游西家藏的，常常是外婆去满镇的街坊邻居中寻找才能把我拽回。母亲是一家工厂的领导，平时工作很忙，但也从来不曾打骂过我。那时，街头巷尾满是对联、诗画，引起我浓厚的兴趣，面对那些飘着浓郁墨香的龙飞凤舞的字画，我常常说出它们像什么又像什么的句子，并且总是煞有介事地拿着树枝在地上写呀，画呀，引来大人们发出一片啧啧的赞叹声。渐渐地，他们常用天资聪颖、古灵精怪等词语来评价我。在儿时小伙伴眼里，我也成了他们的“领袖”。后来发展到在孩子们所有的游戏中，我都被他们尊称为王，有指挥一切、统领全盘的至高无上的权利。就连邻里中摇着蒲扇的长胡子老人见到我都会笑眯眯地喊我一声“孩子王”！那些日子，我过足了“领袖”瘾。

我的家庭气氛是很融洽的。父母很少争吵，对我们仨，他们总是极具耐心。教育方式也不是简单的说教，总是有意识地引导。尤其是母亲，在我今天看来，她是个极有智慧的人。她总是说凡事都要“悟脑”。就是自己要仔细想清楚，弄明白这个事的前因后果。大概就是由于谨遵母命、多思慎行吧，我成了最受父母宠爱的一个，头脑也跟着渐渐灵活了起来。小时在学校里任少先队大队长、成绩非常优异的表现令母亲看到了希望，她更期望我能够出类拔萃了。记忆中，那时的我也特别乐意看到我报喜讯时她那种发自肺腑的开心笑容。我感到有一丝满足和骄傲。这也在我幼小的心中悄悄地潜伏了一件事，我对获胜的执著与渴望便是从那时埋下了种子吧！当然，母亲那种在生活中跟人和谐交往、在合适的时机办适宜的事、谦和老实地做人的品德也给了我潜移默化的影响。直到现在我都感到震惊，母亲那双明亮的期盼的眸子，似乎一直跟在我的身后，经年不断，如影随形。

老师的宠儿

对于一个成长中的孩子来说，他所遇到的学校、教师是至关重要的。我不能不感谢命运的眷顾，小学、中学时期，我的老师们把我引入到一片广阔的天地。当时，老师都是来自于上海和南京的知识青年，他们中的有些人回城后最终还去了南京各大学任教。他们带着都市人的视野与胸襟，带着迥异于旁人的性情与心灵来到我们面前。他们在课堂上讲生活中的学问，绘声绘色地讲许多有趣的故事和道理，每每这时，我都会如听天籁般沉醉其间。在课外，他们又把同学们当朋友，会把我们带到他们的家里。那时的我就是他们家里的常客。在乡镇单调的生活里，听着他们脚踏风琴的旋律，和唱着或欢快或抒情的歌曲，是件极其畅快的事。我至今仍记得一位叫傅志琴的老师，她非常喜欢读书，常常把好书推荐给我阅读，我的课余时间基本上都泡在她家里。长大后我广泛的兴趣爱好大抵便始于那时吧。在她那儿，我还能领到特别的任务，那就是帮她出数学单元试卷。这可真是个了不起的活儿。我记得第一次老师把她的教参和其他资料给我时，我的手不住地抖动，手心直冒汗，要知道那时在孩子的眼里，这些都是很神秘的东西，绝不敢轻易去触碰的。当我翻阅资料，试着从老师角度来给同学们出考题时我的心真正是狂喜不已。我的字写得好，也成为当“老师”得天独厚的条件，可以在黑板上抄题目，布置作业，帮老师抄评语。这样的经历我相信是一般孩子没机会得到的。同学们羡慕不已。在他们心中，我俨然就是个“小老师”。在那段时间里，我体验到了强烈的优越感，并对数学产生了浓厚的兴趣，以至现在成为一名数学教师。

近年当我应邀回到老家作课，我当年的个别老师坐在台下当我的观众，注视、聆听我的授课，课毕我都会深鞠躬，向那段难忘的岁月，向他们特别的教育方式，向给予我早期诸多关照的老师们致敬。

影响了我一生的人

学生时代不论我对未来的生活怎样想象，我都不会想到，在我师范毕业真正走上讲台时，我会遇到那样的两个人，他们不仅改变了我的教学生活，甚至影响了我的一生。

我被分到一所重点小学。在学校里，在我的身边竟有两位全国知名的特级教师。卢专文，有突出贡献的中青年专家，他是给我“课堂教学”影响最深的人。我初上讲台时，一切都是那么稚嫩。对我的懵懂，卢老师充满了爱护，总是很有耐心地教诲。他会经常性地来我的课堂听课，细致地作出指导，在我没有领悟时会亲自上示范课给我看。他也常邀我去他家吃饭，在吃的过程中，讲得兴起时，他就拿着筷子在墙上比划起来，某一个知识点的突破，某一块板书的设计，某一句教学语言、对学生的评价，某一个情境的创设，也许就在饭桌旁生成出来。他极其投入，一顿饭常常会停了再停，往往延至两三个小时。在我刻苦学习，不断改进自己，对教学找到些许感觉，教学水平与日俱长时，又是我的老师积极为我创造了很多机会，策划了很多活动，指导我上了很多各种级别的公开课、比赛

和中科院心理研究所张梅玲教授（中）合影

和顾汝佐（中）、张天孝（右二）等前辈们合影

课，为我搭建了锻炼与展示自己的平台，铺就了一条崭新的教学之路，也让我品尝到了教学的乐趣，体验到了成功的喜悦，为前进的步伐注入了更大的动力。

和著名电教专家李克东教授（中）合影

1986年我认识了小学数学教学法专家、特级教师邱学华。他是国内著名的尝试教学法的创始人。他看到了年轻的我身上有着对教学的满腔热情，便开始了又一个艰巨的扶携工程。我们常常在一起促膝谈心。他告诉我，上好一节课还不行，还要沉静下来写好文章，写作是一种提升，文句组织好了认识才会更深刻。经常笔耕的人，其课堂教学品位与不爱动笔的人是完全不一样的。在他的教导下，我开始提笔，跟他一起帮中国少儿出版社编写少儿读物。又与卢专文合作编写《数学大世界》，搜集整理尝试教学法的论文，编辑《尝试教学文集》等。并且在全国尝试教学研讨会上他还多次让我作报告、上课。在我后来独立写作的日子里，他经常询问我的写作进程，为我答疑解惑，有了他的点拨，所有困难都迎刃而解。在文稿基本成形后，他又主动为书题词，不分昼夜地修改，那些圈圈点点记录了一个老师培育学子的心血。邱老师所做的这一切，为我日后的写作奠定了坚实的基础，也渐渐培养了我一种良好的习惯——一种静下心来思考、提炼的习惯。

一个人走路的姿势正是在最初的一段路程上定型的。我永远感谢这两位恩师。他们的教学艺术让我赞叹，他们对教育的执著一直震撼着我的心灵。我一生的精神追求方向正是在他们的影响下确定的。在我初涉教坛、求知欲最旺盛的时候，他们做了我的引路人，把我带到了教学殿堂的大门前。尽管我在这个殿堂里只走了很小一个角落，但是，一旦走了进去，看见过了瑰丽的东西，我就获得了基本的鉴赏力。在江苏的六七年时间里，我逐渐形成了自己的教学特色，在淮阴市、江苏省多次获得了课堂教学、课例评选、论文评比一等奖，成为一个小有名气的数学教师。

我的宝贝

人与人的差别是在业余时间里所为和所不为。我清醒地认识到没有知识的支撑，智慧灵性就会逐渐枯竭。我的闲暇时光大部分是在读书中度过的。

为了掌握教学规律，接受新的教育思想，寻求新的突破，我深钻教材，翻阅资料，学习教育教学理论。近年来，我研读过数学教育学、比较教育学、儿童心理学，以掌握儿童发展的认知规律；分析过小学数学教材的知识体系，研究过国内外不同教法的特点，不断探索儿童认知的最佳建构过程。每年伊始，我都会列出书目，制订详细的读书计划，每年至少读五本教育专著，读中外教育史，读中外教育名著。我还养成了做好阅读札记的习惯。记得那时在卢专文老师家的书橱里看到一本《特级教师课堂实录》，我如获至宝，卢老师答应借给我一个星期。在那一个星期里，我干了一件多么不可思议的事：我沉醉在上海教育专家封礼珍、乔永洁、王祥美等生动鲜活的教学艺术里，每天只是拿方便面充饥，睡眠也相当少，不停地写啊记啊，竟写下了近十万字的笔录。现在，每当我翻阅这厚厚的一本笔记时，我都能感受到自己当时那种血脉的喷涌，那种激情的流动。还有一次，我在同事桌上发现了一本二百多页的好书，便要借阅。那位同事脱口说道："借你一晚吧。"就在那晚，我看到凌晨四点，作了详细的摘录。第二天，我把书还了回去，周围的人见我眼皮浮肿都惊呆了。多年来，我所做的笔记有八十多万字。我流连书海，页页精读，行行品味，句句琢磨，不知疲倦，如痴如醉。我的笔记也成了我每到一处讲学或上课必带的物品。书、笔记在我心中形成了一个秘密园圃，每每让我赏心悦目，它们是我生命中的宝贝。

走向深圳

生命中有很多事出自偶然。我是怎样从苏北来到另外一个完全未知的城市呢？那是一次旅游，我来到了深圳。我走在干净整洁、繁花似锦的深南大道上，天空无比的蔚蓝，空气格外清新，行人步履匆匆，个个神采奕奕。这是个多么年轻、多么富有生机与活力的城市啊。仿佛它的欣欣向荣，它建设的如火如荼，暗合了我内心的律动，我多么需要这样一块地方让我的教学之花更绚丽地绽放啊。我一下子就爱上了它。1992年，我毅然离开我教学生涯曾停泊的码头，怀揣着与人合著的《小学数学专题研究》，只身南下深圳，找到了市教研室小学数学教研员陈永林老师。陈老师看了我的资料后说："欢迎你投身深圳的教育事业，只是……"原来，我当时的户口在内地县里，按规定是不能调进深圳的。尽管如此，却丝毫未能阻止住我安身深圳的愿望。

在陈永林老师的推荐下，我来到广东省一级学校深圳市园岭小学去任教，当时的校长黄春生对我非常欣赏和重视，为我的调动四处奔走，终于，我作为特殊人才调进了深圳。这件事在我心里产生了莫大的鞭策与激励，我在由衷感谢深圳博大包容胸怀的同时，更加感谢黄校长的知遇之恩，也只能加倍努力地投身到教育教学工作当中来报答他们。

刚来的时候，不仅体会到了地域上的差别，更感到深圳与内地在知识、文化、教育观念、教育方法等各个方面都有着极大的不同。记得当时深圳教学已开始引进现代技术教育理念，面对这样一块新鲜的垦荒地带，当时连计算机都没有接触过的我，又一次感到了自己知识上的欠缺。我没有任何捷径，只有努力学习，既然选择了三尺讲台，选择了这个走在时代前沿的城市，就不能滞后，否则就不能开好带学生领略学习风景的火车头，不能赶上这个年轻城市快捷的步伐。我每天晚上都会留在办公室几小时，潜心学习电脑知识。终于，我在不长的时间里就已经熟练地掌握了基本操作方法，并开始学习课件制作。我知道，我已经逐步融入深圳，试图成为这个城市里活跃的一员了。

出征全国

机会可遇不可求呀！我永远都会记得命运给我的第一次大的机会。通过不懈的努力，我牢牢地抓住了它并取得了成功。1994年，我作为福田区的代表参加深圳市比赛，从抽签到上课只有六天时间。那时恰巧我的母亲从老家来看我，我只能“狠”下心来让她一人在家守着，而待我上完课时，她已回老家了。当然她等到的是我荣获市级比赛第一名的荣誉证书。紧接着，我又代表深圳市参加全国的比赛。这是全国第一次小学数学计划单列城市课堂教学比赛，竞争异常激烈，对手实力都很强。在那段时间里，我每天几乎是整晚待在办公室，不断调整教案：兴趣的激发、氛围的形成、重难点的突破、引导的策略，乃至导入语、过渡语和结束语，每写一次都有不同，每一次都有进步，每一次都更趋向完善，真正经历了一个不断思考、琢磨、推敲、试讲又否定的过程。仿佛每时每刻都沉浸其中，在深夜骑单车回家的路上，因脑子里一直在思考

在安徽蚌埠讲学（一）

在安徽蚌埠讲学（二）

在安徽蚌埠讲学（三）

教学方案，竟撞在小区停车的护栏上，几位好心的值勤保安扶起我时，都笑了，最后还是他们把我送回了家。竭诚尽智地努力终于结出了丰硕的果实。我获得了本次大赛的一等奖第一名。课上完，一千多人的礼堂里响起了持久的雷鸣般的掌声。专业委员会的李润泉同志在发言中说："不用再评了，掌声已说明了等级，一般领导的讲话完后，掌声是礼节性的，而黄爱华上完课后的掌声是在场同志们由衷的、发自肺腑的热烈的鼓掌。"当时，我的课在青岛被当地各大媒体形容为"刮起了深圳旋风"。应该说就从这次开始吧，我的教学得到同行们的认同，我探索的脚步迈出了深圳，走向了更大的舞台。

与思考结伴

这些年里，我为创设出一节节精彩的课堂所花的时间和精力是很多的。

教学是门艺术，但教学不能脱离生活，学生只有在活生生的生活世界里，不断地积累和丰富知识，并以此为基础展开更进一步的实践和探索，才能进一步完善自己的经验世界。在生活里，我像猎人似的，随时随地捕捉、琢磨生活中有价值的东西，将之转换成教学之能并巧妙地应用起来。

生活中的数学

生活中，常会碰到这样或那样的问题，而在解决的手段中，数学无疑占有很大的比例。如果学生的学习内容非常贴近他们的生活实际，他们在熟悉的环境里认知、体验、发展，那么，他们就能一步一步地"长大成人"，迈向成功。

在"分数大小的比较"一节课里，我紧紧抓住中国足球队历史上首次进军世界杯决赛阶段比赛，全国上下同庆、妇孺皆欢的有利契机，将为中国足球欢呼的热情，自然而然地转移到数学课堂上来，将枯燥乏味的内容，变成了“有血有肉”的极具人情味的主题。这样的内容，学生学习的热情和效果也就不言而喻了。

课堂上（一）

在“百分数的意义和读写法”一节课里，如果将学生非常熟悉的本地特产或引以为荣的人和事作为学习的内容，学生一听肯定是马上就喜出望外，不得了呀！不学习课本上的内容（学生一定在想这老师够大胆的），竟然把我们家乡的特产或我们家乡的人或事当成了教学内容，这可是免费宣传我们家乡的大好机会，那么这节课我们一定好好努力，为我们的家乡也尽一份力吧。接下来的一切，既有了强烈的心动，又有了实实在在的行动，自然也就水到渠成了。

课堂上（二）

课堂上（三）

在“年、月、日”一节课里，我设计向学生提出这样一个生活中的问题：奶奶明年过第16个生日，而孙子明年过第18个生日，（出生那天不算）奶奶和孙子今年各多少岁？生日对于我们每个人来说是再熟悉不过的事了，但出现奶奶过的生日数比孙子的少却是极其

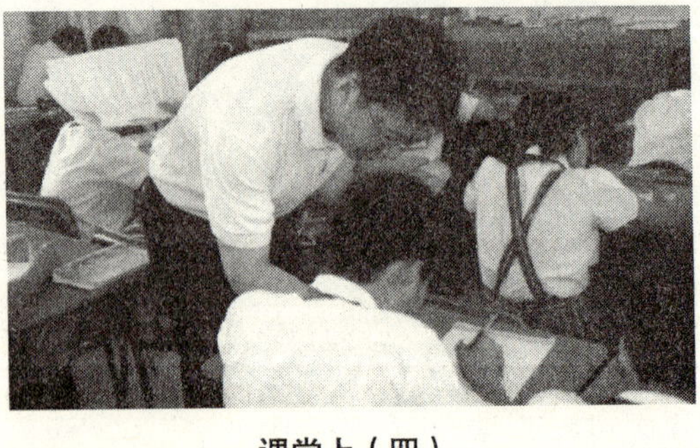
课堂上（四）

罕见的（对学生来说可能是听都没有听过的）。学生们带着强烈的好奇与急于揭开谜底的迫切心情，在充满生活气息的情境中，自觉自愿地展开了讨论与探索，得到了自己最想得到的东西。

在“游深圳野生动物园”一课里，按照我们传统教学的说法不外乎是对学生“计算能力”的培养，不外乎是老师出几道题，教给学生计算的方法，然后让学生进行练习而已。但这一节课，我从学生身边的生活实际出发，使学生仿佛置身于熟悉的环境之中，按照他们的生活经验展开合理的设想，为这些设想寻找有力的证据。这样，整个教学过程就摒弃了那种“除了计算还是计算”的方式，让每一个学生都在心情愉悦之中做自己喜欢做的事，不仅学会了计算，更重要的是初步学会了解决问题的方法，一种知识经济时代每一个公民都应有的“经济头脑”的雏形，在学生的脑海里留下了深深的烙印。

教师从生活中选择教学内容，我个人体验到：没有敏锐的观察力和深刻的思考力是不行的。

有趣的情境

良好的开头是成功的一半。问题情境创设得好，就能吸引住学生，唤起学生的求知欲望，燃起学生智慧的火花，使学生积极思维，勇于探索，主动地投入到对新知识的探究之中，获得一定的发展。在每节课的设计中，最让我花时间来思考的是如何创设好一个有趣的情境。这让我从生活的各个角落寻找灵感。春节联欢晚会，我不仅看节目，还琢磨它怎么开头，怎么结尾，像赵本山这样的小品放在什么地方，在什么时候掀起高潮最好，如果这种结构安排放到我的课上来是什么效果……

受赵本山、宋丹丹、崔永元演的小品“昨天·今天·明天”的启发，在上“24时记时法”时，我在黑板上画一条直线，在上面写上“昨天”“今天”“明天”，然后说，如果用这条直线表示时间的话，昨天和今天之间有一个分界的点，今天和明天之间也有一个分界的点，这个点用你学过的记时法表示是几点呢？新颖的问题情境，学生的思维被激活，有的说是0点，有的说是24点，还有的说是夜里的12点，还有的说是今天的0点就是昨天的24点，今天的24点就是明天的0点……

在“圆的认识”一课，我巧妙运用多媒体技术，制作出小猴子坐方形和椭圆形车轮的小车颠簸起伏的画面，乐得学生哈哈大笑；在“约数和倍数的意义”一课的结尾，我别出心裁地设计了“动脑筋出教室”的游戏，要求学号数能被2、3……整除的学生依次出教室，全场的学生都要说出谁是谁的倍数。当最后剩下学号是质数的同学时，我便问：“老师出一个什么数时，我们都可以离开教室？”学生们大声回答：“1！”……在一次全国的公开课上，当课上到这里时，全场八百多名教师中响起了雷鸣般的掌声。

在教学“百分数的意义”时，先让学生读出含有百分数的句子：我国的耕地面积约占世界的7%；我国的人口约占世界的22%；人脑的重量约是人体重量的2%~3%。然后引申出新的问题：第一，把第一句和第二句联系起来看，你想到了什么？学生想到很多问题，其中有两位学生想到：我国用只占世界7%的耕地，解决了占世界22%的人口温饱问题，这是一件很了不起的大事；如果我国实行计划生育，使人口占世界的15%，甚至更少，我们的生活水平会更高。第二，人脑的重量约是人体重量的2%~3%，人体除大脑以外的重量占人体的百分之几？这个2%~3%重不重要呢？这立即引起学生们的热烈讨论。

在“百分数的意义和读写法”一课里，我精心设置了“绍兴黄酒”与“足球比赛”的问题情境，让学生置身于现实生活之中，让知识发生于经验世界之内，营造了一种现实而富有吸引力的学习背景，有效地激发了学生参与认知活动的积极性。

在“循环小数”一课里，用人尽皆知的故事作为“开场白”：从前有座山，山上有座庙，庙里有个老和尚，他对小和尚说，从前有座山，山上有座庙，庙里有个老和尚，他对小和尚说，从前……形成了轻松、愉悦、民主的学习气氛，使学生一下子进入最佳的学习状态。听故事、讲故事，不但激发了学生的兴趣，而且让学生在欢声笑语之中，初步感知了“无限”“不断”“重复”等概念中重点词的含义，起到了分散化解教学难点的作用。

在“约数和倍数”一课里，我带领学生高唱《世上只有妈妈好》这一首歌，引出生活中人与人之间的相互依存关系，以生活中的事例作铺垫，在“张阿姨是王小倩的妈妈，王小倩是张阿姨的女儿；王小倩是张阿姨的女儿，张阿姨就一定是王小倩的妈妈”胜似绕口令的欢笑声中，学生深刻地体会到了“相互依存关系”，使原本枯燥、抽象的概念变得生动有趣，易于理解。

在“小数的性质”一课里，我先在黑板上写了三个“1”，接着向学生提问：这三个1相等吗？学生回答相等后老师用等于号连接起来。接着，教师在第二个1后面写上一个0，成为10；在第三个1的后面写上两个0，成为100，再问学生：现在这三个数相等吗？学生回答：不相等。我问：你能想办法使它们相等吗？课进行到这里，我们是否已隐隐约约地感受到了一股强劲的学习热情即将“喷发”出来，一番积极探索、主动发展的场面就要在我们的眼前“上演”了呢？

自主地探索

数学学习活动应当是一个生动活泼的、主动的、富有个性的、充满生命力的过程。在此过程中，学生要有充分的从事数学活动的时间和空间，在自主探索、亲身实践、合作交流的氛围中，解除困惑，更清楚地明确自己的思想，并有机会分享自己和他人的想法。在合作交流、与人分享和独立思考的氛围中，倾听、质疑、说服、推广直至感到豁然开朗，这是数学学习的一个新境界。我始终在想：如何把学习数学变成学生的主体性、能动性、独立性不断生成、张扬、发展、提升的过程呢？

听过我的课的人都会发现，我的每节课中都有大量便于学生操作的内容。如“游深圳野生动物园”里设计了“价格计算单”，“三角形的高”里设计了“看谁先摘到花”，“给老师出谋划策”里设计了“装修方案”，在“长方形、正方形”里设计了“涂色、对折”，在“一个数除以分数”里设计了“必须将手中的纸条对几折之后，才能用手中的尺子一次量出这张纸条的长度”等操作的内容来更好地促进学生对数学的理解。

其次，我总是在促使学生进行独立思考和自主探索上下功夫。我要给学生提供自主探索的机会，让学生在讨论的基础上发现问题、解决问题。如在“两位数与11相乘的速算法”中，一开始让学生给老师出题，学生发现老师竟然“对答如流”。这时学生不免怀疑：要么就是老师把结果都背下来了，要么就是一定有什么秘密。学生通过讨论一致认为：老师不可能把那么多的结果都记下来，老师肯定有“窍门”，只不过我们暂时还不知道而已。在发现了“两位数与11相乘”一定有“窍门”的基础上，学生通过自主探索、师生的合作交流、动手实践，步步为营，最后觅得了“真经”——两头一拉，中间相加，满十进一。

小组学习是一种内涵丰富、有利于学生主动参与的多样化的教学组织形式。学生在小组中从事学习活动，借助于学生之间的互动，可以有效地促进学生之间的共同进步。在“多位数加减法”一课里，我将学生按照“组内质异、组间质同”的原则，将学生分成四人一组进行合作学习。教师发给每位同学一张研究报告，里面有研究对象、估算、计算结果等，要求学生先独立思考后再填写，之后组内的四个同学互相说一说自己的想法与做法，针对组内每位成员的情况进行评价，最后将在小组内形成的最能代表本组水平的结论与全班同学进行交流。

一个人吃一个苹果，最后得到的也只能是一个苹果；但一个人说一种思考的方法，你将会得到更多的方法。这就是合作交流的魅力所在。

不同的学生有不同的思维方式、不同的兴趣爱好以及不同的发展潜能。教学中我关注学生的这些个体差异，允许学生思维方式的多样化和思维水平的多层次。

在“长方体的表面积计算”一课里，学生从不同的角度通过个性化的思维活动，得出了“无盖长方体表面积计算”的五种解法。每一种解法都有其合理的依据，只是思维的角度不同而已，很难就某一种解法得出好与不好的结论来。我们要做的只能是引导学生通过比较各种不同的解法，选择适合于自己的解法罢了。这也给了我一个重要的启示：数学学习活动要让所有学生都能积极参加讨论，给学生表达想法的机会，激荡学生的思维，培养学生创造的意识，促进学生创新能力的发展。

实践延伸

当课堂教学活动行将结束之际，学习活动却并未“就此打住”，也不该只是练练习题、做做作业就“草草收场”，乏味的结尾有着曲终人散的清冷。为了激起学生思维的涟漪，让学生产生一种“欲罢不能”的持续探究的态势，我总是在此时浓墨重彩地添上一笔。

如在学习完“奇数和偶数”之后，向学生提出“x是奇数还是偶数”的问题。在学习完“约数与倍数”后，我面对全班同学，从容地说：“同学们，快要下课了，我们一起来做一个游戏，这个游戏的名字叫‘动脑筋离课堂’，游戏的规则是这样的：老师出示一张卡片，如果你的学号数是卡片上的数的倍数，你就可以走出教室了。走的时候，必须先走到讲台前，大声说一句话，再走出教室。你说的这一句话，可以是‘几是几的倍数’‘几是几的约数’或‘几能被几整除’其中的任意一句。”新颖有趣的游戏，巩固了知识，检查了教学效果，还进行了纠正错误和个别指导，发挥了学生的创造性，一举多得，这比简单地布置一些习题或作业，效果不知要好上多少倍！

在学习完“统计图”后，让学生调查：第一，个人喜好方面的问题。如：喜爱的玩具、小动物、花草；爱吃的水果、蔬菜；最喜欢的电视节目、卡通人物；喜爱的运动、球类；爱喝的饮料；班上参加各类兴趣小组的人数。第二，大家都关心的话题。如：奥运会各国取得的金牌数；濒临灭绝的物种及数量；比较熟悉的一些动物的奔跑速度等。第三，研究专题。如不同地段对商店营业额的影响等。这样的课外作业，蕴含了鲜活的内容，学生带着浓厚的兴趣，踏上了“做数学”之旅。

我就是这样，把生活中的鲜活题材，引入学习数学的大课堂；依据学生的生活实际，引出让学生去思考和实践的数学问题；让学生在做“数学实验”中，亲身体会如何解决问题。把数学问题生活化，生活问题数学化，开放小教室，做活大课堂。我始终在课堂的“新”“趣”“实”“活”上下苦功。我力求教学设计的新颖独特，教学风格的与众不同。我还曾用音乐课上的“节奏练习”，用体育课上的“踏步走”，来教学生难以掌握的数学概念。通过给学生讲“猴王分饼”的故事来讲解重要的分数性质，用学生的学号数练习区分质数和合数的方法。我还和学生谈“亚运会”，说“党的生日”，让孩子们“跳一跳，摘果子”，把情境教学、游戏教学、愉快教学融会贯通，不断把学生带入新的境界。我要让孩子们亲身感受到：数学并不抽象和枯燥，而是一门看得见、摸得着、用得上的科学。孩子们要从“学会”到“会学”再到“乐学”。而我扮演的角色就是一个“适宜的点拨者、亲切的慰藉者、无私的协助者和诚挚的合作者”。

思考，让我的课堂充满了生命的活力；也正是思考，让我的课堂呈现出别样的风采；还是思考，引领着我的人生迈出了坚实的步伐。我的思考不是某个时间的聚集，而是产生于生活中的每时每刻。朋友们时常会惊奇：你是个时时处在工作状态的人。我说，不是，如果那样会让自己的神经绷得太紧了。在我的生活里，思考并不是一种负担，它已成为我的一种习惯，一种乐趣，一种随时随地自然发生的事。

师友无间

亲其师，信其道。我永远都会记得我遇到过的老师们给予我的亲近，与他们快乐、平等、宽松的交往，使我终生受益。而今，我也面对一张张幼嫩的面孔了。在新时代下，他们比过去年代的孩子更加富有主见，个性更加张扬。我怎样才能做到令他们喜欢，与他们达到就像当初我和我的老师们之间那种其乐融融的状态呢？

学生由于在情感态度、兴趣爱好、发展程度等方面存在差异，必然导致课堂教学中的“参差不齐”。课堂上有时有的学生回答问题真是“牛头不对马嘴”，有的学生缺乏自己的见解，习惯于“随声附和”，有的学生总会提出“千奇百怪”的问题使教学活动暂时处于“短路”——这些仿佛都是教学中教师碰到的最为棘手的、感觉最为“尴尬”的事情。作为教师的我，是把这些学生狠狠地批评一通，还是视而不见地把大手一挥，来个军令如山倒式的“请你坐下”，如此了事？我非常明显地看到，这都不是“上策”，都会极大地伤害学生的自尊心，更严重的是可能有的学生就会从此“一蹶不振”，走上与发展相背离的“不归路”。

我在尊重学生的问题上，做到了两个字：“和”与“平”。“和”指的是“和谐融洽的气氛”，“平”指的是“地位平等的交往”。我所坚持的是，在教学的过程中教师不应该是一位“独裁者”与“特权者”，而应该是一位致力于帮助学生、设身处地为学生着想的拥有先进教育理念、善于合作的“良师益友”。在我的课堂教学中，我经常会对学生发自内心地表扬与鼓励，蹲下身子走下讲台与学生交流合作，摸摸学生的头，为他们竖起大拇指；我常真诚地送给学生“再想想看，老师和同学们都相信你一定行”“你的想法真的太伟大了，坚持下去前程似锦”等许多沁人心脾的话语。课外，我也会跟他们谈谈心，讲些有趣的问题。我知道在学生的眼里，有一段时间我是他们的大哥哥。到现在，包括在网上，我都真诚地回复各地学生的邮件，我大抵就是个他们还比较喜欢的、比较亲切而又很幽默的叔叔了。

与计算机亲密对话

在众人的眼里，当初离乡背井闯荡深圳，我是个勇者。然而，真正使我体验勇者精神的，是我在教学改革的路上那段难忘的岁月。

初到深圳工作期间，我从担任数学教师到教导主任再到副校长。当以计算机技术为代表的现代教育技术在深圳掀起波澜时，我敏锐地感觉到，现代教育技术不再是浪漫的田园牧歌，它正以明快的节奏走进每一位现代人的生活，不能再以过去的手段来让现在的孩子去做未来的事情。于是我带领学校骨干教师在学校开展“应用多媒体计算机辅助小学数学教学研究”这一国家级课题的实验。扎根实验就如一头扎入无边的大海，多少资料、报告，要分析、比较、书写，多少个日日夜夜啊！我们最早编制开发的“鹏博士”多媒体教学软件，在特区一炮打响，并迅速在全国推广。后来，这套“鹏博士”教学软件在全国引发了一场现代教育技术的新的革命。这是怎样的进取、创新、探索、开拓呢？完全是凭着执著、韧性、不达目的誓不罢休的意志。

后来，我又清晰地看到，网络化学习将是教育的一个重要发展趋势。为了真正实现形式丰富的交流，提供数学多媒体教学与虚拟现实之间的衔接，实现全球范围内的资源共享与协作学习，2001年，我带头开通了一个专为小学数学教学和学习者量身定做的网站——“华博士小学数学热线”。

在这里，我和老师们交流体会、取长补短；争论教学难点，与名师对话，及时解决问题；分享精品教学案例，资源共享，不断提高数学教学水平和技巧。而且它还搭建了师生网上交流咨询的平台，拓展了教育的空间。我要通过“华博士” 开展一系列创造性的研究工作，真正让教师和孩子们在此获取更多的信息。

我的讲台已超越时空，得以延伸。这是我最为自豪的事，这不更是一个勇者的幸福吗？

一个笔耕者

我是个不能忍受平庸，但可以忍受甚至享受寂寞的人。我喜欢那种一人坐定，全世界都变得沉寂而缥缈，思绪也开始一点一点翩翩飞落的感觉。长期笔耕不辍，使我尝到了写作的甜头。我知道写东西是一种促进思考的最佳方式。我的头脑，在那样的夜色里，总能处在一种清晰透彻的状态，让我总能站在一个较高的高度上去看问题，思考事情。多年来我挑灯夜战，在十多家国家级和省级刊物上发表论文百余篇，编写少儿读物、教学参考用书和教学研究专著二百多万字。在深圳，我从一名普通的数学老师到一位省一级学校的副校长，以至如今从事教研工作，我从未停止过手中的笔。讲台之外，我总是去反思自己或他人在课堂上的所得所失；去总结今天和昨天的课堂，去思考将来的努力方向，结合生动的课例，去深刻地剖析。为自己也为喜欢数学教育的朋友留下一点值得咀嚼的东西。1997年，我出版了第一本关于数学课堂教学的个人专著《黄爱华小学数学课堂教学艺术》。2003年，我结合对课程改革的认识和对许多课改课例的尝试，在《人民教育》杂志社和国际文化出版公司的大力支持下，又推出中国当代著名教育流派·中青年专辑《黄爱华和活的数学课堂》。此书在全国各地教师中引起强烈反响，一再地加印。我的《以多媒体计算机为信息载体，实现学生获取知识信息最优化》一文获得广东省首届中小学计算机教学论文评比一等奖。

我的个人专著，得到了大家的厚爱，有些老师甚至来信说把它当做案头的“活字典”，数学教学的“掌中宝”。我深受鼓舞，也更加充满信心地继续去做一个作者。

享受数字

深圳以它特有的胸怀为我搭建了多姿多彩的舞台。在这个舞台上，我全方位地呈现了属于我的数字世界的精彩。我感到我是为它们而生的，我的生命因它们而更具意义和价值。

一次次的公开课，深深地吸引了观众的目光。《河北教育》用了两年的时间，连续刊登了我的60篇《课堂教学艺术例说》。我应邀出席全国各地举行的教学艺术和课程改革等研讨活动，所作的专题讲座，场场爆满。几年来，我的足迹遍及江苏、湖北、安徽、福建、海南、四川、上海等20多个省市，举办讲座60多场，公开课达400多节，近十万人跟我分享了数学教学的乐趣。

在河南郑州作专题讲座

老师们说：“听黄老师的课，是一种享受；听黄老师的课，确实感到课堂教学是一门科学，一门艺术。"

学生们说："我们最爱上黄老师的课。"

恩师邱学华鼓励我："课堂趣、活、实，路子是对的。"

还有专家评价我的课："课堂让人耳目一新，令人陶醉。课堂过程不是预设生成，而是互动生成，这是我们应该追求的一种教学境界。"

国家义务教育数学课程标准研制组负责人、中央民族大学孙晓天教授听了我的课后评价说"师生精彩""新课程倡导的组织者、引导者、参与者的角色体现到位""特级教师实至名归"。

在教学收益上，我的新教法、新思路、新手段，极大地提高了教学效率，做到了既减轻学生负担，又提高了教学质量。我所教过的毕业班在统考中，平均分、优秀率高，合格率为100%，培养尖子生数量之多，参加全国性的数学竞赛奖项之高、获奖人数之多，也都是令人瞩目的。

在河南郑州讲课

在广东肇庆讲课

在鲜花和掌声中，我面对热爱自己的学生，有一种强烈的幸福感。是的，我生命的激情都在孩子们身上，都在课堂上，我的每一个手势，每一副笑容，每一句表扬的话，每一道信任的目光都期待孩子们的情感回应。我的每一节课都是我和孩子们的情感之旅，我的满腔热情都投入在和孩子们在一起的分分秒秒里。

妻儿与我

初来深圳，我是学校唯一有家却一日三餐去食堂的人。家住得并不远，我却不与妻儿共餐。因为我的单身公寓内没有一张属于我的平静的书桌，我迷恋办公室的书桌，确认那是我安身立命、可以朝夕与共的地方。没有了它，我就没有了一切，我就没有了魂。所以我把我自己留给了办公室，把整个人整颗心交给了校园的深夜。我时常在茫茫的夜色里，一句句练习课上要启发、点拨、解惑的每一句话，似一个在夜里喃喃自语的疯子。我会反复推敲这一句话的用词，直到妥帖才罢休。在深圳中学的超常班开始招生的日子里，我主动承担起辅导的任务，除了平时的教学外，周末也是坚持和学生们在一起讲技巧，教方法，点路子，让学生们拿到解题的“金钥匙”。我跟学生泡在一起的时光似乎短暂又漫长。我自己都分不清是忘了还是无暇顾及我的家人。到深圳四年的时间里，我竟没有利用一点时间陪他们出去玩一次。儿子那时还很小，经常会嚷着：“爸爸上哪儿去了，为什么不带我去公园啊？”我非常感谢的是我美丽的妻总是把儿子哄得很乖，对我的忙碌总是理解又理解，没有任何怨言。学音乐的她还常在我的创作过程中给我很多启发，经常是我作品的第一个读者。曾经有人说过，一个成功男人的背后必定有个伟大的女人。虽然我的成就还远远不够，但细想我的妻，我觉得她是多么伟大。

后来，儿子大了。回家搂搂儿子，与儿子聊天是我空闲里不可或缺的开心事。孩子是天生的诗人和发明家，他的奇思妙语令我无比惊喜，让我读到了未受污染的人类心智的原本。我和儿子谈着谈着就会自然进入到我的课堂教学中去，就能进入到一种状态，也许他冥顽时早就感觉那是他父亲这辈子最钟爱的事业。渐渐地，他能站在我的角度来思考，为我出谋划策，跟我一起探讨生活中有趣的数学问题，甚至为我动手准备教具了。在他身上，我经常会获得很多灵感。似乎他也成了我的教学伙伴。

我感谢上帝对我的垂青，给了我这样一个温暖的小家，他们母子成为我生命的港湾，随时让我栖息停泊，又再度促我扬帆远航。

痴迷讲台

随着时间的推移，随着知名度的扩大，一些大大小小的光环套在了我头上。全国优秀教师、广东省南粤教书育人优秀教师（特等奖）、广东省青年岗位能手、深圳市十大杰出青年、深圳市鹏城青年功勋奖章获得者、广东省特级教师……我体验到了一个奋斗者的骄傲。在深圳这样一个物欲横流的城市里，朋友们常会笑问我："这些荣誉给你带来多少实惠，你著书立说一千字多少稿费？"我回答："一千字25元。""上帝！你几十万字要付出多少心血？换来多少钱呢？以你的聪明才智如果转行的话，你知道可以给你带来多少财富吗？"我的朋友们给我勾勒起了"宏伟蓝图"，并极其认真地为我展望我在特区"下海"的种种收获——一个人年轻时，外在因素对他的生活信念和生活道路会发生较大影响，而在我的这个年纪，它们已经大大减弱了。教坛的磨砺，让我已经牢固地确立了一种做人原则，我已经更多地看重精神性成就远超过外在的社会性成功。我的世界在哪儿呢？我的才能、我的尊严、我的荣耀、我的价值在哪儿呢？答案是非常肯定的：在我的教学田地里。在这个田地里我尽情地发挥，去尝试登峰造极，是这平凡的工作带给我内心万分的镇定从容，十二分的饱满。这是件非常愉悦、非常值得享受的事情。内心的情感因为热爱而强烈。我怎么可能动摇呢？那些课堂上孩子们殷殷渴求的目光，那些书本上神奇的阿拉伯数字，都已深深地镌刻在我心里，任何东西都洗刷不去，它们是我生命里最迷人的东西，它们构成我内心的重大的精神财富，让我过上一种舒适的、惬意的生活，让我获得了生命中一种由衷的快乐。这不是可以轻易用金钱衡量的。

所谓"一朝闻道，终身不移"，我还会一如既往地潜心于我的工作、我的事业，努力追求，永不停息。

做个有魅力的人

课堂教学中设计的精妙，指导的精巧，用词的精辟，教师语言的风趣幽默，腔调的抑扬顿挫，灵活的教学机智等让一节课如同一块巨大的磁石，深深地把人吸引住。一个有吸引力的教师何尝不是一个优秀的艺术家，一个充满魅力的人呢？爱琢磨的我总是想着镜中这个先前有点腼腆的男子，除开课堂本身的设计之外，在自己的个人表现力方面究竟怎样展现出一些魅力呢？语言是最直接的名片。记得在读师范的时候，学校老师就让我们苦练普通话和书法，课前五分钟即兴讲话，锻炼人前从容说话的胆量与口才。又组织同学们参加演讲比赛。音乐课上老师耐心教我们发声方法，找到共鸣腔，练习优美地不费力地发声。我记得我还是班里的宣传委员，每周三组织同学们声情并茂地唱歌。回想起来，原来老师是良苦用心，如此种种细节，为的是让我们能拥有作为一个教师最扎实的基本功。我的男中音大概就是在那时训练出来的。我的一手漂亮的粉笔字也是那时练就的。我在工作实践中发现，教师的语言功夫的确是相当重要的。相声、小品演员的语言常常强烈地刺激我欢笑的细胞，话剧演员的语言又常常把我带入故事的情境，他们良好的语言表现能力给了我极大的启发，我在反复模仿练习中找到了一种优美而文雅的与他人交谈的技巧。渐渐把准确贴切、生动活泼、极富幽默感的语言用在课堂上，让设计与表达完美地结合在一起，把课堂上教师的部分做到极富吸引力，如诗如画般地呈现在课堂上，感染学生。事实上，技巧还需内涵支撑。在生活中，我觉得自己是个亦静亦动的人，性情上也是个乐观、向上、有着积极心态的人。我广泛涉猎各个层面，如听音乐、打球、玩游戏、读书等，从某种程度上说，宽广的视野与活动空间在丰富我生活的同时，也极好地滋养了我的心灵。常听人说，我的教学语言是轻松的、诙谐幽默的。我知道，这跟人的心态、性情有关。也有人直白地说我是个有魅力的人。我想说的是，就像琢磨我的课堂一样，为了完美课堂，我在长期地修炼我的心，做一个有魅力的教师，那是我努力的方向。

走在路上

荣誉永远是过去式。一个人，在爬山的途中已经看到些许风光，但如果停滞下来，那就看不到未来，看不到峰顶最美丽的景致。已进入不惑之年的我，常常提醒自己不要有这种心理近视。一位心理学家说过，在人的本性中有一种倾向，我们把自己想象成什么样，自己就真的会成为什么样。未来，我想要的是什么呢？在博大的网络世界里，来自全国各地的诸多数学老师们，以及在灯下奋力汲取知识的孩子们，他们还拥挤着，投着期盼的目光为我守候，等待着我与他们一道探讨教学中遇到的各类问题，为他们答疑解惑；小学课本中涉及的所有的数学知识，以及各色精彩的教学案例在我这儿还只尝试探索了一部分；在新的时期里，孩子们的思维、所经历的生活每一天都在变化、在跳跃，课堂教学如何做到与时俱进，如何做到不断更新，依然是摆在我面前最深邃、最需思考的课题……师生在课堂上如鱼得水、左右逢源、驾驭自如得益的就是不断创造。只有不断学习，不断激活创造力，艺术之泉才不至于枯竭，才会源远流长啊！时间是个贼，一不留神它就偷走了年华。在人有限的生命里，我比从前越发

和学生在一起（一）

和学生在一起（二）

地加快步履了，我像先贤那样挤时间读书、学习、钻研、琢磨；我仍携带教具去异地交流，下一站永远会在不远处等着我。我相信，探索是幸福的，创造者是幸运的。既已选定了自己一生的事业，就必定对其欲罢不能，乐此不疲。这是在路上行走的感觉，充满自信与定力的感觉，永远年轻、神清气爽、意气风发的感觉。我万分庆幸自己走上了这条合乎我天性的道路。

人群中闪现出一个相当风趣、富有干劲、生气，每个毛孔都散发出活力的人，我看到，那就是我，和从前别无二致，多了的，是步履的更加稳健。

八、我，默默地行走着

刘可钦

刘可钦，女，1961年生，特级教师，现任北京市中关村第三小学校长。曾任河南省特级教师评选委员会副主任，北京师范大学教育管理学院兼职教授，国家义务教育数学课程标准研制组核心成员，中国教育学会小学教育委员会秘书长。

曾荣获全国教育系统劳动模范、全国模范教师、全国十杰中小学中青年教师等称号，享受国务院政府特殊津贴。主要著作有《学生需要什么的数学》《21世纪我们怎样学数学》《刘可钦与主体教育》等。

在北京，5月初的天气还不算热，但我的心中涌动着热浪，我坐在办公室里，敲击着键盘，每一个文字的出现，都是一种心与心的交流，这种无言的沟通，使我的思路涓涓涌来。同时，没有哪一次的写作，让我如此艰难，在我的成长历程中，我要表达的感情太多，因为曾有太多太多的人帮助过我，我不知如何下手，我不愿舍弃每一个细节，因为有着太多人的期望和智慧。所有的这些，激励着我走近孩子，进驻他们的心灵！

没有假期的老师

1979年我高中毕业，考入了师范。在当时，由于刚恢复高考，人们不像现在那么竞争激烈、心情紧张，依我的分数完全可以报考警校、卫校、财会学校，等等，这些在当时都是热门行业，而师范则是一个极冷门的专业，很多人是不想上的。填志愿时，我的母亲和班主任都主张我填报安阳师范学校，说是小女孩，当老师挺好的，工作稳定，每年还有两个假期。我一想也是的，每年有近三个月的假期，可以自由自在地生活，加之当时的我确实也没什么远大理想，更缺乏一些人常有的那些幻想。所以，为了每年能有两个假期，我填报了师范，自然属于高分录取的学生。但是从我走上讲台至今，却始终没有享受过一个完整的假期。

先是一直教毕业班，每年寒暑假都要补课，后来参加主体性教育实验，要学习、交流、研讨，写方案、论文等，这些对一个小学老师来说都很陌生的工作，自然都得靠假期来完成。再后来做了校长，又参加国家课程标准的研制和新教材的编写工作，学校发展、教师培训、教材建设等又将我的整个假期撑得满满的。

两年的师范学习，最大的收获就是读了好多“解禁”的书。古今中外的一些名著，大多都是在那个时候读的。一部《红楼梦》，我读了横板，再读竖版，似乎觉得这样才有味。还向我的中学语文老师要了一个红楼家谱，模仿着把其中的主要人物又列了一个关系图，循着这个图，我又把主要章节看了一遍，然后再与同学交流。后来做了老师，也常常按捺不住地想与同事交流从教心得，分享课堂上的无奈和喜悦。每次交流，都是那样随意、自然，找到共鸣后，我们往往又是乐不思归，直到月亮升起，才意识到该回家了。今天很多专家都谈到的影响教师专业成长的几个重要因素之一就是“同伴交流”，回头看，我的成长也正是得益于这种教师同伴间的相互交流。我想，做教师的一定要开放自我，只有在主动的交流中，才会不断获得新的信息，有些可能还会产生意想不到的启发。

到如今，与一些朋友谈起来，他们对我工作的繁忙度，始终不能理解，“为了两个假期，却享受不到假期，你一个小学老师，怎么就那么忙，有什么意思？”我只能淡淡一笑，谁让咱是做老师的呢。

是啊，学生一天天地长大、一拨拨地毕业，日复一日，年复一年，看似重复性很强的工作，却处处充满着挑战，当家长把孩子交到我们手上时，我们接过的是一家人的希望和一个孩子对未来生活的美好憧憬，面对这种期待，我不敢有丝毫懈怠。一个孩子一个品性，同一个孩子不同时期又有着不同的需求，不同的学生会有不同的教法，同一个内容还有不同的教案，正是在这些相同与不同中，我体会着教育的甘苦，感悟着教育的真谛，“没有假期的老师”也就成了家人和朋友们对我调侃的一个由头了。

初为人师

“刘可钦，你到校长办公室来一下。”我师范毕业前的一个下午，班主任老师对我这样说。我惴惴不安地来到了指定地点，看到了一个似曾相识的人和校长正在谈笑风生。

“你是刘可钦，还记得我吗？”

“好像见过，但不记得了。”我尴尬地摇了摇头。

“这是你上小学时的校长——姚文俊，听说你读师范要毕业了，特意要你去他的学校工作。”校长和蔼地对我说。

“去人民大道小学工作，怎么样？我已经和教委的人说好了。”姚文俊校长笑呵呵地说。

人民大道小学！多少人梦想教书的地方，我心里乐开了花，不假思索地说："行！"

这是1981年，我师范毕业，被"分到"河南省安阳市人民大道小学任教的经过。幸运的我，就这样，开始了我的教书生涯。

初为人师，由于学校人手少，刚刚毕业的我，就被安排到毕业班任教，我带两个班的数学。为了使我们这些"生"教师赶快长"熟"，学校实行师带徒的方式，让我们双向选择，我有幸拜付景星老师为师。付老师对待工作的一丝不苟和高效率、对小学数学知识的深度掌握、对学生的严格及热爱，使我刚踏上为师之路就上了一个紧箍咒 ，我自然不敢懈怠。人民大道小学是安阳市重点小学，社会对学校寄予厚望，为了尽快进入角色，保证教学质量，我的教学进度比付老师慢一节，听完他的课，再去我的班上"贩卖"，付老师毫无保留地把他的练习题、试卷、教案一一拿给我用，还冷不防地抽查我学生的作业，由于他的严格要求和耐心指导，由于他的关心和期待，我带的第一个毕业班终于有了一个比较满意的结果。接下来我就被"钉"在了毕业班做所谓的把关老师，一口气干了九年。一届一届的学生、一年一年的教学，我发现课堂上学生越来越安静了，听话的学生也越来越多了，改作业、批试卷用的时间渐渐地短了，教学工作逐渐变得从容了，我也渐渐地长"熟"了。

20世纪80年代的中小学教学，应试倾向仍很严重，与其他老师一样，我也把提高学生分数当做教育的一大目标。为此，我揣摩历届的考试题目，钻研答题技巧，像其他老师一样猜题押题，加班加点给学生补课……功夫不负有心人，从1981年到1990年，我所带班级的数学课成绩在升学考试中总是名列前茅，特别是1990年，我教的班级数学课成绩优秀率达98％以上，升学率100％，全班54名同学有38名考上了一类重点中学，还有8名同学考上了其他的重点学校（这一记录在当地至今无人打破）。这些成绩，曾让我激动不已。同时，作为一名教坛新秀，我逐渐为人所知。加上所上公开课也都比较成功，我已经被视为一个小有名气的教师了。面对业务上的逐渐熟练，我却渐渐地失落了，再没有了刚参加工作时的那种冲动，反而觉得有点江郎才尽的感觉，对每天重复的教学、教材、学生，我越来越困惑。

难道当老师就是上上课、钻研钻研解题技巧、给差生补补课以便在考试中获得好成绩吗？ 自己的情绪为什么越来越低落呢？这样年复一年地干下去，究竟有什么意义呢？学生一天天长大，世界每时每刻都在改变，我迫切地感到自己也要“变”，也要“成长”，可怎么“成长”，要“长”成什么样，却没有头绪，一片茫然。

走进北师大

在许许多多教育人士心中，北京师范大学教育系，几乎就是一方“圣地”。

1990年9月，怀着虔敬的心情，我跨进了北京师范大学的大门。据说，我是第一个来北师大教育系进修的小学教师，心中的感动至今犹存。

关于我到北师大进修一事，还颇有戏剧性。我的父母看我这个享受不到假期的老师太辛苦，准备让我离开教师岗位，换一个工作。我也因工作的繁忙和重复逐渐产生倦怠，有了调换工作的愿望。为此，我父亲和姚校长争执起来：“上一次公检法系统招干，我们想调她出去，你不同意也就罢了，这次调她，是因为有个机会去西安交大学习，让她学习，你再反对就不应该了吧？”没想到姚校长情急之中对我说：“刘可钦你还是好好做老师吧！我觉得你是一个当老师的好料子，我送你到北师大进修。”姚校长的一席话，触动了我，那时我已经做了九年教师，还是有感情的，况且也不知道换个职业又会如何。校长的赏识，加上要去北师大进修，对我还是很有吸引力的，所以最后我决定静下心来到北师大进修。

后来我才知道，能不能送我到北师大，姚校长当时心里也没底，但一言既出驷马难追，于是姚校长四处打听，多方协商，找到了顾明远、陈孝彬等专家教授，以特殊的方式送我到北师大进修学习，就这样，我在大家的期望中来到了北师大。

一个崭新的世界，展现在我的眼前。北师大教育系是中国教育界的最高学府，人才济济，大批德高望重的教育专家在这里任教或做研究，全国各地的教育界青年才俊云集于此，学习或攻读教育硕士、博士学位。在这里，我幸运地遇到了专门从事小学数学教学研究的周玉仁教授。我非常珍惜这来之不易的学习机会，珍惜在这里的分分秒秒。白天，听专家们的讲课或讲座；晚上，到图书馆看书，查资料，作札记。

当时北师大给我的突出印象就是“大”，在每天上课的路上，我总比划着看哪一块地与人民大道小学差不多，最后算了算感觉有四十多个吧，高兴地告诉了家乡的亲人。图书馆也是大得惊奇，里边有好多馆室，奇怪怎么会有那么多的藏书，而且没有想到的是，我们小学老师关注的“白兔多少只，白兔比黑兔多多少只”的问题竟然在大学的图书馆里也可以找到，我感到眼前豁然开朗，又觉得是那样亲切。记得最清楚的就是看了邱学华老师的《小学常见错例分析》，就觉得它特别好，我花了34块钱把它整本复印下来，当时我每月的工资才45块钱。现在想想那就是把孩子每天错的题目汇总在一起，分析学生是怎么错的，病因是什么，而我更多的是凭感觉来分析学生的学习，看着每一个例题，我开始思考、体悟什么叫教学研究。

和研究生、本科生一同听课的日子中，我的视野在逐步地扩大，中外教育史、教育心理学、教育哲学等课程，在我的为师之路上，打开了一扇大门。图书馆浓浓的书香，让我感受着教育的美妙，我的业余时间几乎全“泡”在了图书馆，我喜欢那里的宁静，喜欢那里的大桌子，我总是一下子取出十几本书，平摊在我面前，任我浏览、摘抄，《学记》《爱弥儿》《大教学论》《给教师的一百条建议》等古今中外的教育名著都是在这里读到的。我在感受北师大浓郁文化熏陶的同时，发现居然还有大学教授也在研究着我们小学教育中的问题，还有这样一大批人做着和我们不一样的日复一日、年复一年的有研究价值的工作，看来小学教育也挺有学问的，这是我当时一个最突出的感觉。一年的时间不长，但这一年的生活对我影响深远，使我对教育、对教学、对教师职业都有了一种新的认识，这种新的认识，重新唤起我上课的冲动，我不时地幻想着在走上讲台时，我一定要如何去做。

大学里的生活是宁静、充实而愉快的，但我还觉得缺了点什么。一天，我无意间到师大附近散步，忽然听到了孩子们的喧闹声——那是师大幼儿园的孩子们在玩耍。啊，久违了！我猛然想起了自己的学生们，想起那一张张鲜活可爱的脸庞，一时间泪眼朦胧。

那一刻，我知道，我，应该属于孩子们。

主体实验，一项跨世纪的研究

1992年，一个乍暖还寒的春日，北师大教育系英东楼里，一个会议正在召开。出席会议的除姚校长、郭艳和我外，其余的均是北师大教育系的专家、教授。

“姚校长，你这个课题提得好，我参加！”一个貌不惊人的老人突然一拍桌子，大声说。他，就是北师大教育系已退休的教授、著名教育专家王策三先生。其他人也纷纷表示愿意加入这个课题的研究。

这就是现在已广为人知的“小学生主体性发展实验研究”。

相当长一个时期内，中国教育是以教师、课本和知识为中心的，“自上而下的多，自下而上的少”，强调的是人对社会的服从而不是创造，致使学生的独立人格和个性差异得不到足够的尊重，自主权利得不到应有的保障，兴趣爱好不能充分发挥。这样培养出来的学生像工厂流水线上生产的产品，千篇一律，缺乏活力和创造性。改革开放以来，随着思想的逐步解放，人们的自我意识、个性意识逐渐苏醒，哲学、文学、艺术等领域掀起了“人的主体性”的讨论，逐渐波及全社会。教育界的有识之士，也敏锐地觉察到了这一思想观念的大转变，开始反思教育中存在的问题。1981年，顾明远先生明确提出“学生既是教育的客体，又是教育的主体”，引发了教育界关于“学生主体地位”的大讨论，知名学者黄济、王策三、王道俊等都先后参加进来。1992年，王道俊、郭文安正式提出了“主体教育”的概念。此时，经过十年的讨论，要不要“以学生为主体”的问题已基本解决了，“怎样以学生为主体”“怎样把理论应用于实践并接受检验”成了当务之急。北师大的一批教育专家如王策三、裴娣娜、周玉仁、刘秀英等人已开始酝酿开展以发展学生主体性为主要内容的教育实验。

此时此刻，在离北京千里之遥的家乡小城的安阳市人民大道小学素有开风气之先的传统，“敢为天下先”的校训影响着我们每一个“大道人”，这是“全国德育先进校”，也是新中国第一个举行升旗仪式的小学，校长姚文俊曾获得“全国劳动模范”“全国优秀校长”等荣誉称号。可是，在德育实践中，姚校长也常常给我们谈起他的许多困惑：为什么我们十分重视的德育工作收效不大？应当依靠老师自上而下地灌输还是激发学生的内在积极性？怎样才能把德育内化为学生主动的道德追求？我们隐隐约约感到，这类问题涉及更深层次的教育观念问题，教育观念不改变，德育以及所有学科的教育都难以取得大的进展。经过深入的思考和研究，我们逐步意识到，以前工作中的种种困惑均来自于对学生的主体性认识不够，没有真正把学生当做一个独立自主的个体来看待！能不能开展一次系统的以发展小学生主体性为目标的教育实验？姚校长是一个干练果决、雷厉风行的人，马上将这一设想告知了裴娣娜教授。裴教授正苦于找不到一个理想的场所进行教育实验，不禁惊喜万分，两人一拍即合，立即着手筹备。1992年春节刚过，两家就正式召开会议商讨相关事宜，于是就有了前面的一幕。

此时的我和郭艳，已在小学教师的岗位上摸爬滚打了十年，又在北师大教育系进修了一年，还在省、市级的教学比赛中获过好几次大奖，被称为人民大道小学的“黄金搭档”。专家们在寻找实验一线教师时，不约而同地想起了我们，又一次的幸运降临到我的头上，我在感动的同时多了一份责任。当初送我们到北师大进修的时候，恐怕谁也没有想到会因此密切了人民大道小学与北师大教育系的联系，并促成了这项对中国基础教育产生深远影响的课题实验。

从此，我走上了一条充满磨难又蕴藏着无数惊喜的创造之路。

别怕她，该我玩了

对我这个小学教师而言，做实验谈何容易，更何况这是一项为构建跨世纪的基础教育理论体系开辟通道的实验，一场前无古人的庞大工程。“摸着石头过河”是我们刚开始实验时的一句口头禅，其实现在想想，当时连石头在哪儿都不知道，只是跟着下水，不害怕罢了，凭的就是那份热情和冲动。是历史选择了我，我仍然抱着刚走上讲台时的那个简单的信念：既然做了，就尽最大努力做到最好。

从进入实验的那一天起，时间好像消失了。一份新的挑战重新激发了我的工作热情，而我面临的困难又远远超出了我的想象。首先面对的第一个苦恼就是“我不会上课了”。原来一直熟练于教毕业班的我，一直被称为调控六年级大学生的“高手”，面对一年级六七岁的学生时，我竟不知所措，我发现我的“小孩儿话”竟如此贫乏，“好，好啦，请安静，注意听老师说”，“小手别动啦，抬起头来，眼睛望着老师”……每堂课几乎都要停下来好几次，他们似乎不愿意听我讲课，我不得不靠“纪律”维持，但孩子们对我的“指令”居然无动于衷，他们“任意”地闹着，根本不把我放在眼里。稍一严厉，他们又被吓得愣愣的，可怜巴巴地望着我，让我无话可说。为了激励学生，为了让他们感兴趣，我不时地给他们盖大苹果印章、发小红花，可日子一久，他们也就没有了当初的那种欣喜。面对这些小不点，我左右为难，当初新接班时的那种踌躇满志，当初在北师大进修时构思出来的种种美妙想法，竟被眼前的现实冲得一塌糊涂。

我和学生一起学习“轻重”时，为了帮助他们比较物体的轻重，我给他们自制了几个天平秤，因为做得很粗糙，所以用起来的时候不大方便，但是学生们却玩得很起劲。记得当时我设计了这样一个情境，让学生比较一个苹果和一个梨谁轻谁重，用掂一掂的方法无法比较了，那么我们就要用到秤。于是，我让学生用秤来称，结果淘气的孩子们乱作一团，我在一边急得手足无措，却不知道怎样让他们安静下来。

我走到教室中间，大声地喊叫着：“先别乱动，听老师讲完你们再动。”“注意啊，老师要生气了。”结果孩子们根本理都不理我，还在那里玩。我不停地说着，可能是孩子听得不耐烦了，居然有人说：“别怕她，老师又不会批评我们，该我玩了。”

课在一塌糊涂中过去了，听课的老师善意地提醒我：“以后你就别让他们分什么小组活动，他们说不清时，先听老师讲，让他们照着说。”而我却并不只满足于让孩子们安静地听我讲，况且实验的目标中也把“尊重学生的个性，鼓励学生的独特和标新立异、培养学生的创造性”等放在了一个突出的地位，我的追求、我的设想没有错，可事实上我的课上又缺少许多。

这件事给了我很大的震撼。过去的我在上课时更多的是考虑如何变着花样让学生做题目，怎样考一个高分，因为我会讲得清清楚楚，学生自然学得认认真真，一切都在既定的程序中进行着。今天，当把课堂放开后，我却难以真正领会实验的精髓——“严肃严格地进行基本训练，诚心诚意地让学生做主人”，更缺乏将其落实到课堂上的策略和方法，加之主体教育的课堂强调的沟通、对话、包容、质疑等教学情境过去从未经历过，我开始意识到，要实现这些目标，没有谁能告诉你具体情境下该怎样做，需要自己不断实践、不断反思，在不断调整中寻找合适的途径，而这又将是一条漫长、寂静、充满未知的路途。

我只好静下心来，学习理论，钻研教材，改进教法，设法增加课堂的趣味性，耐心地倾听孩子们的想法，以使自己能够尽可能地走近学生、了解学生。激动——迷茫——困惑——释然，不时地影响着我的情绪，使我欲罢不能。在这个过程当中，我真正开始了研究状态下的教师生活。

我想，教学的过程就是和学生进行沟通和交流的过程，是师生之间心与心的交融。然而，通向实验目标的道路又是那样曲折反复，有些设想很好的课，却不能如愿以偿，我开始思考是什么因素影响着教学，除了教师、教案、学生之外，还有哪些？

一次，北师大的周玉仁教授来学校听我的课，我上了一节“除法的初步认识”。当时我查阅了很多资料来设计这节课，还把许多名家的精彩片断都搬到了这节课上，期望能得到周老师的赏识。

记得当时有这样一个问题情境：20支铅笔，平均分给5个小朋友，每个小朋友可以分几支？我给学生准备了很多学具，每个小组还发了一张统计表，让学生填写分的过程。但是，我的话音未落，学生都在喊“分4根”，我一听就有点急了，因为当时教学中都毫无例外地说是要让学生一个一个地分，这样才能很好地理解除法的意义。我一听有些着急，心想“还没分呢，结果就喊出来了，下边的课怎么上呢”，于是赶快打断学生的思路，对孩子们说：“别慌，咱们慢慢想，要认真地分析一下，谁上来给大家演示一下啊？”

课堂开始骚动，有的学生说：“老师，你那样分，太麻烦了。我一看就知道是4根。”还有的学生说：“我已经预习过了，我知道怎么样来计算，因为$4\times5=20$，所以$20\div5=4$。”面对学生的七嘴八舌，我不知道该怎样调整教学，我不知道他们是否明白了，于是，学具成了学生手中的玩具，他们用小棒拼成了美丽的图案，以至于当我让学生说说除法的一套“术语”时，他们交流的是用小棒拼成了一个房子！

这一次课堂体验，让我终生难忘！我的“四不像”的课让周玉仁教授生气而去。我彻夜未眠，这里面装满了老师对我的期待，同时也有着期待中的失望！我的心里充满了愧疚，一种是对恩师的，一种是对学生的！

愧疚中，我认真地反思我的课堂：在备课的时候，我更多的是研究教材，却忽略了学生的知识背景；在交流的时候，想得更多的是我的预设，却少了一双发现的眼睛；在思维上，更多的是一种模仿，却少了一种创造。对于这些，我需要用心体悟，需要转换视角，需要走下讲台。除此之外，我也隐约感觉到教材的编排和一些经典的教例也存在着问题，他们忽略了学生的不同水平，学生对除法本质的理解并不只依赖于一个一个地分，只要每次分的一样多，只要最后的结果是均分，反而有利于学生理解除法以及乘除法之间的关系，这堂课的设计以及它所依赖的教材同样也存在着问题，当我大胆地提出这些问题与专家们交流时，他们竟对我这个小学教师的异议表示认同，并鼓励我收集一些影响小学数学课堂的经典案例，从一个新的视角进行分析，还数学教育的本真面目，这些在后来的新课程的实施中都得到了改进与完善。

我欣喜，一节失败的课，给我带来了新的思考。

我欣慰，这是一节有价值的课。

我需要努力，让课堂焕发出生命的活力，让数学走进学生的生命！

让智慧亲临学生

就这样在理想与现实、传统与现代、西方与东方的教育观念的不断冲突和融合中，我走过了不同寻常的六年主体教育的实验之路。

当我又一次亲临一年级的课堂时，我意识到这又是一轮教育生命的开始。这时候的我，课堂教学老练了许多，知道了什么时候该顺其自然，什么时候该保持沉默，何时该介入，何时该注意什么，也知道了有些时候最好的行动就是不采取行动，等等，可以自如地掌控课堂的进程，也逐步形成了自己的风格。每一次的课堂教学，我都会感激学生带给我的惊喜与快乐。

无独有偶，另一次关于除法分一分的课上，教学的情境是这样的："有100块糖果，平均分配给8个小朋友，该怎样分？"话音刚落，孩子们就开始在课桌上摆弄起圆片（代表小朋友）和小棒（代表糖果），叽叽喳喳地小声议论着，不一会儿，一只只小手举了起来。

有的说："我先每人5块5块地分，最后一看不够了，再一个一个地分，结果是每人12块，还剩4块。"

有的说："我一看100块挺多的，先每人分10块，接下来剩20块，再每人2块2块地分。"

有的说："我先每个人1块1块地分，分了一会儿觉得挺麻烦的，就每人5块5块地分。"

……

表扬学生

我静静地倾听着学生的发言，感受着学生的智慧，欣赏着学生争先恐后地表达自己的想法，还有学生的质疑与辩论。我在必要时进行“煽风点火”，偶尔插上一句：“真奇妙！你是怎么想的呢？”“换一种办法行吗？”“谁还有不同的想法？”逐步地引领学生探究更深层的数学问题，让孩子们在开放、平实的课堂中享受着学习的快乐。在这种思维引领学生的课堂中，我对教育、对教学有了更多的感悟。

任何一项教育改革，最终都要发生在课堂上。所以，三尺讲台自然也成了我的实验台。我很难琢磨出一些奇妙的招法，也不会制作那些精美的课件，但是我知道，课堂上要给学生提供自主探索的空间，要让孩子们大胆地表达自己对数学的理解，要让孩子们相互欣赏，又能在彼此的质疑中共同改进。我越来越追求自然的、弥漫着生活气息的课堂情景，我称之为“朴实无华的教学”，千方百计地激发学生的创造性，鼓励学生进行“探究式”学习，鼓励同伴间合作交流，我越来越觉得一个好教师应该淡化自己“教”的角色，巧妙地把学生推向前台，智慧地藏在幕后。

例如在学习“小括号”这一内容时，学生面对“每条小船限乘9人，班上有男生29人，女生25人，需要几条船？”的题目列出“29+25÷9”的算式，凭生活经验他们知道应该先算加法，但这与前面

与学生们在一起

学的运算规则“先乘除后加减”相矛盾。怎么办呢？由于学生有了认知的冲突，研究的问题就产生了，这正是引导学生进行“探究式”学习、拓展学生思维的好时机。

我首先鼓励学生自己想办法解决这个问题。于是，有的学生在“29＋25”下面划一条横线，有的在下面画一个三角，有的说用颜色把前两个数涂黑，有的用线条把两个数圈起来，有的干脆在旁边写上“注意：此题应先算加法”，也有加小括号、中括号、书名号或其他稀奇古怪的符号的。等大家都画完了，我让大家比较哪个更方便，同时告诉学生，为了交流的方便，人们约定这种情况都用小括号来表示。虽然最后仍然选定小括号，但在这个过程中，每个学生的积极性都被调动起来，创造性得到充分发挥。这个小括号，可以说是孩子们自己创造出来的，从本质上说，与科学家们的创造性劳动没有什么不同，而且整个教学过程气氛热烈，妙趣横生。

我想，解决这个问题时，不同的教师，会选择不同的方法。直接把规则告诉学生：有小括号时，要先算小括号里面的。这样教学，并不影响学生单纯知识的获得。但我觉得少了点什么，课堂没有学生探索的空间，就不会有精彩的生成。课堂最有活力的地方莫过于学生研究问题后的顿悟，要为学生探索提供一个平台。虽然学生的探究只有短短的几分钟，但这个过程的影响却远远超出它本身的意义，这些正体现了教育教学观念的一个变化。

课堂是师生共同发展的地方，把课堂还给学生，不仅要求教师在课堂上充分发挥学生的自主性和创造性，还要把“管理权”交给学生，即把课堂交给学生管理，学会与学生对话、共同协商，师生共同构建充满活力的课堂生活。记得我因参加“小学生主体性发展实验”核心组会议，事先与学生商量，他们强烈期望能自己上几天课，让他们能“自治”三天。说实话，我还是有点不放心，让班主任杨老师负责“监视”。三天后我回来，杨老师兴奋地对我说，在我走的三天里，‘小老师’们讲得头头是道，孩子们听得聚精会神，讨论时气氛热烈，做作业秩序井然。更有趣的是，我回校的当天，两位“小老师”意犹未尽，一定要再上一节课，让我听听，于是我就坐下来当“学生”，提问时“小老师”直呼我名：“请刘可钦同学来回答！”我高高兴兴站起来回答。课后，两位“小老师”还与我探讨“为师”的经验，踌躇满志地表示："以后一定要学好数学，再当'小老师'时，要和刘老师讲得一样好！"

我和学生在一起创造着美妙的数学课堂，我们的课堂里，充满着奇思妙想，洋溢着欢声笑语，一向令人生畏的数学课，变得多姿多彩，引人入胜。孩子们爱上了数学，甚至到入迷的程度。他们统计全校学生的课余爱好，计算学校的师生比例，给自家的客厅画平面图，到银行调查存款利率……他们还积极参加"数学研究会"，互相出题，解答疑难，举行讲座、讨论……一本厚厚的《数学——我们的朋友》，全是孩子们自己编的，记载着他们学数学的经验和有趣的小故事……

这些个性的作业和自编图书，陈列在我的书架上，每次翻阅，总有一种别样的情愫，这些是学生智慧的结晶！也是我生命中的宝贵财富！

努力走入孩子的心灵

我清楚记得，看过前苏联的影片《乡村女教师》后，我特别爱模仿的一句台词就是："我的名字叫瓦尔瓦拉·华西里耶夫娜。"吸引我的不只是那串长长的名字，更有剧中人的那种亲切的语气，那时我就惊讶外国人的民主，学生可以直呼老师的名字，这在我国的学校几乎不可想象，我们的老师在介绍自己时大多都是告诉学生自己的姓，至于叫什么名字，老师认为没必要告诉学生，更不许学生直呼其名，否则会显得学生不礼貌，教师没权威。而我却想告诉学生我叫什么，看看学生是否会"无法无天"。

每接一个新班，我都会和孩子们一起在黑板上写下自己的名字，我们互相认识，"刘可钦"三个字，"钦"字学生不认识，有的读成"欣"，有的读成"欠"，写的时候更是百花齐放：刘可软、刘可斩、刘可铁，能写成刘可欣就算是蛮不错的了，不时引起一阵哈哈大笑，在这种自然轻松的交流中，我和学生融在了一起。

所以，我意识到，学生能否直呼教师的名字，并不重要，重要的是，我们是否把学生当成一个与教师平等的人。只有这样，我们才能真正从学生发展的角度思考我们的教与学。

“爱学生”是无论哪一位老师都不会反对的，但怎样才算是“爱学生”？在实验中，我对此有了新的思考。

什么是爱学生？爱学生仅仅是笑脸相迎吗？仅仅是不批评孩子吗？仅仅是孩子头发乱了给他梳梳头吗？不是的。爱包括尊重、信任、宽容、接纳。

我想，爱学生，首先要尊重他。就拿常见的课堂提问来说吧，如果学生叫起来不会，就有好几种不同的处理方式。第一种：“怎么不注意听呢，站一会儿，听别人怎么说。”第二种：“谁来帮帮他呀，这回会了吗，会了，坐下吧，以后要好好学习呀。”第三种：提示学生“如果不会，就对老师说：‘对不起，我忘了’或‘对不起，我还没想好’”，然后让学生坐下去就是了，也不用谁来帮。第四种：如果站起来说错了，老师抓住这个机会，引发课堂辩论，让这个同学和其他人充分发表意见，问题弄清之后，老师说，是谁引发了我们精彩的讨论呀，噢，是他，来，我们谢谢他。试想，这个学生的心态将会发生怎样的变化！留给他的将是终身受用的习惯。

所以，在课堂上，学生无论说对说错，都是他对课堂的贡献，我们要尊重每个孩子，从小培养他们民主讨论的习惯。

教育不仅仅是一个词，而是像爱和友谊一样，存在于这种情感的亲身体验中——也就是说，在极其具体、真实的生活情境当中，包括静静地聆听、扬眉、鼓励地点头、拥抱、转身或面带深情凝望我们的学生，每一个动作可能都是出于教育学的意义这样做的。

教育学就存在于我们每天与孩子对话的情境中，教育学就存在于我们与孩子在一起的方式之中。

什么是教育？就是一个成人做了有利于孩子发展的正确的事情。

举左手的故事，很多杂志刊登过，但每次说起这件事，我总有很多触动。在数学课上，有一个孩子举了手，叫起来之后却又不会，只好说：“对不起，刘老师，我忘了。”一次、两次，引起了我的注意。我发现，孩子每次坐下时，都满脸通红。于是我找了个机会和他单独谈话。孩子羞愧地说：“刘老师，我对不起你。有时候我想好了，盼着你叫我，你却没叫。有时候我没想好也跟着人家举了手，以为你不会叫我，可你偏偏又叫我了。”我想了想，说：“这不怪你，怪咱们师生之间还没有达成默契。知道什么叫默契吗？就是说刘老师的一个眼神，你的一个手势，双方都能明白。这样吧，咱们约好，当你还没想好又想举手呢，你就举右手，刘老师不叫你；当你想好了，你就举左手，刘老师再叫你。”孩子听了，眼泪立刻就下来了。从此，这个孩子就左手、右手不断地交替举起，渐渐地，举左手的次数越来越多了。在这个过程中，他学会了调整自己的行为。如果批评他说：“瞧你多虚伪呀，不会你举什么手！”会是什么结果？会有什么后果呢？我不敢想象。

爱抚学生

爱是什么？爱就是要真正走入孩子的心灵。

我常想：当老师的，要信任孩子，相信他是一个想学好的孩子，相信他有积极调整自己行为的能力。与其他职业不同的是，做老师的一定要相信“人之初，性本善”。

当学生迟到的时候，我从不会批评他，而是说：“你瞧，我们都在等你呢。”“我们都在为你担心呢！”一句话就让孩子心里暖烘烘的，再也不愿意迟到了。检查学习效果时，我很少说：“不明白的请举手！”而是让“听明白的点点头”“完成任务的笑一笑”。人本来就是会点头微笑的，为什么不自然一点呢！

我用我的全部能量小心呵护着孩子们的自尊，遇到事情总是先从孩子的角度着想，深入地去理解孩子心里在想些什么，会有什么样的感受。备课时也总是尽可能地贴近学生实际，选用适合儿童的内容和表达方式，因而容易获得孩子们的共鸣。孔子说：“不患人之不己知，患不知人也。”我以为，真正进入孩子们的心灵，凡事为孩子着想，以此为出发点开展教育教学，这应是教育成功的秘诀。

每当我出差回来，被同学看到后，他们会边跑边向同伴报告我的行走路线：刘老师到一楼了；刘老师到二楼了……教室在四楼，我在孩子们的拥簇下走进教室，这种幸福真是不言而喻！

孩子们经常给我一些惊喜。有一年元旦前的一天下午，我像往常一样走进教室，全班同学“唰”地一下起立，向我微微笑着，一双双眼睛闪着亮光。纳闷中，班长说话了：“刘老师，今天我们既要迎接新年的到来，也庆祝您的生日。”“可我不是在这天出生的呀！”“我们总打听您的生日是哪一天，您总是笑而不答，我们经过商量，就决定把每年的今天当做您的生日，我们一起祝亲爱的刘老师生日快乐！”话音一落，孩子们轻轻唱起了生日歌，五颜六色的生日卡片雪花一般落在讲台上，各种各样的小礼物摆了一大堆。一个孩子捧着一张特大号的贺卡，毕恭毕敬地送到我面前，上面密密麻麻地写满了孩子们的签名。看着这些，我眼睛湿润了，我一句话也说不出来。是啊，面对这样可爱的孩子们，我能平静吗？

心与心总是相通的。孩子们特愿意向我敞开心扉。这是一件很幸福的事情，见了面，孩子们老远就喊我“刘老师”或“刘校长”，有的男孩伸着双手跑过来，在我平伸的双手上一按，一跳，什么也不说，又兴高采烈地跑开了。低年级的小学生喜欢围着我问这问那，小手在我身上抓来抓去，一天下来一身白衣裙布满了灰手印。有一年，六年级学生毕业时，送我一件礼物，打开一看——啊，一条雪白的裙子！他们说，刘老师，我们在你身上留下的手印太多啦！这时候，除了感动，我还能做些什么？

爱他人，是一种幸福；被人爱，也是一种幸福。我拥有这双倍的幸福！

许多孩子在日记中写道：“我有两个妈妈，一个是家里的妈妈，一个是刘老师。”我经常收到孩子们的来信，跟我谈理想、谈苦恼、谈学习……向我诉说小秘密。许多孩子毕业后仍然经常给我写信，把我当做最知心的朋友。这些，是我做教师最幸福的时刻！

1995年，我们改变校园环境，使校园的墙壁会说话，强化校园环境育人功能，学校征集一句校园标语——“给孩子的话”。我和实验老师们讨论来讨论去，也没找到满意的。一天，孩子们依恋地拉着我的手问：“你为什么要当老师呢？”我灵机一动，脱口而出：“因为有了你，我才喜欢当老师。”老师们一怔之下，全都流下了眼泪。还有什么语言能如此透彻地表达实验老师们对孩子们的深深关爱之情呢？如果没有几年来主体教育的实验，怎能说出这样动人的话呢？怎能对教育有这样的感悟呢？

我要成为最佳的我

“你是最棒的！”这是家长、老师经常鼓励孩子的一句话，我和同伴提出的口号却与此有所不同，而且在后面加了一个“我”字——“我要成为最佳的我”。

两句话看似相近，含义却大不相同：前者仍然是鼓励学生们在一个方向上竞争——一班之中只有“我”是最优秀的；后者则是尊重差异的体现——每个人都可能成为最佳的。

小海上课时总是边看小人书边听讲，猛然提问却也难不住他。我意识到这可能是一个头脑反应很快、学有余力的孩子，于是专为小海设计了一套超前学习的方案，并把《数学的足迹》、《生活中的数学》等书籍借给他看，很快将他的兴趣吸引到数学上来。为了发挥他的特长，我帮助他成立了“数学研究会”，吸引了二十多名孩子参加。大家推选小海为会长，我为顾问。小海经常组织大家在课外研究一些著名的数学题，如“高斯算法”“大鹏展翅”等，使大家开阔了视野，增长了知识，他也逐渐成为我的得力“小助教”。

媛媛是一个学习非常困难的学生，专家曾就她的表现做了一系列的研究得出结论：典型的多动症，注意力不集中，理解困难，记得慢却忘得快，知识缺漏多，等等。就是这样一个小姑娘，我也没有放弃。我一再告诫自己，一定不能因自己的急躁使她失去自信。我找她的妈妈谈了话，使她认识到多动症是病态，不应歧视、打骂，以免加重孩子的心理创伤；为使孩子过多的精力发挥出来，我与班主任老师商量，让她参加合唱队，并加强注意力的培养；在知识的接受和运用方面，我为她制定更合理的学习目标，题量少一些，难度小一些，用的方法笨一些也没有关系。经过长期的指导，媛媛的多动症渐渐好转了，学习也有了起色，尤其是她那一天天增长的积极向上的热情令每一个熟悉她的人都感到惊讶。

我认为，不存在绝对意义上的“差生”，而只有“学习困难”的学生。“学习困难”是由一些先天或后天的因素造成的，正因为他们有困难，才需要教师来教，通过教育，使他们从“困难”到“不困难”，从低价值上升到高价值。数学评价应是调动学生学习热情的“泵”，数学教学应该追求发展而不是追求分数，应该追求卓越而不是追求完美，不应诱发学生自卑、自弃的心理。

所以，无论是课堂测验还是期中期末考试，我坚持不在课堂上宣布学生分数，也从不为学生排名次。我想，教师应该有海纳百川的气度，要有足够的耐心去倾听学生心灵的声音，善意捕捉学生奇妙的想法，去发现学生思维中的亮点，正确地评价学生的想法。这些应该是教育的理想，要做好非常不易，但是我们应该努力去做。

当当是个调皮可爱的小男孩，每次的考试他总是差那么一点点得不了满分。一次他给我写了张小纸条：刘老师，我多么渴望一百分呀！这张纸条引起了我的思考。以往的考试，我们总是出一些设有陷阱的题目，故意为难学生，在批阅卷子的时候，告诫自己扣分要严格，这样学生下次就不会犯同样的错了。其实，考试的目的是检验学生对学过的知识掌握的程度，然后让学生把不会的题目做会了就行了，绝不是给学生排出个三六九等。

一次考试，看到当当沮丧的样子，他的情绪困扰着我，我灵机一动，对当当说：“只要你一次把错题订正对了，我就给你100分。”于是，我和同伴就发明了“A100”“B100”，考试时，如果学生一次全部答对了，可得“A100”；如果做错了，还有一次重做机会，若做对了，我会毫不犹豫地给他打个“B100”。

这种方法收到了非常好的效果，孩子们做错了非常愿意拿回去重做。这种方法培养了学生发现错误、改正错误、自我纠错的能力！我想，在一切教学行为中，教师要细心维护每一个孩子的自尊心，坚信每一个孩子都有他独特的地方。教师要时常听听学生的心声，站在学生的角度想想每件事情应该怎么做，这样会给我们的教师生涯添上一道亮丽的风采！

其实，学生就是教师的一面镜子，从镜子中，能看到我们教学的得与失，学生会用他们的智慧引领我们，让我们在得意的时候保持清醒，在失意的时候依然微笑。我们应该学会向学生学习，用一种平静的心态，平和地对待每个学生，在一切教学行为中，教师要细心维护每一个孩子的自尊心，坚信每一个孩子都有他独特的地方，教师要做的，就是要挖掘出他们的闪光点，使之发扬光大。

小然是一个内向的小女孩，上课不发言，下课也很少与同学们玩耍，还经常拖交作业。但我发现，当我和别的同学在一起探讨问题或说笑时，坐在一旁的小然会时不时投来羡慕的眼光。于是我留心寻找激发其向上的契机。一天，我正在办公室批作业，小然突然跑进来，手里拿着一本书，兴冲冲地说："刘老师，我把你的书打扮了一下，你看好不好！"我定睛一看，自己的教科书上画满了各种各样的小动物、小人物，像一本小画书了！我用夸奖的语气说："真想不到，你能画这么精致的图画！颜色搭配得也很好！可见你是一个心灵手巧的小姑娘。只要用心，老师相信你一定会成为很出色的学生。"孩子喜滋滋地回去了。此后，她与我越来越亲近，人也变得积极、大胆了。同时，我还不失时机地在她作业本上加了些鼓励的话，期待她更大的进步。

后来，小然在高中，还当上了团支书呢。一年夏天，我收到了小然写来的一封信，信中说："刘老师，我一直记着你在小学时告诉我们的一句话：'让生活忙碌而充实。'从前那个次次晚交作业的我已经变成不到放学就写完作业的班干部了。我常常还用一个同样让我难忘的句子提醒我：'我要成为最佳的我。'不管我能否做到最好，我都会尽我所能……我的成绩和收获竟会让旁人羡慕不已，让我充满信心！谁说我不行，我也行！"

看到这样一个孩子的转变，怎能不惊异教育的力量！

平凡的故事，感动着我，启迪着我的智慧，每时每刻我都和学生进行着心灵的沟通，我们用心灵读懂心灵：当学生讲错的时候，轻轻的一个微笑，他知道没有关系；当学生提出问题的时候，一个鼓励的眼神，他明白有人关注；当他不认同老师的观点时，一个微微翘起的大拇指，他体悟到不会受到批评。

聆听学生心灵的声音，你就听到了花开的声音，浓浓的师生情全包裹在即将绽放的花蕾中！

在和学生交往的过程中，我认识到了：每个学生都是独特的、不可重复的、无法替代的个体，这种差异和独特是每个人最宝贵的精神财富。我们应该正视学生的差异，尊重学生的选择。古人云：“天生我才必有用。”让每个孩子感到他在这个班里同样是重要的，让我们的视野中没有教育的盲区，把博大的师爱遍撒每一个孩子的心中！

难忘恩师教诲

1996年5月，安阳人民大道小学会议室中气氛热烈，历时五年的主体性实验课题结题会议在这里举办，顾明远、吴畏、滕纯、潘仲茗、陈孝彬、金学方等“大牌”专家都亲临学校，专家们在听课、与学生座谈、与家长座谈之后，与我们全体实验老师对话。每一个老师都畅谈了自己进行实验后的一些变化，他们对我们谈的每一个变化，都非常感兴趣。会议按既定的议程结束后，请我发言，这是原计划没有的议程，一时间泪水竟盈满了我的双眼，我不知从何说起：作为老师能够遇到一位好校长是幸运的，我们遇到了一位开明的姚校长，我们是幸运的。可我们知道，像我们这样的教师还有很多，而能够有幸得到众多专家指导的，在当今的中国却是不多见的，我们是一群幸运而幸福的教师。

是啊，回望自己成长的历程，一大批专家手把手地指导着我，平等地与我交流，耐心地启发我“捡拾”实验的心得，他们专业上的博学和严谨，生活中的平实和简朴，为人的坦诚与热情，都时时地影响着我，感染着我。

1994年，由于工作的需要，我开始担任学校的科研副校长，负责“小学生主体性发展实验研究”的实验工作，实验方案的制定、子课题的选定、学生活动的策划、实验班学生的用餐，等等，都一股脑儿地涌了过来，繁重的教学、管理、科研工作把时间挤得满满当当。此外，我还经常代表学校参加各级公开课比赛，接待来学校参观考察的教育人士。当时，我只有三分之一的课是与学生单独度过的，大部分时间都有人听课，正是这种高强度的压力，使我不敢懈怠每一节课，不敢忽略孩子的任何一个想法，更不敢大声地训斥孩子，也正是这许多的“不敢”，成了我专业成长当中的一份催化剂。

该实验要求每个老师坚持写实验札记，我白天太忙，就晚上回到家里写，有时半夜里来了灵感，也要起来把它记下来。几年来，我积累了厚厚的几大本实验札记。这些札记，记载着我在实验中的感受、困惑和思考，记录着我和学生成长的历程，还有我对实验中出现的问题的质疑等。1997年，我的老师周玉仁教授来学校指导实验，当她翻看我那厚厚的实验札记时，居然哭了，老师抚着我的头哽咽着说："孩子，真是苦了你了！……"我的眼泪也夺眶而出，多少个日夜的辛劳变成了一幅幅动人的场景，这些将永留我的心中。

很多人都问我："刘可钦你累不累，你有过苦恼吗？"对这样的问题，我总是轻轻一笑，这里面包含太多的内容。我想人一生中不可能不遇到困难，对想做出点成绩的人来说尤其如此。关键时刻，挺一挺也就过去了。老校长常常对我们说，咱们这是在"熬小米"，看谁能"熬"出来；好比"捻针尖"，看谁有耐心。

对我来说，不苦不累的真正意义在于：实验带来的挑战和征服挑战的乐趣；专家学者们道德风范的感染；与孩子们心心相印的幸福；与同事们同舟共济、默契配合的快乐，更是他们对我的期待与鼓励。

中央教育科学研究所研究员史根东老师听了我的汇报，专门从上海寄来这样热情洋溢的信："你所做的这一切，你对原有教育学概念的反思，在实践中对新的假设的理解，对自己及其他实验老师实验行为贯通起来的抽象……是现有教育学课本及专著中见不到的，更是成山成岭的经验总结所难以企及的。孩子们感谢你，家长、理论家乃至整个社会都会感谢你。"

72岁的华中师大教授、教育学家王道俊先生听了我关于主体教育实验的介绍及研究课，看到孩子们充满自信的谈吐和个性独特的表现，感叹不已，老人家走上讲台发言，第一句话就是："如果时光可以倒流，我愿意做一名人民大道小学的学生……"

教育界前辈黄济先生听了我的研究课，拉着我的手，十分激动，欣然题词"春风催桃李，时雨育新苗"，并在给我的信中感叹："确是名不虚传的'可钦'！"……

我是如此幸运，能得到这些前辈大师们的点拨和鼓励。

当实验开始我感觉摸不着头脑时，裴娣娜老师鼓励我"在实验中学习实验，在研究中学习研究"；当我因事情太多有些自顾不暇时，周玉仁老师告诫我“外延要清楚，内涵要丰富”；当我为获得的一些荣誉而沾沾自喜时，王策三老师及时提醒我“要处理好各种关系”；当我受到一些人的误解时，王策三老师又开导我“风物长宜放眼量”；当我为实验中取得的点滴成果偶感欣喜时，他则及时告知我“天外有天，也许等你刘可钦头发白了，实验才能看出点成效”……

这些教诲，使我明白做教育一定要淡化名利，摒弃那些短期的功利行为，要有长远眼光。

这些教诲和鼓励，使我能够静下心来，在默默的教育实践中，耐心地发现并感悟教育的真谛。

随着实验的步步推进，我的思想也在逐步地成长、成熟。每当我来到课堂，看见那一双双明亮的眼睛，就抑制不住内心的激动。这是一群多么纯净无邪的生命呵，能与这些花朵般的孩子朝夕相处，真是一种享受！学生已构成我生命中不可缺少的部分，课堂深深吸引着我，我把每一节课都看成是师生生命历程中的一小步，因而加倍珍惜，我努力追求的一种美好境界就是让课堂焕发出生命的活力。

在办公室

“得天下英才而教之，其乐无穷；得大道恩师而学之，乐在其中。”对于这句话，随着实验的推进，我有了更深刻的理解。

幸运中的感动

我常说自己是“幸运”的：幸运地遇到了“伯乐”姚文俊校长，幸运地得到了王策三、周玉仁、裴娣娜、刘秀英、刘坚等一大批德才双馨的专家学者的指导，幸运地遇到了人民大道小学那么多志同道合的同事，幸运地拥有一个美满的家，幸运地获得了那么多的荣誉……

1998年7月，我幸运地被推荐为第三届全国中小学中青年十杰教师候选人，一开始没觉得怎样，但当报社的记者陈强老师来采访写材料时，我忽然觉得自己曾经做得是那样平凡，甚至微不足道，因为面对记者，我竟不知从何说起，上课、辅导学生是每天必须的工作，没什么好写的，我找不到一件值得书写一番的事迹，我没有为思考一节课而把饭做糊的故事，因为我的家人万分理解我工作的辛苦，替我做好了一切；我更没有为思考一个教育的情节而一头撞在大树上的尴尬经历，因为我做任何事都比较专心，走路也会轻轻松松快快乐乐。面对记者，我只能平淡地谈我的一些再平常不过的教育小事。

采访回去后，陈强老师在整理材料时，感觉还不够生动，又对我进行了长途电话采访。我们像朋友聊天一样，反而谈得更加自然，那些与学生在一起发生的一幕幕有趣的事情，又都活生生地闪现在我的眼前，不知不觉，我们在电话里竟谈了两个多小时，看到陈老师对待一个普通老师的普普通通的事，听得那样认真，又那样敏感地加以提升，反而使我感到手中听筒的分量越来越重，我开始意识到这次的评选已超出了我个人获得荣誉的范畴，我肩负的是一个团队的殷殷期盼和火一样的激情，在我还没来得及想清楚的时候，突然降下了这样一份巨大的荣耀，令我惶恐不安。

1998年9月8日，31名候选人齐聚北京，当时各地都接到了省教育厅的通知，无论欢送还是欢迎仪式都很隆重，而我却悄悄地登上了北上的列车，我知道自己承载着太多人的期盼，我感到更多的不是去领奖，而是去接受检验。我在成长历程中得到了一大批专家学者的指导，吸取了一大批老师的营养，我需要静静地反思，一个全国范围内的评选活动我究竟能否承受得住，我已做的和将要获得的这个荣誉之间究竟还有多大的差距，因而我不敢再惊扰他们。

1999年9月9日，是我人生中最难忘的日子。那天，我胸佩“十杰教师”的奖牌，激动地和所有获奖教师一同接受国家领导人的祝贺和颁奖。那一刻，我感动了。我泪眼朦胧地回望我一路成长的历程，仿佛看到了和我一起开展“主体教育”实验的领导、专家和老师，仿佛听到了孩子们个性张扬的欢呼与喝彩，我明白了支撑我的是一个多么优秀的团队，一种平凡之中的神圣感油然升起。

荣誉对我来说当然重要，但令我受益至今的是在整个评选活动中，我能有机会回望审视自己一路走过的历程。1999年，我与傅道春教授就课堂上师生的角色转变进行了两次对话。对话内容分别被整理成《教师不再是课堂的主角》和《学生不再是课堂的配角》在《中国教育报》上发表。对话中我们期望中国的优秀教师能尽快完成对自己课堂定位的时代反思，把教师的角色定位于学生的合作者、鼓励者和引导者，这正是世纪之初的新课程改革所倡导的理念。

无论是对话还是事迹报道都在全国教育界产生了积极的影响，当时我还收到了很多老师的来信，有许多地方要我去讲所谓的“成长经验”，面对这些铺天而来的、溢满鲜花和掌声的盛情邀请，我的老校长却冷静地提醒我：“静下心来，哪儿也不许去，你要做的是专心修炼内功，练真本领。”老校长的谆谆教诲，使我不再浮躁，使我在暗喜自己的幸运时，知道人生的道路上什么才是最重要的。

随后，我应邀参与了国家义务教育数学课程标准的研制工作，开始从更高的层面、更广的范围审视教育教学实践。随着新课程的推进，我又承担了“新世纪”版义务教育课程标准实验教科书数学教材的编写及实验指导工作。

不久，我又走上了校长岗位。2000年，我参加了全国千名骨干校长的研修学习，在此基础上又被选拔进入教育部组织的“首届全国骨干中小学校长研究班”（共60名学员）。在与全国各地名校长的交流中，我更加深刻地认识到了一个校长肩负的责任和使命。我一向信奉的一个重要理念就是：教师有什么样的体会就会传递给学生。我这个从教师行当里走出来的校长，应该思考的是如何与教师建立一种合作的伙伴关系，这又成了我一份新的追求。

今天，我的工作岗位和环境都发生了很大的变化，过去的许多事情都因今天的忙碌而逐渐淡忘，但记忆深处的感动却时时激励着我。因为有众多专家的指导、同事的理解、家人的支持，我苦恼时，他们与我分忧，我高兴时，他们与我共享。在我默默行走的路途中，因有他们相伴，我们一路同行，备感亲切与温馨。从安阳小城，到省城郑州，再到首都北京，我一路走来，充实、宁静而又幸福。

感动于那些曾经给我带来丰富灵感的学生，感动于那些曾经给我无私帮助的专家和学者，感动于那些与我心手相连的老师们；感动于一贯支持、理解我的家人，他们给了我安定幸福的生活，使我至今一直保持一种宁静的心情，使我每天能笑着看学生；更感动于“主体教育”思想的博大精深，正是它的出现，使我平凡的教师生活，变得如此丰富多彩，正是它的存在，使我平凡的教书生涯充满着创造的乐趣，也正是伴随着它的发展，使我在平凡的人生道路上，一直追寻着做教师的幸福！

哲学家罗素曾说，人的一生应当像一条河，开始是细小的，被限制于狭窄的河岸之间，然后热烈地冲过巨石，滑下瀑布，然后河道越来越宽阔了，水流越来越平稳了，浩浩荡荡、无拘无束地奔向永恒的大海。今天我已过半百的年龄，希望自己也能像这条渐行渐宽的河，安静平稳地流着，给别人，也给自己创造着幸福，不舍昼夜……

九、给梦插上飞翔的翅膀

徐　斌

徐斌，男，1969年生，特级教师、中学高级教师，现任苏州工业园区第二实验小学副校长。

1992年，他参加江苏省青年教师小学数学优课选拔赛获第一名，代表江苏参加全国首届小学数学观摩课评比获二等奖。2000年获中国教育学会举办的全国小学数学创新教育观摩课评比一等奖。“时、分”等5堂录像课在中国教育电视台播出。曾被特邀为全国第五届小学数学年会上观摩课。2004年获全国小学数学教学专业委员会第11届年会论文评比一等奖。先后到北京、上海等二十多个省、市作公开教学二百多次并获广泛好评。他的教学风格“朴实自然、互动生成”。

他在《人民教育》等二十余家省级以上教育刊物发表论文二百余篇，参加了苏教版课程标准数学实验教材的编写修订工作，主持全国教育规划教育部重点课题“小学数学活动教学”，著有《徐斌：无痕教育》等著作。

解读幸运

我，很普通。个子不高，性格内向，不善言辞，甚至有些木讷，走在街上，是很容易淹没在人群中的。有人说我朴实得像个农民，或者渔人。我觉得挺有意思的，农民要对得起土地，渔人要对得住大海。而我，作为一个小学数学老师，学生、课堂、数学，就是我耕作的土地、我出航的大海。

我很幸运。刚到而立之年，就成了当时江苏省最年轻的小学数学特级教师。

"运气不是与生俱来的。幸运的人往往在不知不觉间通过自己的心态和行为创造了好运。"（怀斯曼《幸运指数》）

回顾自己一路走来的日子，清点着一串串或深或浅的脚印，默念着一个个熟悉的名字，涌动着的，是感念，是感恩，是感慨。

（一）我和我的恩师：不得不说的故事

1987年秋天，刚满18岁的我从江苏省南通师范学校毕业后，被分配到江苏省首批免检的老牌实验小学——如东县掘港小学，踌躇满志地开始了我的教育之旅。

令我没有想到的是，走上讲台的第一天，学校安排我教一年级数学兼做班主任。一个堂堂男子汉要和刚从幼儿园过来的小娃娃们成天呆在一起，我傻眼了：看上去很简单的"2＋3"，我却不知道怎样给孩子们说清楚；淘气的孩子们常常在课堂上乱成一团，我在一边急得手足无措。也许男人真的不适合做小学教师，我曾经不止一次地想过，我的职业选择是否错了？

一个偶然的机会，我到数十公里外的马塘小学听盛大启老师的数学课。我惊奇地发现，数学课堂竟可以演绎得如此生动活泼！同样是一年级课堂，同样是男教师，而且他已经年过半百。我不禁看呆了。

这就是我神往的课堂！犹如黑暗中的一点光，一下子把我的心扉打开。蹒跚学步的我，岂肯放过这难得的机会？

下课后，我没有离去，拉住盛老师问了不知多少个问题，也不知道天是何时黑下来的。盛老师和蔼亲切不厌其烦地回答着我——一个毛头小伙子的甚至有些幼稚可笑的问题。末了，他还留我在他家吃了晚饭。这是我与他的第一次亲密接触。那顿饭菜吃了什么，现在很难再想起来，当初，我就没在意。可那晚的春风化雨般的谆谆教诲，无疑是我精神上的"满汉全席"。

点燃起的青春激情，其力量的坚毅和执著，是不可估量的。从此后，掘港——马塘，就成了我的"运营专线"。每个星期，我都要去，少则一两次，多则三五次，数十公里的路，交通工具就是我的老"坦克"——一辆"永久"牌自行车。

事实上，我俩也没有什么拜师仪式。只是，在一次次真诚而频繁的交往中，在一回回推心置腹的交流中，我自然而然地把他当做我的导师，我的长辈；他也对我的勤勉极为赏识，把我当成他的徒弟，他的孩子。我后来才渐渐知道，他是江苏省较早的一批数学特级教师之一，曾任全国小学数学专业委员会常务理事，是江苏省小学数学义务教育教材的主编，苏教版课程标准数学教材的主审。

现在想来，在人生的起跑阶段，一段不经意的机缘，我幸运地遇到了一位影响我终生的导师，我因此少走了许多弯路。

（二）"魔鬼式"训练：智慧积木的"产床"

"徐斌的数学课仿佛是一堆多彩的智慧积木搭建的儿童乐园：设计精巧，语言生动，气氛热烈，既有传统的扎实训练，又不失充满情趣、注重启发的现代风格。"（《现代教育报》所刊焦晓骏先生撰写的《徐斌：用智慧搭建数学乐园》）

如果我真有那么几块智慧积木的话，我想，它们的"产床"，是一次次赛课中所接受的"魔鬼式"训练。

从1987~1993年，正是课堂教学比赛的高潮时期。这六年里我参加了十次赛课。

1993年，全国首届小学数学赛课活动在江西南昌举行。因为是第一届，每个省只派一名代表参加，各省都不含糊，派了实力雄厚的选手参赛，甚至还有特级教师呢。初出茅庐的我才24岁，是参加赛课的26名老师中年龄最小的。

赛前准备的过程是难熬的。整个暑假，在学校的宿舍里，我通读了小学阶段的全套数学教材。宿舍条件差，连个电风扇也没有。那段日子里，流下的汗水，恐怕只有那12册教材的书页和陪伴我的肆虐的蚊虫才知道。夜深人静，暑气渐退，此时正是我的大脑最为兴奋的时候，当我沉浸在一道道例题、一个个算式、一次次求解、一层层演绎中时，我深深地为数学的美丽而陶醉。

其间，我的课得到了我省一些著名特级教师的多次会诊。张兴华老师指出了我的课堂语言存在的问题，如句子太长，不够儿童化，语调呆板，缺乏亲和力，并建议我多听著名少儿节目主持人的录音。于是，每个晚上，我都在鞠萍等人的录音故事里进入梦乡……

今天看来，那段“魔鬼式”的训练，虽然苦不堪言，但直到现在乃至今后，我都一直享受其中的“利息”。

也许有人会说“频繁赛课”的磨炼经历，是需要机遇的。对此，我深深理解。我觉得，机遇就像是一层层的台阶。只有登上了第一层，才有了登上第二层的可能。牢牢把握住每个机会，让我获得了比别人更多的机会。

（三）公开教学：让一朵朵具体的花开放

媒体上常有人说，公开教学是一种“作秀”。不可否认，现在公开教学“作秀”的现象时有存在。但，这绝不是公开教学本身的错。

“一朵具体的花胜过一千种关于它的描述。”

公开教学，对于我的成长，无疑是助推器。从教18年来，我到过全国二十多个省、市、自治区，进行公开教学二百余次。

1988年4月18日，我永远记得的日子——我的第一节公开课。

人民教育出版社数学室张卫国主任到实验区了解人教版教材的实验情况，要来我们海边小镇，听我上一年级实验课“求两数相差多少的应用题”。在导师盛大启的精心指导下，我编写教案，制作精美的教具和学具，特别是采用了电化教学——配乐故事《猪八戒吃西瓜》（自编），还制作了漂亮的幻灯片。为了这节课，我一星期加起来的睡眠时间才十几个小时。

下课后，张主任紧握我的手说：“这堂课上得太精彩了！学生在轻松自然和快乐的活动中学到了知识，得到了发展。”张主任奖掖后生的褒扬，极大地鼓舞着我的信心，让我尝到了公开教学的苦后甘甜。

鲜花和掌声固然可喜，失败与批评也难免疼痛，但能忍着疼痛清醒地解剖自己，更是一笔不可多得的财富。2000年，上海浦东。时隔近十年后，我又一次执教曾经的“经典”课——“万以内数的读法”。当课堂按照我的预设运行了还不到十分钟，我发现，教材中的所谓“新知”——读各类数，学生其实都已基本会了，而我硬是把学生拽到我课前设定的轨道上来，和学生做了数位排队、数字组合、转盘读数、击鼓传花等活动化游戏。看上去学生情绪高涨，但我深知，这是一种经不起推敲的泡沫情绪。它引发了我的深思：学生进入课堂怎么会“零”起点？什么才是真正的“以人为本”？怎样用数学特质的美吸引学生？怎样让每个学生都在课堂上得到有效的发展？我对理想课堂的思考与追求，也因这节失败的公开课而有了质的飞跃。

个案在分析中明晰，思想在交流中发展，理念在探究中升华，我的教学艺术的日臻完善，离不开这绽放着的一朵朵具体的花。

（四）确定位置：描画我的人生坐标

古希腊人看到重物落地，认为那是物体内部有一种“寻找自己位置的愿望”。

最近，我上了一节数学活动课“确定位置”。一位老师听了这堂课后，感慨地说：“生活中，工作中，我们都需要给自己确定位置。我想，徐老师的人生坐标是否可以这样描述：对数学一如既往地热爱，是坐标的横轴；对课堂孜孜不倦地追求与超越，是坐标的纵轴。徐老师在自己找准的位置上，在横轴、纵轴的交汇里，铸造着一个个辉煌的亮点！”

我想，亮点谈不上，但我的确愿意做一个思考的行者，在实践的土壤里，在审视自己的过程中，不断学习、反思，不断完善自我，超越自我。

从《九章算术》到《尝试教学法》，从《儿童心理学》到《给教师的一百条建议》，在工作最初的几年里，我阅读了五十多部理论书籍和两千多本教育期刊，撰写了一百多万字的笔记。在与布鲁姆、苏霍姆林斯基、陶行知的“亲密接触”中，那充满人文气息和爱的光泽的经典之作，打开了我的视野，提升了我的理念，更奠定了我做一个真正的教师的精神底子。

二十多年来，我一直没有离开我钟爱的数学课堂。我常常在想——怎样的数学课是好课？在不断的追寻中，我的好课观也在变更着：

第一阶段：精雕细琢，完美无缺。

这段时间，我对“教学目标明确”“教学程序严谨”“提问精细恰当”“采用多种媒体”“板书精当美观”“过渡语言周密设计”“时间控制恰到好处”等孜孜以求。我以为一堂好的数学课应该密不透风，滴水不漏，应该天衣无缝，无可挑剔，应该精雕细琢，完美无缺。

为了上好一堂数学研究课，我常常把课堂教学中要说的每一句话、每一个字都写下来，有时还对着镜子排练教案，甚至掐着秒表计算时间，哪一个环节用几分钟，哪几句话用多少秒钟，有时甚至幻想，当我讲完课堂结束语的最后一个字时，下课铃声正好响起。

第二阶段：多层并进，快乐交流。

这个阶段，我追求的理想课堂是“教学目标具体而有层次”“教学手段多样化和现代化”“教学形式以小组学习为主”“教学过程以游戏比赛为主”，等等。由于大量采用了小组合作学习，制作了形象逼真的投影片和生动活泼的多媒体课件，运用了大量的故事、比赛、游戏，学生在我的数学课堂上往往情绪十分高涨。

在本校为苏州市名师例会上课

第三阶段：真实有效，互动生成。

真实的课堂摒弃演练和作假。真实的课堂不能无视学生的学习基础，把学生当做白纸和容器，随意刻画和灌输；真实的课堂不能死抱着教案，一问一答，牵着学生鼻子走，不敢越雷池半步；真实的课堂更不能课前操练，课中表演，少数参与，多数旁观。

有效的课堂追求简单和实用。应该让学生用简单的方法解决数学问题，即把复杂的问题简单化，而不是把简单的问题复杂化；让学生在实际应用中学习数学，让学生知道数学知识的来龙去脉而不只是“烧中段”；让学生在熟悉的生活情境中学习鲜活的数学，而不是人为编造、纸上谈兵，不是只动口不动手、只计算不应用，不是学习陈腐僵化的数学。

互动的课堂讲求对话和共享。教师和学生不仅仅通过语言进行讨论或交流，更主要的是进行平等的心灵沟通。教师凭借丰富的专业知识与社会阅历感染和影响着学生，同时，学生的见解和生活经验直接或间接地作为个人独特的精神展示在教师面前。

生成的课堂需要耐心和智慧。课堂教学的价值就在于每一节课都是不可预设、不可复制的动态生成的生命历程。生成的课堂需要教师善于激发学生的学习需求，放手让学生自主探索，需要教师展示学生真实的学习过程，特别是善待学生学习过程中出现的错误和不足，运用教师的智慧和耐心去引导学生，使之在获取知识、形成能力的同时培养健康的情操。

人生的坐标，自己描画。天书无垠，行者无疆。一切幸运，都在我们自己的把握中。

给梦插上飞翔的翅膀

（一）初登“在线”：我被网络撞了一下腰

网络，曾一度似乎是个贬义词。记得有篇文章甚至说：“也许你在网上认识的美丽人物只是一条狗。”此话虽然说得未免夸张了些，但网络的虚幻，在我眼里确如罂粟一般，美丽，但不敢靠近。

因此，我“触网”很晚。

2002年夏天，我追寻教育理想，从江苏南通来到了苏州工业园区工作。远离了各种繁杂的行政事务和无聊的应酬，业余时间一下子变得充裕起来。

机缘凑巧，新教育实验课题组成员——教育在线论坛总管理员“苏州人”焦晓骏先生和园区教研员卜延中老师就在我所在的学校办公室楼上办公。和他们同吃一锅饭，有机会经常与他们一起交流，知道时任苏州市副市长（现任民进中央副主席）的朱永新教授和他的一些朋友创办了一个网站——“教育在线”（www.eduol.cn）。也许听的次数多了，心里也多了一份疑惑：这教育在线上究竟有哪些老师？他们在做什么？他们都在讨论些什么话题？带着心中的疑虑，在焦老师和卜老师手把手的指导下，我抱着旁观者的心态登陆“教育在线”论坛，浏览帖子，感觉很不错。

几日后，我便正式注册网名“斌山来客”，并忐忑不安地发了“在线”第一帖：

我是一个客籍老师，来自南黄海之滨的宾山（南通市如东县的县城）。第一次进入教育论坛，不仅看到了我尊敬的老师，还有许多熟悉的朋友，有回到家的感觉。

在看《新教育：为学习服务》一书，觉得书中提出的观点很新，联想到我们的数学教学，作为老师，我们何尝不应当为学生的数学学习服务？教师不仅是组织者、引导者与合作者，更应该是服务者。

今天是我第一次注册并发言，有一点点紧张，更多的是激动。请多多包涵！

这一天是2002年11月28日。

没想到，帖子刚发完，一位网名叫“呼拉拉”的老师马上跟帖求助：

徐老师：这个星期我要开一节“8加几的进位加法”的课，能否提点建议，谢谢！

这么快就有人跟帖了！我很兴奋，马上回复：

呼拉拉老师：我今天正好也上了“8、7加几的进位加法”。我觉得这一课应当体现“算法多样化”的思想。在算8+7时，有学生是把8凑成10，有的是把7凑成10，有学生是想9+7=16，16-1=15，还有学生想10+7=17，17-2=15，甚至有个学生想8+8=16，16-1=15。为学生的数学学习服务，就是从学生的学习起点出发，创设适合于学生积极动手动脑的活动环境，放手让学生展示自己的学习过程，让学生在自己的已有知识经验和生活经验基础上展开学习。在这节课上，我想不必强求学生一定要用哪种方法，不必说明哪种方法最好，可以说“你喜欢用哪种方法就用哪种方法”。一孔之见，请指正。

自此一“发”而不可收拾。我在小学教育论坛开出了“为学生的数学学习服务”的主题帖，成为小学数学老师们交流与研讨的家园，成为许多数学老师切磋技艺的阵地、相互分享教学经验的窗口。

修建自己的“码头”

有了这块自留地，有了这个数学教师精神栖息的码头，我便多了份“额外”的工作。尽管平时工作紧张忙碌，我也不忘注意修建自己的“码头”。每天上班后第一件事，就是打开电脑，先登陆“教育在线”，浏览一下帖子，欣赏几篇美文，招呼一些朋友，回复几句心里话，再动手整理白天要处理的一些事务。如今，我的“为学生的数学学习服务”主题帖已由（一）发展到（七），跟帖回帖计4 003个，浏览数高达63 620人次。

记得2006年2月20日，正当新学期开始时，我的新帖《为学生的数学学习服务（七）》在小学教育论坛里又开张了：“谢谢论坛朋友们三年来对本站的关心、支持和帮助！”

新学期新打算

1. 继续教好一年级数学。（一个班，30人）

2. 出版个人专著——《为学生的数学学习服务》。（20万字）

3. 拍摄专题教学视频——《计算教学》。（6节计算课，2小时专题报告）

4. 继续“为学生的数学学习服务”。（欢迎大家就数学教学问题在此展开讨论和交流，为大家服务）

很多热心的朋友及时跟帖、回帖，给我信心和勇气……说心里话，这寥寥数语不仅是送给新老朋友的新年问候，也许更多的是拟订自己的学期目标。人们常说，教育在线，在线教育！

看全国各地的朋友人来人往，听大家为了某个教学问题争论不休——从一个教学片段的修改完善乃至一个练习题的正确与否，我总是尽量抽出时间与老师们进行交流，常常为帮助别人释疑解惑而快乐，也常常为小屋里热闹的场面而欣慰。当我分享朋友们带来的许多精神大餐时，很多时候便多了一份自豪和自信。看到许多朋友深夜、清早都喜欢登陆我的码头，我心生感动，这里的黎明不再静悄悄！

生命的“养料”

哲人说：“读书足以怡情，足以博彩，足以长才。”又说：“读书就是在读一个个鲜活的灵魂，在读一段段宝贵的时光，在读整个大千世界。是一个分享作者快乐的时候。”

虚心学习，善于借鉴，视野开阔，是新生代教师的鲜明特征，也是提升自己职业素养的又一崭新天地，点击“教育在线”的次数多了，我感觉到必须关注生命的养料，只有这样我才能伴随着美丽的梦想，飞得更高，飞得更远。

尽管在工作最初的几年里，我就已经阅读《九章算术》《尝试教学法》《儿童心理学》《给教师的一百条建议》等五十多部理论书籍，两千多本教育期刊，与布鲁姆、苏霍姆林斯基、陶行知的“亲密接触”，使我开阔了视野，提升了理念。但随着信息技术的发展，随着课改的深入，为了自身专业化成长的需要，尤其是在论坛上，见到朋友们的读书交流贴时，我时时感觉需要补充精神的养料。于是，业余时间，我又捧起了《学与教的原理》《数学与文史》《数与诗的交融》……

夜深人静之际，正是读书享受之时。与大师们的对话，渐渐丰厚了我的底蕴，磨砺了我的底气。同时，利用网络快捷学习，促进了我对数学教育更深入的思考。走进“教育在线”，网上冲浪与书报杂志相结合，读书与思考相结合，成为我喜欢的学习方式之一。

有一种友情叫“跟帖”

有一天，在论坛里读到网友的这篇文章《有一种友情叫跟帖》：

记得第一次在一个网站的论坛里写了一点小东西，过两天回头去看的时候，发现有几个跟帖，当时心里好高兴，热乎乎的！忽然就感觉到一种情感，从这个虚幻的网上世界一下子那么真实地浸透到心里。生活在钢筋混凝土的都市里，人和人的交心变得越来越难，大家脸上通常都是带着清一色的微笑面具，把自己的内心世界深深地隐藏起来！也许是因为这个世界太现实了，人们更敏感地保护着自己，宁肯一个人去品味孤独，也不愿轻易表达心里的感受。但是平心而论，其实我们都需要倾诉，都想要摘下面具，表达最原始最本真的那个自己。在这个用电缆和思维构筑的网上世界里，我们怀着这样或是那样的心情，来表达自己，释放自我，结交朋友。那一篇篇帖子，那一张张跟帖，在心和心之间架起了一座七彩的虹。这里就像是一个大家庭，大家相互倾听，相互鼓励，相互安慰，甚至是嬉笑打闹，都无不透露出一股脉脉温情。

就如此刻吧，手指轻轻地敲击着键盘，心里就像有一把火在燃烧着。

还是那句话，有朋友真好！……

刚进论坛，这篇短文给我很多启示。每个老师都是世上独一无二地存在着的生命体。不管他是即将退休的老教师，还是初出茅庐的小青年，或是一个头上有诸多光环的名师，或是一个默默无闻的普通教师，每一篇文章都是作者心血的凝聚，都彰显了作者的灵性与思想。每阅读一篇年轻老师的文章，我总能感受到他们内心燃烧着对教育的激情和梦想！所以，在《为学生的数学学习服务》的主题贴中，我尽量更多地去关注青年教师，关心刚刚踏上工作岗位的那些老师。对于他们提出的问题，一般都是有问必答。

记得有一天，网名是“钻石天空”的老师问：

徐老师您好，请教“小数的初步认识”这节课怎样创新呢？

青岛版教材“小数的初步认识”是以家居中的学问作为情境引入的，如：40瓦白炽灯与桌面的适宜距离是0.5米，0.5米有多长呢？教材改变了传统的教学模式，教学中让学生通过纸条的折叠演示，把1米平均分成10份、100份自助构建起小数与分数的联系。我想上这节课，怎样再有所突破呢？

也许这样的问题带有普通性，在平时的教学研讨活动中，我常常觉得青年教师解读教材方面有些困难，如果能正确理解教材，真正把握教材的意图，研究教材，再来创造性地使用教材，那么，设计的教学流程应该可以更好地体现新的课改理念。于是，我马上给予回复：

谢谢信任！

最近我也上了“认识小数”，我们苏教版教材在编排上比较有特色。教材安排了让学生从生活中认识小数，同时更注重了小数的来源和本质。教材通过测量，让学生了解小数产生的需要，并且沟通了整数、分数和小数的内在联系。这节课是初步认识，我觉得如果要突破的话，应该从数学的角度让学生经历小数产生的过程，了解知识间的内在联系。但又要注意，不要上成小数的意义。

个人意见，仅供参考。

“钻石天空”随即回复说：

谢谢您的指教，听说您上了苏教版“认识小数”这节课，能否上传您的教案，让我学习一下。

我二话没说，就把自己“认识小数”的教学预案贴在论坛里，供他参考。

记得教育专家魏书生举过一位物理老师讲“热辐射”的例子：1903年，在南极探险的高斯号轮船被茫茫的冰封住归路。办法用尽，冰层仍然不动。在一筹莫展的情况下，船长突然想起以前读过的富兰克林的实验日记，于是便让船员把煤灰和锅炉烟道中的黑烟灰铺在冰层上。阳光照来，冰竟奇迹般地融化了。煤灰和烟灰为什么有这般神奇之功？学生们都惊疑了……

提出问题往往是解决问题的开始。对这些青年教师，如何保护他们对教育的好奇心，保护他们的职业敏感性，激发他们的工作热情？我想：让他们听专家、名师的报告讲座固然是提高教学水平的一种方式。但是，教育论坛是交流学习、工作心得的地方，是实现资源共享的地方，利用这个有利条件能最大限度地帮助他们，激励他们。或许我的能力是有限的，但是，他们在工作中已经能够发现问题。如果勇于提出问题，一起来交流探讨，那么，我才真正做到了“为学生的数学学习服务”，真是何乐而不为的事情！

有一种友情叫跟帖！在论坛里浏览那些帖子后，无论感到好与坏，印象深或浅，我尽量告诉大家我的想法与平时的一些做法，让这些青年教师深深感到被关注的幸福。

与网络“撞腰”，撞出了我生命的激情与内心涌动的活力。

（二）互动交流：收获在那些被鼠标激活的日子里

点击“教育在线”，我与老师们的交流有了更为广阔的平台。尤其在小学教育论坛里，有来自全国各地数学老师的主题帖，尽管使用的教材版本不同，任教的年段不同，但这些老师都有一个共同的特点，他们和我一样工作在第一线，对于课改的热点、难点问题有话说。每天读帖、回帖，与大家一起交流探讨，研究教学设计，剖析教学重点，网络教研成为崭新的时尚话题。它促进了教师的自我反思和发展，改变了教师的学习状态、工作状态，极大地增强了教师参与教研的自主性，创生出崭新的网络教研文化。我常常感慨说：互动交流，收获在那些被鼠标激活的日子里。

身边有“钻石”

著名的心理学家马斯洛的需要层次学说指出，人都有归属和尊重的需要。确实，每个人都有被尊重的需要，有发展自我和被认可存在价值的需要。

在小学教育论坛，我发了不少文章，当我把平时写的教学随笔与大家分享时，赢得了同行的不少赞誉。在朋友的赏识与鼓励中，我走得温暖而自信，也找到了做一个思考着的行者的乐趣与意义。于是，就这样一路坚持着，一路收获着。

鼓励的价值不容小看，争鸣的氛围更是有益。

“吾爱吾师，吾更爱真理。”

“道之所存，师之所存。”

因为网络，因为论坛，现实中严格的等级序列消减了它的力量——你根本不需要在意发帖人是个什么级别的什么“长”，什么“主任”，想说什么尽可以说，如果在意，可以套用“马甲”。真实的声音，就是这样发出来的。

譬如评课。现实中的传统评点，需要大家围坐下来进行研讨，且常常是众人说说好话不痛不痒走过场。我的课堂，由于特级教师的光环，如果想和大家当面交流一下，那收获的大多是“沉默”。而网络评点，去除了时间和空间的同一性，也去除了话语霸权，在这个平等的空间里，我读到了宝贵的带着温度的思考。

2003年10月12日，我应邀到江苏省海门实验小学执教了“确定位置”一课。一位网名“云开雾散”的老师在论坛上给我一下子提了6条建议：

1. 预设学生坐定座位后，再根据票调整座位，孩子比较乱，有时还会丢东西。

2. 请每个同学找到自己最好的朋友这一环节改成：请你说出你好朋友的位置，让大家猜猜他是谁。

3. 在解决问题时可以将图中两个窗户关上，学生用鼠标指向选定的窗户，窗户打开出现小动物头像。

4. 书橱图可以增加一个层次，让学生明白，位置是相对的，而不是固定不变的。

5. 将扫雷游戏改成寻宝或救援行动，可以培养学生克服困难的健康思想，而不只是期待炸雷时的快乐。

6. 在电影院找位置这部分可以这样设计：……

诸如这样的帖子，不胜枚举。也许帖子的主人只是个无名小卒，但我无比珍视这些独特的见解和看法。这些或长或短的帖子，都见情见性，是真理烛照下的珍珠。读着老师们真切的评语，我常常心存感激。以后，每逢外出上课，我习惯将教学预案张贴在论坛上，让大家给我提建议，说感想。然后结合学生的实际情况不断修改完善教学预案，一堂堂好课就这样诞生了。所以，串起这些珠子，就是美丽的项链。身边的这些建议，就是一颗颗钻石。我的课堂技艺的日臻完善，离不开身边这些珠子、钻石带给我的光亮。

网友“聊天”记

进了网络，与网友聊天是一件非常普通的事情，然而我所说的聊天却又非常特殊。这里有一个不得不提的一个故事：

2003年1月23日晚上，我结合自己的研究专题“数学课堂教学评价标准”和“小组合作教学问题”，约上好友特级教师夏青峰在小学教育论坛里组织了一次专题沙龙研讨活动。主题是“怎样改善学生的学习方式才是有效的？”。

当我在小学教育论坛里抛出问题后，这个论坛如平静的湖面掀起了思维的浪花，那些爱好数学的老师们聚集在一起，你一言我一语，热闹极了！

网友盛伟华：

儿童本能地对一切事物和现象感兴趣，他们具有自然而又旺盛的探索精神和强烈的求知欲，会想方设法弄清楚这些新奇事物背后究竟隐藏着什么。教师就可以利用这一可贵的动力和心理资源，在课堂上指导学生如何观察、如何提问、如何收集资料，教给他们发现数学变化规律的一般思维方法，引导学生自主探究的方法和形成善于听取各种不同的建议以及随时发现新事物、敢于保持自己富有个性的独特意见等好习惯。

网友莫国平：

我觉得学生首先要喜欢数学、要会看数学课本！然后在看书的基础上提出自己的问题，师生把学生提出的问题进行归类，然后让学生进行探究（当然需要老师的指导）。

网友缪建平：

一种新的学习方式的掌握和运用，需要依托相应的课程载体。只有教学处理得当，原有的课程内容也能在一定程度上支持学生研究性学习的展开。我们的许多优秀教师，正是在原先的学科课程教学中，既有效地指导学生掌握了基础知识和基本技能，又培养了学生主动学习、积极探究的意识和能力。学生学习方式的改变，最终也应当在各类课程实施的过程中得以体现。记得一次听冯恩洪先生的报告，说到中国一个代表团一次到美国去进行教育考察，最后提出一个要求：请当地学校校长提供一个课程表，结果是令人啼笑皆非的——因为在美国根本就没有学校给师生的课程表，只在学生自己给自己安排的课程表。这说明什么？我想，也许当我们到了那一天，学生的学习方式才会真正显示自己的个性！

……

精彩的发言不能一一呈现。当天夜里，就引来一百多位网友的积极参与。这些来自四面八方的网友，大胆发言，或短小精辟，或长篇叙述，或热情涌动，或羞涩地递上一句问候……这种群体反思的形式是极具价值的，这样的教学沙龙活动别具一格，引发了我对数学课堂本质的深入思考，由此整理的论文和案例分别被《小学数学教师》《陕西教育》《江苏教育》等刊物发表。

当了一回“嘉宾”

2006年4月19日，一个普通的日子，一位普通的网友思阳老师在“小学教育论坛”里贴了这样一则广告：

著名特级教师徐斌将于2006年5月18日晚做客《福建教育》“与名师零距离”栏目，与广大教师在“教学110教研联盟”QQ群（5913706）开展网络交流活动，交流主题为“计算教学的主要矛盾及处理策略”。为了保证活动有序高效地开展，欲参与活动的网友请事先在此提出您的问题，主持人将会整理后提交徐老师。如果您的问题很有针对性，将有机会在《福建教育》2006年第7期刊出，并能获得赠刊。希望大家积极参与提问，针对“计算教学的主要矛盾及处理策略”这一主题及在计算教学中遇到的困惑，大胆地提出您的问题！

时间过得真快，5月18日晚，我如约来到了《福建教育》“教学110论坛”参加活动。当晚来的老师还真多，好多网友读到广告，都作了充分准备，提出了不少问题。尽管在QQ群里，老师们大都带着“面具”，但是，这并不影响彼此之间的交流与沟通。我感觉当时的场面有点像记者招待会。

网友们提出的问题大多是实施新课改后，在计算教学中的一些困惑。诸如：计算教学中存在哪些问题？主要问题是什么？

我认为当前计算教学中主要存在的问题有四个方面：创设情境与复习铺垫的矛盾；算理直观与算法抽象的矛盾；算法多样与算法优化的矛盾；技能形成与解决问题的矛盾。

也有老师问：“原来计算教学多采用复习铺垫的方式引入，现在比较流行创设情境。如何处理好铺垫与情境的关系，使枯燥的计算同样能引发学生的兴趣呢？”

我回答说：“建构主义学习理论认为，学习总是与一定的社会文化背景即‘情境’相联系的，在实际情境下进行学习，有利于意义建构。的确，良好的问题情境能有效地激活学生的有关经验、体验。《义务教育数学课程标准（实验稿）》也特别强调，计算教学时‘应通过解决实际问题进一步培养数感，增进学生对运算意义的理解’，‘应使学生经历从实际问题中抽象出数量关系，并运用所学知识解决问题的过程’，‘避免将运算与应用割裂开来’。创设情境和复习铺垫并不是对立的矛盾，并不是所有的计算教学都必须从生活中找‘原型’，选择怎样的引入方式取决于计算教学的内容特点和学生的学习起点。”

那么，如何处理好算法多样化与算法优化的关系？我解释说，由于学生所处的文化环境、家庭背景和自身思维方式的不同，学生的数学学习活动应当是一个生动活泼的、主动的和富有个性的过程。算法多样化应是一种态度，是一个过程，算法多样化不是教学的最终目的，不能片面追求形式化。老师不必煞费苦心“索要”多样化的算法，也不必为了体现多样化，刻意引导学生寻求“低思维层次算法”。即使有时是教材编排的算法，但如果在实际教学中没有出现，即学生已经超越了的“低思维层次算法”，教师可以不再出示，没有必要走回头路……

我的这些想法点燃了老师们的思维火花，大家对算法的多样化与优化之间的关系渐渐清晰起来。

做客《福建教育》“110论坛”，当了一回“嘉宾”，假如没有网络，这真是遥不可及的梦想。

如今，从“教育在线”的视线延伸开去，我真正尝到了与教师互动交流的乐趣。这些老师提出了许多数学教学中经常遇到的计算问题，有些是我平时就关注的问题，早有心理准备；有些是平时感兴趣的话题，已经作了分析；还有些问题是我教学中没遇到过的，可以给我一些提醒。或许靠一次两次活动不能彻底消除一线教师教学工作中的疑虑。但是，有了网络这个互动的高级平台，我想，老师们有了“受重视”感，便会自觉地产生发表的欲望，积极发表话题。而要发表话题，便会更加关注数学的一些教学现象，对教学现象进行分析，进而使教师养成了观察与思考的习惯，真正实现了网络教研的同伴互助。这样一个特殊的活动方式，使大家以共鸣的方式相互促进与提高，一起构建和谐的抒发、表达、辨析、质疑、批评，总结教育思想、教育方法、教育规律的网络环境，一起参与丰富多彩的“课改大研讨”。各种活动的不断推进，会更好地促进教师教研行为的变革，创新教师思维。

网络教研，犹如一场静悄悄的革命——已悄然打响！

真正的“速度”是看不见的

诚然，上“教育在线”之前，我便是一名特级教师。作为特级教师，是功成名就后的泯然众矣，还是跃马扬鞭自奋蹄的不断超越呢？庆幸的是，我遭遇了“教育在线”——读书、实践、思考、写作，我的专业发展又有了新的平台与方向，我感觉应该跑出自己的速度。

当新理念铺天盖地涌来时，当新课改来到我们身边时，我越来越强烈地感受到老师们在课堂上缩手缩脚，手足无措。在梳理新课程课堂的过程中，我觉得掌握新的教育理念不是在口头上，而要在行动上真正去引领教师一路前行！于是，我把研究目标锁定在课堂，在推敲课堂的细节中寻觅教学的智慧！

2004年12月28日，当我们迎来这年冬天的第一场大雪的时候，也迎来了新教育实验课题——“构筑理想课堂”项目组举行的首次大型教学研讨活动。寒风挡不住参与新教育实验的广大教师的热情，来自全国各地的项目组学校的教师踏雪而来，共同探讨了新教育实验，共同研究构筑理想课堂的策略方法。项目组邀请了上海市教育科学院顾泠沅院长和原张家港高级中学的特级教师高万祥校长，他们分别为大会作了“聚焦新课堂——课堂教学评价问题探讨”和“爱心是照亮课堂的阳光”的学术报告。特别是研讨会上朱永新教授激情洋溢的讲话，更加激发了我参与新教育实验的热情，也标志着我们全校正式开始了新教育实验之旅。

2005年1月15日，来自全国的三百余位教育名流云集张家港市沙洲小学，参加了由新教育实验总课题组主办、《苏州教育研究》编辑部和沙洲小学承办的“构筑理想课堂”专题沙龙活动。在为期一天半的时间内，与会人员不仅现场观摩实验课，而且通过主题演讲、专家讲座等形式深入探讨了“构筑理想课堂”这一新教育实验课题。我有幸参加了主题演讲《理想课堂——心中永远的梦》。

我对理想课堂的追寻经历了“三境界”：

第一阶段——精雕细琢、完美无缺 。

从1987年我刚踏上讲台的第一天起，就开始了对理想的数学课堂的追寻。我曾看过许多著名特级教师的数学课堂教学实录，听过不少比赛获奖老师的数学课堂教学示范，我也曾数次参加过县、市、省级和全国小学数学课堂教学比赛。这个阶段我追求的理想课堂的特征是“精雕细琢、完美无缺”。

我曾经对“教学目标明确”“教学程序严谨”“提问精细恰当”“采用多种媒体”“板书精当美观”“过渡语言周密设计”“时间控制恰到好处”等孜孜以求。我以为一堂好的数学课应该密不透风，滴水不漏；应该天衣无缝，无可挑剔；应该精雕细琢，完美无缺。

这段时间，我追寻得好辛苦。有时为了上好一堂研究课，我常常把课堂教学中要说的每一句话都写下来，甚至掐着秒表计算时间，哪一个环节用几分钟，那几句话用多少秒钟，有时甚至幻想，当我讲完结束语的最后一个字时下课铃声正好响起。遗憾的是，这样的理想状态一次也没有出现过。

第二阶段——多层并进、快乐交流 。

后来，我开始反思自己的课堂教学，反思自己理想中的数学课堂标准。我渐渐觉得，教师应该把抽象的数学教得富有趣味，应该在课堂上有全面的目标追求。我把一堂数学课从教学目标的角度分为三个层次：有知识技能方面的序列发展要求，有思维能力方面的序列发展要求，还有情感态度方面的序列发展要求。同时在教学形式方面我觉得应该让所有的学生活动起来，尽可能多地让学生在游戏和比赛中学习数学，在小组合作交流中学习数学。

这个阶段，我追求的理想课堂是“教学目标具体而有层次”“教学手段多样化、现代化”“教学形式以小组学习为主”“教学过程以游戏比赛为主”。我的数学课堂教学中出现了一些个性鲜明的特征，由于大量采用了小组学习模式，制作了形象逼真的投影片和生动活泼的多媒体课件，采用了大量的故事、比赛、游戏，学生在我的数学课堂上往往情绪十分高涨。

乍看上去，在这样的课堂上学生表现非常积极，甚至有些亢奋，场面气氛也十分热闹，动静结合高潮迭起。但细细回味后就会发现，这种活动和游戏只是表面上的“繁荣”，只是少数学生在进行游戏，多数学生只是“旁观者”；只是看得起劲，没有真正参与；只是外在形式上的活跃，数学思维的含量并不高。

因此，这一阶段我上的课都有点“花”，甚至课堂秩序有点“乱”。虽然学生在课堂上开开心心，热热闹闹，听课的老师也觉得轻松快乐，但我渐渐懂得——调动积极性并不是教学目的，理想的数学课堂应有更高的追求。

第三阶段——真实有效、互动生成。

1999年全国第八次课程改革拉开了帷幕，我深入学习了数学课程标准的征求意见稿和实验稿，进一步反思自己的数学课堂。我认识到：数学的课堂是学生发展的天地，数学学习的过程是学生享受教师服务的过程。于是，在课堂教学实践中我追求“为学生的数学学习服务”，追求真实自然下的动态生成。

我认为真实的课堂应该摒弃演练和作假。华东师大课程研究中心吴刚平教授说：“真实的教学情景是具体的、动态生成的和不确定的，需要在教学过程中才能呈现出来，不是为了观赏。”真实的课堂应该面对学生真实的认知起点，展现学生真实的学习过程，让每个学生都有所发展。真实的课堂不能无视学生的学习基础，把学生当做白纸和容器，随意刻画和灌输；真实的课堂不能死抱着教案，一问一答，牵着学生鼻子走，不敢越雷池半步；真实的课堂更不能课前操练，课中表演，少数参与，多数旁观。

有效的课堂追求简单和实用。山东大学原校长展涛先生在谈到数学课程改革时说："应该让学生学简单的数学，学有趣的数学，学鲜活的数学。"虽然数学的表达方式是形式化的，但我们在课堂上呈现给学生的数学应该是作为"教育形态"的数学而不是"学术形态"的数学，应该把"冰冷的美丽"转化为"火热的思考"。具体说就是让学生用简单的方法解决数学问题，就是把复杂的问题简单化，而不是把简单的问题复杂化；让学生在实际应用中学习数学，让学生知道数学知识的来龙去脉而不只是"烧中段"；让学生在熟悉的生活情境中学习鲜活的数学，而不是人为编造、纸上谈兵，不是只动口不动手、只计算不应用，不是学习陈腐僵化的数学。

互动的课堂讲求对话和共享。教师不仅是组织者和引导者，而且是学生年长的伙伴和真诚的朋友。好的数学老师应该善于营造一种生动的数学情境，一种平等的对话情境。课堂教学就是在这样的情境中所进行的"对话"，教师和学生不仅仅通过语言进行讨论或交流，而更主要的是进行平等的心灵沟通。在对话的过程中，教师凭借丰富的专业知识和社会阅历感染和影响着学生，同时，学生的见解和生活经验直接或间接地作为个人独特的精神展示在教师面前。这种状态下的课堂教学过程，对师生双方来说，都是一种"共享"。

生成的课堂需要耐心和智慧。课堂之所以是充满生命活力的，就因为我们面对的是一个个鲜活的生命体；课堂教学的价值就在于每一节课都是不可预设、不可复制的生命历程。追求生命的意义应成为数学教学的起点和归宿。尽管如此，我仍觉得，教学设计依然是十分重要的。曾有人片面地认为，既然课堂是生成的，课程改革后应该简化备课，甚至不要备课。孰不知，没有备课时的全面考虑与周密设计，哪有课堂上的有效引导与动态生成，没有上课前的胸有成竹，哪有课堂中的游刃有余。在生成的课堂上教师要善于激发学生的学习需求，放手让学生自主探索，展示学生真实的学习过程，特别是善待学生学习过程中出现的错误和不足，运用老师的智慧耐心引导学生，使之在获取知识、形成能力的同时获得健康的人格。

“路漫漫其修远兮。”多年来，我苦苦追寻着心中的理想课堂。也许，理想是永远不可能完全实现的，理想只能不断地去逼近。

在这次主题演讲上，我对多年来在小学数学教学方面的经历与实践作了梳理和总结，把自己在探索理想课堂方面的一些思考向大家作了汇报并与大家进行了交流。

2005年5月17日下午，在我校，由理想课堂项目组负责人孟丽华主持，我校葛虹校长、常州实验小学校长杨文娟、常熟实验小学校长薄俊生共同签署了新教育实验——构筑理想课堂“互助研究共同体”纲领，朱永新教授代表总课题组签字，并就共同体的发展方向和理想课堂的研究方式等作了报告。这次标志性的签署活动，促使构筑理想课堂的实验研究逐渐从表面走向深层。每个教师都应该真正行动起来，研究起来。

在“教育在线”，我有幸成为理想课堂的一名忠实实践者。2005年6月3日，由新教育实验总课题组主办、常熟市实验小学承办的“新教育实验的实践与反思暨‘构筑理想课堂’主题沙龙活动”中，我执教了“解决问题的策略”一课。上午，我和另两位老师同题做课。下午，许多在线网友聚集在一起，就三节数学课进行了热烈的研讨。活动中，我不仅把自己的教学设想与老师们进行交流，还就理想课堂讲述了自己的一些思考，得到了与会者的一致好评。

2005年6月10日，由福建教育出版社主办，明日教育研究所、仓山区教育局协办的“新教育实验”和“生命化教育”学术研讨会在福州仓

参加教育部远程研修项目

山小学举行，我又献上了一节数学课“一位数乘两位数”供大家探讨。福建闽侯白沙中心小学的郑章钦老师在听课感想中这样写道：“听徐斌老师的课，如沐春风，舒服而惬意。我真没想到，原来数学课也可以上得如此富有诗意和智慧。不必说身边众多的老师，就我自己而言，当初‘弃数从文’就是因为认定了数学是机械生硬、枯燥无味的。徐老师的这节课不仅彻底颠覆了我对数学的成见，还给了我三大启示……”

2005年7月12日在四川成都召开的新教育实验第四届研讨会上，以及2005年12月25日在吉林召开的新教育实验现场会上，我都有幸走上讲台，现身说法，以真实的数学课堂与老师们一起交流，以自己的实际行动逼近理想课堂。

有人说：和别人交换一个苹果只得到一个苹果，和别人交换思想能得到两种思想。因为在思维的领域中，一加一大于二，甚至大于三。新教育实验的每次研讨活动，都紧扣理想课堂的营造，有理论叙述，有案例解读，有实践反思，对理想的智慧的课堂作了最好的诠释，专家们精辟的讲解犹如一顿可口的精神大餐，给大家全新的感受。而老师之间通过交流互动进行了思维的碰撞，这种智慧的碰撞好比催化剂，它能引发教师大脑思维的连锁反应，它能萌发新的智慧。哪怕是一点思维火花，它也能引领教师进入教育的新境界、真境界！一路走来，理想课堂如今已成为论坛上一则最美的“童话”。

如果最初进入“教育在线”是一种偶然，给“梦”插上了飞的翅膀，那么，网络学习、课堂交流无疑给了我更大动力，让我不禁想跑出最快的速度，而且想飞得更高，走得更远。同时，借助“教育在线”给我的这股神力，我还想引领更多的青年教师，朝着理想的、充满智慧的数学课堂飞奔远去！

（三）网络写作：指尖在键盘上的心灵之舞

“他勤于笔耕，不断总结。他读书勤写笔记，记下自己的心得和体会；他上课勤写教后感，记下自己的成功与教训，为自己积累了第一手资料。他参加工作后仅两年时间，就在省级教育刊物上发表了第一篇教学文章。他公开发表的教育、教学论文和经验文章，到目前为止大约已有200多篇……”

这是我的导师盛大启先生2005年为我的专著《走近徐斌——为学生

的数学学习服务》写的序。虽然一直以来我都有记随笔的习惯，但是，网络写作，指尖在键盘上的心灵之舞，别有一番韵味在心头。

忍住一分“甜”

曾听说这样一个故事：美国著名心理学家瓦尔特·米歇尔曾经在一群幼儿身上做过一个有趣的实验。他给每个孩子发一块软糖，然后告诉他们说他有事要离开一会儿。他希望孩子们都不要吃掉那块软糖，他许诺说：“假如你能将这块软糖留到我办完事情回来，我会奖励给你们两块糖。”等他出去后，有些寂寞的孩子终于忍不住，吃掉了那块糖，接着，又有人做同样的事情……20分钟后，米歇尔回来了。实验远没有结束。心理学家继续追踪那一群接受实验的孩子。多年以后，他发现那些不能等待的孩子大多一事无成，而日后创造出一番辉煌事业的就是当年那些愿意等待的孩子……

忍住一分甜，心中便多了一分梦想。以前记录教育随笔，总是有感而发，偶尔写下只言片语，时间一长，就常常找不着纸片了。因此也少了很多深入研究的机会。自从“触网”后，每当我坐在电脑前，就有一种输入的冲动。开了主题帖，总得给朋友们奉献点东西吧，就逼着自己把零散的思考付诸文字。在写作的过程中，为了把一个个问题阐述得更清楚，又会自觉地去查阅相关资料，这是一个深化和细化所思所想的过程。

在杂志报刊上发表文章，需要一定的时间。再说，又有多少人能发表呢？网络写作的最大优势就是随想随写，随写随发。“我给我自己发表”——极大地唤醒了教师进行教学反思的自觉性，开发了每个人的潜在能力。

渐渐地，我养成了网络写作的习惯。每天总要留一段时间反思课堂的得失。夜深人静之时，指尖在键盘上舞蹈，“哒哒哒”“哒哒哒”……那是伴舞的音乐，最简单不过的旋律，听来却是满耳的舒服惬意。

记得2005年10月31日，我在“教育在线”论坛上发了这样一个帖子：

《人民教育》话题讨论——欢迎积极参与

《人民教育》今年第20期编发了一个有意义的话题——“学科间的大门被推倒以后……”刊发了两篇文章：

语文特级教师宋运来写的《去种一次别人的田——一位小学语文特级教师反串数学课》；我写的评论《到底种出了什么》。我觉得这个话题很有讨论价值。

现将这两篇文章贴上，欢迎大家就这个话题展开讨论！大家可以直接将讨论观点文字发给《人民教育》编辑余老师。

霎时，论坛里吸引了一大批老师，好像论坛里组织了一次写作比赛。很多老师及时敲击键盘，大胆发表自己的感想与体会。

江苏省海门实验学校小学部吴勇老师贴上了《思想者俱乐部简报第6期》，讲述了他们学校对于这次学科教研的一些尝试。

朱永新教授说："这是有价值的尝试。学科的区分本来就是相对的。"

湖塘穗子："也许可以说数学与语文之间没有壁垒，从人的发展的角度，可以说理念与思想是相同的，甚至是一致的；也可以说有壁垒，数学毕竟有数学的本质，语文学科有语文学科的特性，我们往往也不敢做肥了别人的田、荒了自己的院的尝试！"

江舟一叶："我觉得看这个案例不能停留于那些细枝末节的评论。以下问题值得思考：如何看待学科的专业化与可能存在的'学科专业膨胀'带来的迷局？学科专业性形成的'权力'和坚固的结构是否有碍学科教育自身的进步？学科之间的相通性表现在哪里？笼统地说心理学、教育学等共同基础显然是不够的，还应该能结合具体的学科去发掘。当然，共同的心理学、教育学运用到不同学科，其表现方式也会不一样。这里面可供讨论的东西很多；对于学校目前存在的教研方式与教研文化带来怎样的思考和冲击？为什么会有许多教师首先去揣摩别人的动机，而对这件事情可能带来的开阔视野与突破常规思维的启发视而不见？"

……

可谓仁者见仁，智者见智。许多网友精彩的思考渐渐变成了铅字，发表在《人民教育》杂志上。可以看到，网络写作的最大好处就是方便及时，一个小小的话题讨论，一下子把大家的目光聚焦到校本教研上来。那些对话题敏感的老师，拥有自己想法的老师，都在平时的教学工作中积累了经验，再用学到的理论作了精辟的阐述，这样的思考才具有价值。所以，忍住一分甜，厚积方能薄发！

做个快乐的“行者”

“我是一个行者，步履轻盈，走在教育的路上。我的脸上常带笑容，我的心中充满阳光……”每当读到朱永新先生的这首小诗，我觉得有缘走进“教育在线”很幸运，我也甘愿做个快乐的行者。如果我是一个行着，轻轻或重重地走在教育的家园，心里便多了一份思索；我是一个思者，简单或深邃地想着教育的事业，心里就多了一份收获。

现在，我常常会在论坛短消息里收到一些教育媒体编辑发来的录用通知或者约稿信函。

2005年1月，《湖南教育》杂志推出了课改专栏“100个怎么教”，我有幸将自己在课改中的一些思考寄予笔端，写出了《当前小学数学课堂教学误区及对策》八个部分，分期连载与读者分享。

2005年，《现代教育报》的编辑雷玲老师约我担任《听名师讲课》（数学卷）一书的顾问，我还主编了《另类课堂》《推敲新课程课堂》等书籍，有机会把数学方面的收获、思考与众多数学老师分享。

近年来，我的教育教学随笔也不断出现在各级各类的报刊杂志上，《确定位置》教学实录被《教师之友》录用，《一位数乘两位数》教学反思被《中国教师报》录用，教育随笔被《成才导报》录用……

2005年9月27日的《中国教育报》上，刊登了全国著名特级教师、北京市教育科学研究院吴正宪老师写的一篇文章：

《如何走上教学智慧之路》（节选）

——徐斌教育教学艺术给我们的启示

近期的《中国教育报》上，连续出现了一个响亮的名字，那是一个我非常要好的朋友，江苏省青年数学特级教师，苏州工业园区第二实验小学副校长徐斌。

认识徐斌已有十多年了。至今仍清楚地记得1993年暑期，在广西桂林我第一次见到他，第一次走进他的课堂。那一次，这个二十几岁的年轻人在课堂上创设的和谐融洽的学习氛围以及他巧妙地将数学思想、方法润物无声地传递给学生的出人才气，给我留下了深刻印象。多年来，我一直关注着他的发展，也有机会不断听到他的课，感受他对当前小学数学课堂的思考与实践，不时分享着他的成功与快乐。最近，读了《中国教育报》上关于他教学艺术的系列报道，使我感到徐斌在不断地进步，教学风格也日趋成熟，他的课堂教学成为学生在数学王国中的一次次智慧旅行。

英国大哲学家怀特海说："尽管知识是智育的一个主要目标，但是知识的价值还有另一个更模糊，但更伟大、更居支配地位的成分，古人把它称为'智慧'。没有某些知识基础，你不可能聪明；但是你也许轻而易举地获得了知识，却仍然缺乏智慧。"可见，智慧不是简单的知识累加。如果一个人通过学习，记忆了一些东西，只会重复别人的思想，却不善于独立思考，更不会主动去探究和创造，那就不能说拥有智慧。近年来，徐斌老师的数学课堂经历了从"昨夜西风凋碧树，独上西楼，望尽天涯路"的迷惘，到"衣带渐宽终不悔，为伊消得人憔悴"的苦苦追寻，而最终达到"众里寻他千百度，蓦然回首，那人却在，灯火阑珊处"的豁然开朗。可以说，他在学习积累、传授知识的同时，更多地进行了思考，并以他的智慧点燃了学生创造的火把。

古希腊人看到重物落地，认为那是物体内部有一种"寻找自己位置的愿望"。不久前，徐斌上了一节数学活动课"确定位置"。一位老师听了这堂课后，形象地描述了他对徐斌的印象："生活中，工作中，我们都需要给自己确定位置。我想，徐老师的人生坐标是否可以这样描述：对数学一如既往的热爱，是坐标的横轴；对课堂孜孜不倦的追求与超越，是坐标的纵轴。徐老师在自己找准的位置上，在横轴纵轴的交汇里，铸造着一个个辉煌的亮点！"

的确，对数学一如既往的热爱和对课堂孜孜不倦的追求成就着徐斌的教育梦想，也让我们看到了一条年轻教师专业成长的路。

经过二十多年的探索，如今走进徐斌老师的课堂，我们会发现教师真正成了学生数学活动的组织者、引导者、合作者。学生是数学活动的主体，他们主动完成意义的建构，创造性地解决问题，并成为积极反思、修正自己行为的真正的人。在学习知识的同时，师生的精神生命也在健康成长。我们会发现徐斌幽默、清新的语言中，还多了一份智慧和灵动。有时是细心真诚的点拨，有时是恰如其分的引导，有时是睿智从容的评价，有时是热情大方的鼓励……

自2005年8月16日起，《中国教育报》用了两个月的时间对我的教育教学艺术作了连续报道，之前分别刊发了教育在线“重量级”数学老师陈惠芳采写的《问题设计巧，方能学得活》《从熟视无睹到精雕细琢》《追寻有魔力的课堂语言》《三张神奇的位置卡片》《给计算教学加点“甜味”》《引领学生驾驭数学之舟》等一组文章。这次专题连载和报道，是对我个人数学教学工作的认可和肯定，带给了我一种巨大的成功内驱力！

在中央教育电视台录制专题讲座

我是一个快乐的行者。近年来，曾应邀到广东、广西、山东、浙江、上海等20多个省、市、自治区作公开教学400多次，有5节课被中央教育电视台摄成录像，通过卫星向亚太地区播出。2005年，中国名师系列——《徐斌小学数学教学专辑》由山西教育音像出版社正式发行。整个专辑由12张光盘组成，2005年3月在山西省电教馆录制完成。共收录了我的一个报告（两张光盘）和10堂经典课例。

2004年12月5日，我成立了个人网站——徐斌工作室。让更多的青年教师在这种特殊的交往、交流、合作的空间氛围里自由成长。同时，尽可能地发挥自己的研究专长，以实际行动引领教师，促进他们专业素养和内涵的提升！

2006年3月，我的最新专著《走近徐斌：为学生的数学学习服务》

将赴西藏支教

由福建教育出版社出版。该书是“新教育文库·新生代名师课堂探索”丛书中的一本，由中国小学数学教学专业委员会学术委员、苏教版小学数学主审盛大启作序，全书分两部分：第一部分——课堂教学实录与评析，第二部分——新课程背景下的教学探索。该书是我近20年教学积累的浓缩与精华，也是开始另一个20年的界碑！

我是一个快乐的行者，携着梦想和希望上路，曾与寂寞、欢乐相伴，曾与挫折、成功相随。行走在“教育在线”，每天都能感受着一个个年轻的跳动着的生命，触摸着一束束闪烁着智慧的思维的火花。生命彼此感应，火花彼此碰撞。我是一个行者，我的行囊中已为教育准备了一切，理想、智慧、激情、诗意和力量！我坚信在课改的路上，我会越走越远，更加自信和坚强！

并非结语

“人不是一件东西，他是置身于不断发展过程中的生命体，在生命的每一时刻，他都正在成为，却又永远尚未成为他能够成为的那个人。”（马克思）

有人说：人生像一本书，是一本永远读不完的厚书。每个人都是一本书，一个故事，一个惊心动魄的传奇，一部脍炙人口的小说……

肖川教授在《教育的理想与信念》一书中这样写道：“只有用思想才能滋养丰富的心灵和厚重的人格。在教育世界中，倘若有丰富的思想熠熠生辉，倘若有丰富的思想相互碰撞，倘若有高尚、丰富、独到、深刻的思想来鼓舞人心，我们的事业，才更有趣味，更有魅力……”是呀，一个有思想的人，才知天道酬勤，纸上得来终觉浅，绝知此事要躬行，心中悟出始知深。或许昨天的成绩是辉煌的，但明天的路依然漫长。

天地宽，路正长。鼠标点击www.eduol.cn，那温馨的粉红，是我梦想的翅膀。

十、我的课堂人生

潘小明

潘小明，男，1960年生，小学数学特级教师、中学高级教师，现任上海市宝山区第一中心小学校长，兼任中国教育学会小学数学专业委员会理事，上海市小学数学青年教师教学联谊会会长。

曾获全国优秀教师、上海市骨干教师称号，被中共宝山区委、区政府评为“宝山区拔尖人才”，宝山区教育局将其评为首批小学名师。长期专注于“小学数学生成教学的研究”。《小学数学教师》编辑部等单位分别于1997年、2004年在青岛、上海举办“吴正宪、潘小明数学课堂教学艺术研讨会”。自主探究学习专辑在中国教育电视台“名师讲坛”栏目播放。曾获中国教育学会小学数学专业委员会年会论文一等奖。主要著作有《新课程理念的探索实践——小学数学课堂教学案例与反思》《潘小明：数学生成教学》等。

“盐泥场”走出的“新郎官”

1960年4月26日，我在上海宝山盛桥公社一个俗称“盐泥场”的村子里呱呱坠地。尽管农民们成年累月地辛勤劳动，但由于贫瘠的盐碱地，田里庄稼长不好，每年年终分配水平常常是最低的。

为了多挣几个工分，读初中的我就利用早晚时间和节假日下地干活，特别是农忙季节，我经常加入到出早工、开夜工的队伍中。记得一次晚上脱粒稻谷，竟然累得在稻草堆里睡着了。尽管一家人都非常拼命，但每年年终还是“透支”。幸亏父亲是教师，尽管那年代知识分子是“臭老九”，但是，每月五十多元的工资收入是固定的，一家人的生活还算过得去。

1978年，我参加了“文革”后的第一届高考，如愿以偿地考取了上海市安亭师范学校。虽说是中师，可是在那个偏僻的乡村，读初中就能下地挣工分的生产队里，能考上中师已经很不容易。然而，接到录取通知书时，我们一家人又犹豫了：当时，恰逢宝钢征地动迁，我很有可能可以做个宝钢工人。父亲的好朋友、我的高中数学老师好心地劝我：去安亭师范读书，将来当个小学教师，每月三十几元的工资，说什么也没有当宝钢工人强！也许是“子承父业”的传统思想，也许是父亲对教师职业的特殊情感，也许是父亲已经感觉到了教育的春天即将来到，父亲建议我就读师范。这与我的想法不谋而合，于是，这件事在我们家毫无争议地定下来了。

在安亭师范的读书生活，我永远不会忘记，每个星期骑车两个半小时到学校。我是应届生，年龄小，当时身材也瘦小。同班同学大多数比我大，他们常常照顾我。但我学习很勤奋，理科成绩更为优秀。

两年的师范学习生活很快结束。1980年2月，我被分到当时的宝山县盛桥中心小学任教，第一年就是教三年级一个班，语、数包班兼任班主任，每周24节课，整天和孩子们在一起。记得在盛桥中心辅导班上的第一堂公开课是“一个降落伞包”，至今还能回忆起课堂的一些内容。

由于备课时得到父亲的指导，而我的教学又比较有激情，课上得很成功，获得辅导班老师的啧啧称赞。我校的党支部书记告诉我，他一直站在窗口听课，认为课上得很不错，要我继续努力。我心里默默地告诉自己，一定要努力带好我走上教师岗位的第一届学生。可是，就在我满怀信心准备带着该班学生升入四年级时，情况有了变化：有位资深的初中语文教师调入中心小学，担任班级的班主任和语文教学，学校让我任教两个平行班的数学。说真的当时我很不舍得，但必须服从工作安排。于是，我就成了一名专职的数学教师，开始了我小学数学教学的“课堂人生”。

宝山在上海的北郊，盛桥又在宝山的北郊，地处偏僻，交通不便。工作的第三年，一次偶然的机会，县教研室来到盛桥中心小学进行教学视导，教研员老师听了我的数学课，觉得我这个小伙子很有灵气，没过多久，带了县里的几位数学专家一同来校听我上课。后来我才明白，他们是在挑选代表宝山参加上海市首届小学青年数学教师教学观摩的选手。一所农村小学能派出教师作为宝山唯一的选手参加上海市的教学观摩课，这个消息令我们举校上下欢欣鼓舞。参赛那天的情景至今历历在目：学校的主要领导亲自陪同，书记对我说：“今天你是‘新郎官’，只要把课上好，其他都由我们来做。”老校长则帮助我拎着小黑板。能有机会参加市级大赛已经是非常幸运了，对于比赛能否获奖我真的不敢奢望，这倒也好，由于没有了过大的心理压力，反而尽情地投入到孩子们中间，自己本身个子瘦小，像个孩子，这下更是和孩子们打成一片。比赛结果出乎意料，16名参赛选手中有4人获得一等奖，我是其中之一。消息传来，学校轰动了，宝山轰动了。在表彰大会上，我激动地从著名数学家谷超豪教授手中接过获奖证书与奖品——一本《数学小词典》，我对它爱不释手，一直珍藏至今。第二年，我参加了由上海市教育工会组织的优秀教师庐山疗休养，在出发点名时，我才知道这个名额原本是给教育局长的，一股暖流直涌心头。能获一等奖我当然很激动，而更让我感动的是在整个参赛过程中，各级领导、教研员、教学同行等方方面面给予的关心、帮助和指导，让我感受到人们对教育的重视，对青年教师寄予的希望。同时，我也懂得，一等奖是集体的荣誉，我不过是一个演员，怎样从演员走向导演，成为一个有思想的教师，我深知路还长着呢！获奖之后，我在市内渐渐有了点小名气，小学数学界开始知道宝山有个叫潘小明、数学课上得挺不错的。随后，县里、市里各种教学观摩课、汇报课等接踵而来，任务驱动着我，我不断地接受着挑战。

为了把课上好，我常常钻研教材，认真设计教案。我有一个习惯，凡是公开课的教案，我总是写在考卷一般大的纸上，旁边还会留出一栏，专写修改意见。我之所以喜欢在大的纸上写教案，是因为可以在上面多写点东西，除了复习导入、新授讲解、巩固练习、课堂小结、布置作业等必需的教学环节外，还有教师的启发提问，学生可能出现的回答，还有教学环节的过渡语，还有教学板书设计及每个环节教学时间的分配等，至少满满一页，实在不够就写两页。这样，上课时就不用经常地翻教案。为了把课上好，我经常利用晚上的时间来到学校，在空荡荡的教室里，独自站在讲台前，自言自语地面对着一排排的课桌椅进行试教，时不时地转过身去进行板书。我所以选择晚上独自在教室里对着课桌椅试教，因为此时的校园非常安静，能够集中注意力熟记教案，也因为怕自己的幼稚被人嘲笑。为了把课上好，我经常翻阅教学杂志，特别喜欢看其中的课堂教学设计，因为这些教学设计可以直接拿来用，至今还记得1982年《福建教育》连续刊发邱学华老师的《尝试教学法的理论与实践》的文章，其中“异分母分数加减法”的教学设计给我很大的启发，我也用此方法进行了课堂教学的实践，收获不小。现在，我已不需要将教案写在考卷纸上了，因为我是不带教案进教室的，教学的目标及总体框架早已熟烂于胸，且集中精力关注课堂上学生的学习状态以随时调控教学。现在的我更多的是在思考着、预想着学生面对新问题可能会有的各种想法，有时，把自己的家人当做学生，进行试教。我也不只是关注教育杂志上的教学设计，而更多的是关注一些有关教学的研究论文，因为里面有许多教育的新理念。我就是这样走过来的，这大概是人成长过程中不可缺少的经历。不知不觉中，我的课上得越来越好，提升得很快。

课堂人生中的指明灯

我在成长过程中，得到许多领导和老师的帮助指导，我对他们都心存感激。而其中有两位特别重要的人物，对我在小学数学教学领域的发展起着举足轻重的作用。

我的第一位导师是汪绳祖老师。认识汪老师，是在1987年暑假的一天中午。那天，我在虹口区教育学院吴淞分院进行大专中文学历进修。中午休息时间在教室里做功课时，我们的讲课老师轻轻地走到我跟前，说："汪老师问你现在方便么，想请你到他办公室去一下。"我愣了一下，问："汪老师是谁呀？""你不认识？他是我们学院的副院长，上海市数学特级教师。"那老师告诉我。这下，我才想起，确实曾经见过这位著名数学特级教师，那是上海市小学数学专业委员会换届选举时，他在主席台上就座，还为我们作过精彩的专题报告，给我留下了深刻的印象，可我并不知道他是吴淞区教师进修学院的副院长。我只是宝山县乡镇中心校的一名普通的青年教师，汪老师找我会有什么事？我怀着忐忑不安的心情走进汪老师的办公室。汪老师亲自给我沏茶，让我坐下，跟我聊起了家常："盛桥到吴淞，交通方面吗？大约要花多少时间？进修学习任务重不重，学得还可以吗？学校里带教几个班级的数学？……"临走时，又关切地对我说："小潘，趁着年轻多读点书绝对是好事，遇到什么困难尽管来找我！"多么平易近人的领导，多么和蔼可亲的长者。我心里在想，哪天能成为汪老师的学生，该有多幸福！

这一天还真的来了。那是1988年，吴淞区、宝山县合并成城乡一体的宝山区。宝山区委组织部组织的拜师结对会上，我有幸成为汪老师带教的学生。以后的日子里，经常得到导师在工作、学习、生活等方方面面的关心帮助。"我们进行教学设计，首先必须清楚，新课新在哪里？新知识学生自己能学会吗？如果学生有困难，那么需要提供什么帮助？"这是汪老师指导备课时经常说的几句话。这几句话，看似空洞，却是一种宏观思维，一直在指导着我的教学设计，成为我备课的思维习惯。细节决定成败，但必须以宏观决策正确为前提。我们的有些教师（包括曾经的我）教学设计只关注枝枝节节、点点滴滴的细碎问题，等到出现了问题还不知原因，找不到方向，盲目地再试。他们缺少的就是宏观思维。当然，在宏观思维指导下的教学实践，必须关注教学的细节。记得教学“循环小数的认识”时，汪老师对我的教案用红笔进行了多处修改，印象最深的是：针对计算比赛中有些学生喊除不尽时，教师佯装不信地说：“真的有除不尽的题目？我们一起来看看某某同学是怎么除的。”本来，我是把学生的注意力都集中到“70.7 ÷ 33”的计算上，然后一起逐步地商下去，让学生很直观地发现“重复出现，永远也除不尽”。然而，汪老师进行了这样的修改：（出示右边的竖式）如果再除下去，怎样能很快知道商是几？继续除下去，该商几，为什么？看来这道题是一直可以除下去的，你能说出小数部分的第八位是几吗？再下一位呢？读着修改后的教案，我最直接的感受是“细微处尽是高招”：出示算式接着除，省去从头开始的烦琐，把学生的思维直接指向问题的本质。“怎样能很快知道商是几？”让学生不再机械地试商，而是寻找重复的根源（规律的本质）。“看来是一直可以除下去的，你能说出小数部分的第八位是几吗？”让学生利用表象展开思维，揭示出循环小数的本质属性。汪老师就是这样指导着我的数学教学。

```
      2.142
   ________
33 / 70.7
     66
   ______
      4 7
      3 3
   ______
      1 40
      1 32
   ______
        80
        66
   ______
        14
```

我的另一位导师是原上海市教研室教研员、曾经担任国家小学数学教材审查委员、全国著名特级教师顾汝佐先生。能拜顾老先生为师，还得感谢导师汪老师。为了让我能站在更高的平台锻炼成长，汪老师把我推荐给顾老先生，使我有幸成为顾老先生的弟子，也有了更多的学习机会和发展空间。如果说导师汪老师给了我很多在区内、市内的学习交流、汇报展示的机会，那么顾老师就是带着我逐步地走向了全国。顾老先生对我的教育是多方面的。记得一次外出讲学，我和顾老师一起坐在候车室的座椅上聊着，突然，老先生站了起来，慢慢地向斜对面走去，弯下腰捡起了乘客随手丢在地上的冷饮纸盒，又将其扔进了垃圾桶。目睹此番情景，我深感惭愧（因为我也看到那纸盒，但没当回事）；同时，又很是感动，心里默默地在说，这就是特级教师的素养、我和导师之间的差距，当老师做学问，首先要做人！一次去武汉讲学，离开宾馆时，顾老师让我检查一下返程的机票等，我说："都准备好了，您放心吧！""你再仔细看一下。"顾老师还是有点不放心。我就拿出机票再次查看，一下就蒙了：我把返程的机票交给了会务组，身上带着的是来时的那张机票。顾老师则说："不急，以后可要细心哦！"他就是这样，善解人意，和蔼可亲。课堂教学中的失误，他从来不会埋怨半句，让我感受到的是长辈对晚辈的那种发自内心的真切的关爱与呵护！

大概是在常州举行的一次数学教学研讨活动中，顾老先生又和上海《小学数学教师》编辑部、《中国数学教育》记者编辑工作委员会等的专家商量如何为青年教师成长搭建更广阔的舞台的事宜。1995年7月，由《中国数学教育》记者编辑工作委员会、《小学数学教师》编辑部等单位在青岛联合举办"吴正宪、潘小明课堂教学艺术研讨会"，顾老师给我的课以指导并作专题讲座；2004年第二届"吴正宪、潘小明课堂教学艺术研讨会"在上海浦东召开，顾老师又专门撰写了《潘小明教学艺术的几个亮点》，发表于《小学数学教师》。读着导师的这篇文章，内心真是百感交集。我从来不知道自己的教学竟然还有四大亮点，仔细对照想想，好像在这四方面是有所体现。我的课堂教学真的有这么"亮"吗？在感受导师渊博的教育理论功底外，更感受到一种巨大的激励，进一步明确了自己努力的目标。

其实，在我的成长过程中，关心支持帮助我的人，还有许许多多，例如北师大周玉仁教授，在看了我的教学录像课后称我是"教坛新星"，并说"潘小明老师把学习的主动权完全交给了学生"，这评价一直激励着我努力把课上得更好。中科院心理所张梅玲研究员，亲切地叫我"小冬子"，柳州讲学后我们潇洒地坐着小船观赏两岸风景的情景至今历历在目，而她那"再完美的模仿毕竟是模仿，有缺损的创造毕竟是创造，要创造要发展不能一次求完美，但毕竟是在前进在发展，路是人走出来的"诗一般的富有哲理的语言，让我坚持着数学教学的不断创新以及如何培养学生创造力的实践与思考。东北师大史宁中校长的"尊重教育"以及"在众多的习惯中，独立思考的习惯是最重要的习惯，而培养学生独立思考的最好方法是教师与学生一起思考"，教育着我怎样去尊重孩子，去培养孩子。教育部课程研究中心刘坚教授的"数学教育的重心，到底应该放在哪里呢？是利用数学为学生的发展服务呢，还是让所有的学生发展他的数学？"让我懂得不仅是数学教育，还有语文教育、英语教育等的教育本质到底是什么，教师应该努力追求什么。北京市特级教师吴正宪老师，用姐对弟那般的情感关心、帮助、支持着我，在我被聘为上海市小学数学名师培训基地主持人时，她应我邀请成为我们基地专家组成员，并把“吴老师工作站”的宝贵经验毫无保留地供我们学习借鉴，给我和我们基地的学员留下了深刻而美好的印象……另外，张声远教授作为我校聘请的课题研究顾问，不仅给了我很多先进的教学理论，而且让我感受到他那长者的人格魅力，让我经常地思考着怎样做人，做怎样的人。还有我校的严薇副校长，作为学校唯一的副校长，她不仅全力以赴协助我做好学校多方面的工作，并经常与我一起探讨教育教学问题，她的教育思想和优秀的文字功底也给我很多启迪与帮助。还有我的妻子，如果说我在事业上有所成就的话，那军功章里还真有她的一半。妻子不是教师，也不懂教育，对我的“课堂人生”也从不过问，只知道作为特级教师，又是一校之长，丈夫一定不容易，自己又帮不上什么忙，所以，只能远远地、用一种心疼又带点敬仰的目光伴着我的忙碌，也默默地理解、分担着我的喜怒哀乐，并挑起了家庭生活的全部担子。

人们都这样说，内因是变化的根据，外因是变化的条件。我的成长却让我相信：自身的努力固然重要，“重要他人”也不能缺少。

好文章是“做出来”的

一直喜欢阅读教育杂志的我，从来没有想过抑或根本就不敢想自己能在刊物上发表点什么，除了1983年第11期《上海教育》刊登了我的获奖观摩课《反比例的意义》（宝山县教师进修学校供稿）外，1989年，我的处女作《着眼思维训练，优化教学过程——带分数减法的教学》刊登在《教学月刊》当年的第6期上。文章比较简短，还不满一个页面，但是，它对我的影响是实实在在的！记得我刚从盛桥中心小学调入月浦中心小学那年，我的搭班是位优秀的语文教师。一次，他拿着新寄来的《教学月刊》，介绍着他的文章，并建议我说：潘老师，你的课上得这么好，教学经验很丰富，也可以写些文章发表。虽然我嘴上说我的水平离发表文章还差得远哩，可在心里默默地下了决心。于是，抱着试试看的心态，投出我的第一篇稿子。几个月过去了，没有任何反应，不免有点失望。突然有一天中午，发现我的办公桌上放着一个大的牛皮纸信封袋，原来是来自河南《教学月刊》编辑部的赠刊。我急不可待地拆开信封，阅读着我那篇题为《着眼思维训练，优化教学过程——带分数减法的教学》的文章，读了一遍又一遍，还不时地闻闻那油墨的清香。至今仍清晰地记得成功的喜悦持续了好多天仍丝毫不减，为了不被别人发现，我把杂志放在办公桌的抽屉里偷偷地自我欣赏。成功的激励给了我巨大的力量，真可谓“一发而不可收”。一时间，我的大脑中枢神经活跃在写文章投稿上。这些年来，《中国小学数学教育》《小学数学教师》《上海教育》《现代教学》《人民教育》《现代教育报》《中国教师报》等报刊杂志上刊发了我的上百篇教育文章。每当收到有我文章的赠刊，心里自然是无比的欣喜。然而，写作的过程是很痛苦的，但我乐意自找这痛苦。如果说，刚开始时的写作是因为有第一篇文章的发表所带来的写作冲动的话，那么，以后的写作便是总结反思、提升自我的内在需要。为了写出有质量的文章，将成功的经验与同行们分享，必须进

课后与学生们在一起

行理论的学习，用先进的教育理论武装自己的头脑；必须用理论指导自己的课堂教学实践，并对课堂教学实践进行反思。按照时间的先后，我发现自己所发表文章的内容也在渐渐地发生着变化，从开始时的教学设计到教学设计加意图，再到教学案例分析和教学论文。1998年，我撰写的《学生主动参与数学课堂学习活动的实践与认识》一文获得全国小学数学专业委员会第八届年会论文评比一等奖，先后被《小学数学教师》《山东教育》《江西教育》等杂志转载发表。2006年第10期的《小学青年教师》刊发了“潘小明数学教学专辑”，我的《数学生成教学的实践与思考》的一组文章被发表。其实，人们可以想象的是写文章要花费很多的时间，要付出很多的脑力，但是往往很难想象出写文章之前所花费的精力。我的体会是，对于一位站在教学第一线的教师来说，好文章不是写出来的，而是做出来的，课堂教学实践是写作的源泉。有专家总结说：实践+反思=专业成长，而我要说，我的专业成长是“学习+实践+反思+总结”的过程，在这过程中，不知不觉地，自己提升了许多。

一瓶珍贵的法国葡萄酒

成长的道路并非一帆风顺。我也有过因教学质量问题被扣奖金的经历。记得那事发生在区实验小学。在学校组织的期中质量管理的统测中，我所教班上竟然有两名学生没有考及格。在当月的对学校行政班子人员的考评中，我被考评为三等奖。听上去是三等奖，实际上是属于被扣奖金的，因为三等奖是最低等级的奖，低于平均奖，一般总是在工作中出现过什么差错之类的。对于这个“三等奖”，说心里没有压力是不诚实的，因为自己毕竟是区政府命名的“青年尖子”，是区实验小学创办时引进的骨干教师。但是，我没有把这份压力转嫁到我的学生身上，而是帮助这两位学生一起分析试卷，寻找出错的原因。我让他们先自己尝试订正错题，订正对的仍然给分。在订正过程中，一名学生高兴地发现评分老师把分数给算错了，自己应该是及格的。另一名学生则认为其中的好几题是能做正确的，为自己的失误感到有点难过。由原来的不及格变成了及格，他们对自己有了自信，然而，他们根本就不知道老师因此而被扣了奖金。奖金被扣，虽说面子上有点过不去，但我心里很是清楚：什么是真正的质量？我应该坚持追求什么？

坦诚地说，我曾经也是个应试教学的骨干分子。记得在月浦中心小学任教期间，我所带的班级学生在县毕业统考中平均分高达97.8分，名列前茅。然而，高分的背后是什么？到期中考试时已经结束教材上所有的内容，接下来的半个学期就是每天进行考卷练习或试卷讲评。那时没有电脑打印，全是用钢板刻写印好，把上海市20个区县上一届的毕业统考卷都做遍了。对于困难的学生，强化训练计算题，做到50分的计算题1分也不丢失，对基本的文字题和应用题也进行套题型训练。面对试卷，学生都熟门熟路地解答，几乎达到自动化程度，连班上学习最困难的那位女同学也考到86分。高分背后是什么，我想，已经十分地清楚了：那就是题海战术，那就是枯燥乏味的重复操练，那就是学生的负担重不堪负，那就是学生对数学的厌倦……以如此成本和代价换得的临时性高分，值得吗？

曾经听一位教授在报告中说："有位数学教学专家进行了许多年的研究，发现小学低年级学生数学解题的随机错误率达15%左右，也就是说，满分是100分的试卷，正常情况下班级的平均分可能就在85分左右，而现在实际的平均分可以高达97、98分的，我们的一些老师还不以此为满足。"该教授接着说："如果这位专家研究得出的结论是属实的话，那么，我不禁想问：这97、98的分数又是怎么得到的？有必要去追求这样的高分吗？如果孩子们确实有时间的话，我们更应该让他们去做些什么，使他们能更好地发展？"教授这话，语重心长又一语中的。我们教师不应片面追求应试的分数，而应为学生的终身发展着想。数学教育重在发展学生的数学思维能力，并以此来发展学生的一般思维能力，达到育人的目的。令我高兴的是，我的这种教学理念及教学实践取得了较好的效果。一次教学研讨活动中，我上了"质数与合数"。课堂上，该班学生思维非常活跃，发言非常精彩。课后，市里的专家赞不绝口，有专家评价说"这班学生的思维水平已经达到了初一学生的水平"，还让我将课堂教学实录作整理，刊发在《小学数学教师》杂志上。这正是我所追求的质量。我想，学生之间的差异是客观存在的，考试测验中个别学生出现不及格现象也实属正常，况且其中还存在着一些随机错误，作为学校也必须有一些质量管理制度（当然，这些制度也应该不断地进行完善，使之能调动广大教师的工作热情），教师应该在乎的是如何帮助学生尤其是困难学生建立起学习的自信心。自信心才是学生终身发展的力量源泉。我在实验小学时有一个学生，是我们班上有名的调皮学生和懒惰学生，不仅他经常被老师找到办公室，就连他妈妈也经常地被老师找来，以至于其他班级的学生还以为他妈妈也是学校的老师。但他的智力并不低，就是因习惯不好而遭到很多的批评，对自己缺乏自信。为此，我对他特别照顾，发现有亮点马上给予肯定。他自小学毕业后有7年与我没有任何的联系。突然有一天中午，他母亲打电话告诉我，儿子现在法国的一所重点大学就读，这些天是假期，他从法国带回一瓶葡萄酒，说一定要来看望我。第二天的中午，我们约定了时间，共进了午餐，畅叙师生情谊。该生的一句话让我很是激动，也很受教育："没有您的鼓励，就没有我的今天！还记得《这样列式有道理吗》这篇文章吗？"我当然记得：一次数学课上，我出了一道数学几何题，他的思维与众不同，非常巧妙地解出了答案。这可是一个极好的帮助他树立形象、建立自信的机会。我不仅在课上让其展示思维过程和方法，给予了表扬，而且，还写了一篇题为《这样列式有道理吗》的文章，刊发在《少年之友报》上，我把刊发的文章给了他。没想到，就是这样一篇不到200字的文章，竟有如此大的力量，几乎改变了他的人生。当我接过他从法国特意带来的红葡萄酒时，感到的是当教师的幸福，更感到教师对学生的影响如此之大，当教师责任重大。当下的教师，其实面临着许多的困惑，新课程理念如何在课堂上得到实施，给教师带来挑战，而应试的质量评价像无形的镣铐铐着教师们的手脚，一不小心还会得到不公正的评价……面对这些现实问题，我们更应该坚定自己的教育信仰。

课堂里的摸爬滚打

我在成长的道路上，经常进行公开教学，经常能得到许多专家老师的帮助指导，我非常感谢他们。但有时候的指导建议，也让我挺为难的，因为这些专家的意见本身也存在着分歧，听了那个不听这个的，关系处理上有点麻烦，都采纳吧，就可能无所适从。这倒也好，给了我独立思考、作出判断的机会，也培养了我不盲从专家权威的个性及独立思辨的习惯。记得早在1988年我上的一节区级公开课“带分数减法”，教材例题是这样的：例1，$5-1\frac{1}{3}$；例2，$5\frac{1}{4}-2\frac{1}{3}$。教研员的意见：将两个例题分成两课时上，因为分数部分不够减的带分数减法是教学的难点，难点必须分散。整数减带分数学生学扎实了，再学带分数减带分数，这样，教学效果就比较好。教研员的意见不无道理，但我觉得两个例题合起来上也是有道理的，尽管例题的形式是不同的，例1是整数减带分数，例2是带分数减带分数，但解决问题的思想方法是相同的：由于分数部分不够减，需要从整数部分退“1”与分数合并后再减。更何况，学生将在计算例1时学到的思想方法及时地应用到例2的计算中，便于从整体上学习解题的思想方法，这样，难点自然也能突破，而且学生在两个例题的计算中从知识结构整体上体会其思想方法，思维能力可以得到有效培养。自己觉得也是非常有道理的，怎么办呢？第二天的公开

课上与学生亲切握手

课上，我坚持了自己的观点。结果，课上得非常成功，得到了教研员及听课老师的一致好评。后来，我将此写了题为《着眼思维训练，优化教学过程——带分数减法的教学》的文章，成为我的第一篇铅字文被发表在《教学月刊》上。

我上的公开课并非每节都是成功的。记得一次在河南讲学，我上了“被3整除的数的特征”一课。该内容在不同的时间阶段，我进行了多个不同版本的教学设计。记得最早时，我是这样设计的：让学生任意报出一个数，教师很快判断出能否被3整除。让学生产生教师多了不起的敬佩之情，同时激发学生探究其中奥秘的欲望。此时，教师将已经判断的数按能否被3整除分成了两类，让学生分别计算每个数各位上数的和，学生从中发现能被3整除的数的特征。可是，计算每个数各个位上数的和是教师的指令，怎样让学生建立起一个数能否被3整除与各个位上数的和有关系的意识呢？于是，就有了第二个版本的教学设计：用火柴棒摆数，一根火柴棒摆在个位上表示数“1”，摆在十位上表示数“10”……学生思考用几根火柴棒摆出的数能被3整除，并动手实验。自己发现当火柴根数是3的倍数时，摆出的数能被3整除，而火柴的根数正好是这个数各个位上数的和。学生在动手操作中发现了规律，体验到了成功的愉悦。但是，用火柴棒摆数也还是教师的指令，如何更开放地让学生自己探究发现呢？带着这一问题，我设计了第三个版本，便在河南讲学中进行了尝试。我是这样设计的：用3、4、5三个数字按照要求组成三位数：能被2整除的三位数；能被5整除的三位数。能被2或5整除的数有什么特征？能不能组成被3整除的三位数？被3整除的数有什么特征？课中，许多学生组成的三位数是453、543，欣喜地发现个位上是3、6、9的数能被3整除。在教师的“你能举例验证吗”的问题下，一些学生发现是不一定的，于是，引起认知的冲突：能被3整除的数到底有什么特征？此时，教师让学生多举些能被3整除的数，试图从这些数中找到规律。尽管学生大大小小举出了许多数，但不知从何处着手去寻找规律。花了很多时间找规律，学生仍感茫然，课堂气氛有点凝固……我的心里有着说不出的滋味。回家的路上很是郁闷，送车的一位教研室主任向我建议：让学生举例寻找特征是好，可是要从那么多的数中发现特征有点像大海里捞针。能否从比较小的数中开始寻找，便于学生发现呢？主任的建议使我豁然开朗：这不就是一种探究策略的学习吗？我又一次进行了尝试：能被3整除的数有许许多多，从中寻找特征就像是大海里捞针一样，难呀！能不能从较小的数中试着找找看呢？学生从中受到了启发，写出12、15、18、21、24、27、30、33、36、39、42等数，开始寻找规律。尽管有学生发现：后面的数总是比它前面的数大3，能被3整除的数调换位置后还是能被3整除的……学生参与的积极性很高，不时地有自己的发现，而后在师生的互动中又进行了否定。尽管学生还是未能找到特征，但是过程中的收获较之前有大大的提高。其实，要让学生自觉地从各个位上数的和的角度去思考问题，是不太可能的，因为学生没有这一基础知识和学习活动经验。所以，教师该出手时就要出手。我说：老师发现“12”这个数，个位上的“2”是不能被3整除的，可是，整个的“12”怎么能被3整除了呢？这下，学生的思维又被激活了：把12拆成10加2，因为10除以3还余下1，1与个位上的2合起来等于3，3又能被3整除，所以，12能被3整除。学生回答得振振有词。顺着分拆考虑的思路，通过对所举例子的分析，学生发现了知识的本质，揭示出了被3整除的数的特征。我和学生一样，获得了从失败走向成功的快乐体验。当然，我不满足于已经获得的成功，而是不断地实现自我超越。目前，该课教学设计又有了新的发展，那就是在学生揭示出被3整除的数的特征之后，教师又引导学生思考：被9整除的数有什么特征？为什么能否被3或9整除，要看各个位上数的和，而能否被2或5整除，只要看个位上的数呢？将学生的思维进一步引向深入。

有位教师在一篇题为《真实·平实·扎实——听潘小明〈周长与面积〉有感》的文章中这样写道：“整节课没有花哨的课件演示：一根铁丝，一张长方形纸，屏幕上只有几个长方形的直观图，如此而已。整节课围绕长方形周长与面积的关系，进行了一系列有效的操作活动，所有生发的问题均来自学生，均由学生来解决。教师巧妙地引，学生智慧地学。”然而，“所有生发的问题均来自学生，均由学生来解决”的背后，还有一些鲜为人知的故事。教材是这样编写的：用20根火柴围出长方形（包括正方形），看谁围出的图形面积最大？并呈现了小巧、小亚和小胖他们已经围出的三个不同的长方形（图略）。对此，考虑到学生动手操作的费时以及所获结论的局限性的因素，我将“20根火柴”改为“20厘米长的铁丝”。我找了部分学生问他们：“用20厘米长的铁丝去围成长方形，可以围成哪些长方形？这些长方形的面积大小是否相等？”出乎意料的是，学生非常肯定地回答：“这些长方形的面积大小是不相等的。”尽管老师进行诱导“这些长方形的周长都是20厘米，它们的面积大小到底相等吗”，学生还是坚持原来的意见。为了诱发学生的错误想法，我出示了两个长方形，一个长是5厘米、宽是3厘米，另一个长是6厘米、宽是5厘米，让学生分别算出它们的周长与面积，并提问：“哪个长方形的周长长？哪个长方形的面积大？”我的意图就是让学生发现“周长长的长方形的面积大”，由此类比得“周长相等的长方形的面积也相等”，教师再针对“周长相等的长方形的面积也相等”这一猜想进行验证等。可是，学生并没有像教师想象的那样自觉地进行类比，他们还是认为“周长相等的长方形的面积大小是不相等的”。没有了认知上的矛盾冲突，学生很难积极主动地投入学习活动。该设计怎样的问题情境呢？这个问题一直困扰着我，萦绕在我头脑中。

一天中午和老师们一起在食堂用餐，我突然想起了一个问题，问同桌的教师：“一根铁丝20厘米，另一根24厘米，各围一个长方形，哪根铁丝围出的面积大？”那老师不假思索地回答：“当然是24厘米的铁丝围成的长方形的面积大。”“是吗？”该教师的回答让我特别地高兴：成人尚有这样的想法，想必学生更是如此。饭后，我马上找来了几位学生，提出了同样的问题，学生毫不犹豫地回答：“24厘米的铁丝围成的长方形的面积大。”这就是学生潜在的一种经验性的认识，是学生真实的想法，是一个真问题，我们的教学不妨先从这个问题引入，让学生投入到对“周长长的长方形面积就大”的探究验证中，从中再引出对“周长相等的长方形的面积大小之间会有怎样的关系”的探究学习中。“两根铁丝”的问题情境就是这样诞生了。“所有生发的问题均来自学生，均由学生来解决”，这是我所期待的课堂教学，为了实现我的这一期待，我在教学设计时经常让自己变成学生，站在学生的角度去思考问题，预想学生面对问题可能有的各种想法。为了让自己的这些想法更加贴近学生，在学校里，我会经常找些学生进行学情调查；在家里，我经常让我的妻子和女儿当小学生，帮我一起预想学生中可能有的想法，直到现在。交大毕业参加工作已有3年的女儿有时会说：“你现在还要把我当小学生？”尽管她们母女俩的想法有时会与学生的想法有一定的思维差异，但是，却能激活我的思维，因此，好多的问题设计都是这样生成的。除此以外，我会经常对难于预测的学生想法，在课堂上进行试验，了解学生真实的思维过程，哪怕是在比较重大的观摩课上也是如此。

记得一次应邀参加福建省小学数学教学研究会的年会，我上了“平行四边形的面积”一课。我是这样设计问题情境的：发给每位学生一张纸，纸上印有同样的一个平行四边形，让学生尝试计算该平行四边形的面积，并思考平行四边形的面积计算方法会是怎样的。然而，对于纸上平行四边形的高要不要画出，我犹豫了。因为我有这样的教学理念：凡是学生能独立发现的知识，教师绝不暗示。给出了高，可能会给学生某些启示，沿着高剪开平移正好转化成了长方形，反之，又担心学生面对问题束手无策。没有了学生之间的不同想法的碰撞，课堂将会变得平淡而沉闷。学生中的情况到底会是怎样的呢？为此，我所提供的平行四边形，有两个小组拿到的是画出高的，另两个小组则没有画出高，想从中了解学生到底会有怎样的想法，以及不同想法的人数比例。课后，我把学生尝试计算面积的纸又收了上来，便于课后进行统计分析。这一教学试验被80岁高龄的老会长发现了，他紧紧地握着我的手，对我执著的研究精神给予了充分的肯定。带着问题进课堂，把教室当做实验室，进行学情的分析研究，已经成了我的一种研究学生、研究课堂教学的思维习惯。

实训基地，教学相长的实战平台

2008年，经过组织推荐、专家答辩、领导审核等程序，我被聘任为上海市普教系统第二期名师名校长培养工程小学数学名师培养基地主持人。我们基地的10位学员都是来自本市各个区、县的骨干教师。怎样不辜负领导的期望，打造一支有“高专业水平、高敬业精神、高合作能力”的市优秀教师团队？我深感责任之重大，坚持不懈地努力着。

“在我们这些人面前，没有上不好的课！”一次活动结束后，我们的学员非常自信地说。那天我们的研究内容是四年级的“文字计算题”，教材例题相当简单：40乘2加上18的和，积是多少？学员们在独立设计教学的基础上进行了说课交流，大家形成了共识，把教学的重点确定为：借助树状图进行分析，培养学生逆推的思维能力。接着，我们的学员进入课堂进行教学实践。结果是，对于教材例题学生根本不用逆推，轻而易举地列出综合算式算出了正确的答案。教师再引导学生画树状图进行逆推成了教学的多余。课堂平淡，没有思维的交流碰撞……走出教室后，我们寻找其中的原因，调整了教学设计，再次走进课堂。课一开始，教师就出示：用90、90、90 来编一道两步计算的文字题。（要求：最后求的是积是多少？并列出算式。）这一开放式的问题导入，一下子就调动起学生思维的积极性，进行逆向思维自然地融在了编题的过程中。由于是开放的，所以学生的思维是发散性的，学生之间的交流又呈现出丰富性……于是，就有了“在我们这些人面前，没有上不好的课！”的喜悦和自信。其实，基地工作一开始，我就首先进行了调研，学员们普遍反映，新教材有些内容编写得非常简单，一线教师很难把握。于是，我带领着学员“哪壶不开提哪壶”，专挑难上的内容进行教学研讨，如“整体与部分”“圆角分——用小数表示”“可能性的大小”等内容。我们的学员在学习总结中这样写道：“在这近两年的学习中，我们专挑平实的、有难度的、老师们平常不太进行公开教学的课来研究。每次总是从觉得困难重重、无从下手到朦朦胧胧、‘犹抱琵琶半遮面’一直到最后总有‘柳暗花明又一村’的感觉。在这个过程中每位学员也如学生般尝到了成功的喜悦、探索的乐趣……”

“原来，真是这样的！”在学员所在的松江中山小学进行基地活动后，该校的老师对我们学员如是说。我们的研讨活动是怎样进行的呢？之前，每位教师独立进行教学设计，并做好ppt说课演示稿，说课要求：一说，要研究的主题（该主题是基于对教材的解读和对学情的了解，基于想要达到的教学目标和学生学习中可能遇到的困难）；二说，教学的指导思想和教学理念；三说，教学背景分析（教材分析、学生分析）；四说，教学目标及教学重、难点；五说，教学过程的问题架构；六说，教学过程（文字描述）；七说，学习效果的评价设计；八说，教学设计的亮点。在学员进行说课介绍后，进行提问答辩。然后，指定学员进行课堂教学实践。之后，对课堂教学实践进行分析讨论，发现问题进行改进，很多时候要进行行为跟进。记得中山小学的那次研究课是“长方体表面积的变化”，上午，我们进行了说课答辩、课堂教学实践、教学反思研讨；中午，我们又马上根据修改的教案进行教学准备，包括制作课件等；下午，我们就再次进入课堂进行教学实践，该校的数学教师一同听了两次课。那次进行教学跟进的是主持人。学员们都感到基地活动紧张而充实，压力大收获也大。他们回到学校后向老师们介绍基地是怎样进行活动的，老师们表示出一种怀疑。然而，那次中山小学的教师眼见为实，发出了如此感叹。其实，我们基地研讨活动的这一模式，是我在对一次次基地活动进行不断反思改进的过程中逐渐形成的。这样的研讨活动很实在，很有效。我们的学员由开始的不适应到慢慢地适应，到喜欢，再到自觉地运用。

我们有学员这样写道："基地两年多来的'追击本质、发展思维'的磨课方式对我产生了巨大的影响，作为名师基地的一名学员，我为自己有这样的培训机会感到万分荣幸！作为学校的教研组长，带动教研组内开展扎实有效的教研活动、带着一个团队共同进步是我义不容辞的责任。于是，我在基地的收获也时常与学校的老师一起分享，并参照基地的磨课方式开展教研活动。教研组的老师如是说：这种课例研究的形式非常好。这样的研究有理有据，有深度。相信沿着这条路走，一步一个脚印扎扎实实地走下去，老师和学生都会充满智慧和感受快乐！教研组的老师着实尝到了基地磨课方式的甜头……"

"潘老师对教学研究的执著和热情深深打动了我们，他带领我们以课堂为主阵地，注重在实践中学习，不断深入研究小学数学的课堂教学，期间有来自专家的高视角引领和来自学员的思维碰撞，使我在教学理念和教学行为上都有了新的认识和提高。我在不断的感悟中有了收获，在收获中继续成长……"

"两年来，从未有过的奔忙：宝山、浦东、杨浦、嘉定、崇明……一次次的活动，总能满载而归，身体的忙碌换来了内心的充实。于是，我是那么快乐地行走在学习的大路上，虽然感觉到很忙碌、艰辛，但更多的是体会到了自己成长的欣喜，体会到了收获的快乐……"

学员们在两年基地学习的总结中，谈了自己的收获体会。其实，在这整整的两年中，我与学员一起，在共同学习着，共同收获着，共同成长着。

为中国教育的振兴尽绵薄之力

2005年11月，我随区教育局领导一同前往云南维西，举行帮困学校的结对签约仪式。听了维西教育局领导的介绍，参观了几所学校，之后，非常震撼，我真的不敢相信中国还有如此贫穷落后的地方，同一片蓝天下生活的孩子竟有如此大的差别：一所学校只有一个教师，一间教室排着几排破旧的课桌和双人长凳，太阳的光亮从屋顶上的几处缝隙照到室内，隔壁的一间，既是教师的办公室，又是厨房，还是卧房。再到所谓的完小——我们的结对学校参观，三十来个学生居住在一间教室那么大的宿舍里，看看他们的床铺，根本没有一条像样的棉毯，走进他们的学生食堂，米饭是经过两次加工像是被发酵过的那样，大铁锅里的菜汤用勺子打底下往上捞，只有少许的菜叶，食堂门口的餐具上全是乌黑的苍蝇，学生穿着破旧的衣裤，身材瘦弱但不乏机灵，见了上海老师显得格外欣喜，而我的心情却非常沉重。我能为孩子们做些什么？

一回到学校，我把拍摄的照片组成ppt给师生看，并举行了献爱心捐赠活动。而真正要改变贫穷落后的面貌，关键还在发展教育，培养学生。我应该为此奉献出自己的一份力量。2007年暑假，进修学院让我作为数学专家赴维西培训教师。从上海虹桥坐飞机三个多小时到达昆明，再坐车前往维西，汽车在陡峭的盘山公路上足足开了五六个小时，终于到达了目的地。人非常疲劳，加上高原反应，我感觉浑身乏力，胸闷心慌，还阵阵呕吐。向来感冒咳嗽之类的，我总是不上医院不用药，挺一挺也就过去了。而这回却挺不过去了，因为第二天就有我的讲课任务，于是，晚上就去看急诊。可是，那里根本没有什么好的医院，只好到了一家私人诊所，医生给我乱七八糟地开了许多药，我也顾不上真药还是假药都吃了。第二天早上，带着虚弱的身子在同行的教研员老师的陪同下走进了会场（其实，我们已经有了预案，万一我坚持不下去，就由教研员接下去）。开始时，我控制讲话时的情绪，注意着保持体能，以求能坚持到底。不知不觉地，我越讲越有激情，越讲越投入，得到老师们的热烈掌声。人，真的很奇怪，我这时竟然一点不舒服的感觉也没有了。我想这大概就是情感的力量吧！这种情感来自我对小学数学教学的热爱，更来自我对云南小朋友的那份特殊感情。我希望能更多地给云南的教师进行培训，以提高他们教书育人的水平，让云南的小朋友接受优质的教育。

2008年暑假，我被聘为上海对口培训云南省中小学骨干教师项目小学数学学科领衔专家，对云南红河地区骨干教师进行培训。早在出发之前，我们团队的10位主讲老师对培训方案等进行了多次的研讨。到了红河之后，我们首先对各班进行了访谈，了解受训教师的困惑，即需要通过培训帮助解决的问题。学员们充分反映了各自的想法：教育部门不抓课改实质，只抓考试质量，不知如何对教师、学生进行评价；有新教材，但没有新思路、新观念，教师有些是一校一师，许多是复式教学的，工作量大没有时间充电；学校缺少计算机，即使有了制作课件能力也跟不上；新教材图文出现的许多内容不符合边境农村地区的实际，孩子们不知道什么是超市，什么是马路；新教材挖掘力度把握不住，穿新鞋走老路，不知道怎样引导学生自主学习；新教材要求用新方法，但不知什么叫新方法，用新方法教出的成绩不一定好；希望有的上课老师不要让我们一下子看完视频案例，因为有时会感到疲劳，而是边看边分析讨论，可能效果会更好；希望上海老师能亲自用云南的学生为我们上一堂观摩课，有个别教师建议最好不要用多媒体……

晚上，我及时召开专家组会议，针对老师们反映的问题及建议，进行有关内容的调整。会后，老师们修改培训内容工作到深夜，有时甚至到凌晨两三点钟。我本人也将原来的生成性教研等两个内容调整为“理念—方法—实效”的专题讲座，并借班上观摩课。还结合视频课例，将一个个很现实的教学问题呈现在老师面前，让教师们思考学生可能有的情况，教师应该采用什么方法，并说说其理由，在思考解决实际问题的过程中，体会怎样去做一个有思想的实践者。

有学员这样写道：“培训期间，有幸听了许多好课，但给我启发最大的，是潘小明老师上的‘数学广场——谁围得面积最大’一课。从潘老师身上，我学到了很多。首先，潘老师是个成功的实践者，他在教学道路上不断打磨、不断探索，为教育教学实践与经验的传播作出了巨大贡献。潘老师的课是开放的课，他用幽默的、风趣的语言与学生交流，尊重每一位学生，关注学生说的每一句话，善于处理教学过程中出现的不可预设的问题。不仅如此，潘老师的课贯彻了新的教育教学理念，从学生已有知识经验出发，从教材实际出发，形成了自己独特的教学风格，成为一名学生喜欢的老师，成为我们青年教师的楷模。从潘老师身上，我看到了中国教育振兴的希望，我也会为之而继续努力！”

在短短10天的培训中，我也确实看到了中国教育振兴的希望。我感受到各级领导的高度重视，专门组织专家组进行实实在在的培训。而学员们求知若渴、刻苦学习的态度，专家组老师不知疲惫、忘我工作的精神更让我敬佩。10天的时间是短暂的，但是，对我的影响却是深远的……

在做校长的日子里

2003年，我被调到宝山区第一中心小学担任校长。

之前，从网上看到，第一中心小学是区的窗口学校，有着很强的师资队伍和很高的教学质量，社会声誉很好。而当我真正走进该小学后，才发现近两年学校发生了很大的变化：区教育局为了实现教育的均衡发展，成立了“一中心广育教育集团”。当时的广育小学处于非常困难的境地，师资队伍不稳定，教学质量很差，一年级招生时，只能招到二十来个学生，连一个班级都招不满。为了帮助广育小学走出困境，集团把一中心小学语、数、英等各学科一批骨干教师调去广育小学，这样一来，对一中心小学师资队伍的冲击无疑是巨大的。另外，学校内部校级领导班子面临新老交替。怎样把为人正直、乐于奉献、富有真才实学的年轻同志提拔到校级领导岗位上来，形成一个团结向上、富有战斗力的班子集体？真可谓困难重重！在教育局党委的有力支持下，新的校级领导班子终于成立。我和班子成员一起，团结、依靠广大教师，为一中心小学走出困境而忘我地工作着。

“在教学业务上的投入，总会有回报的；但在行政管理上的投入，有时会一无所获。”局党委副书记的亲切话语，让我对当校长有着充分的思想准备。“要让学校稳定，最重要的是学校的教学质量必须名列区的前茅。”导师的中肯意见，让我着实地感觉到任务的艰巨。用怎样的办学理念去统一思想、凝聚力量呢？我们学校特聘的市教科院张声远教授，他建议把我的“数学生成教学”的理念，推向各个学科的教学，提出了“生成教育”的办学理念。刚开始提出“生成教育”时，有些班子成员不解地问：“生成”还是“生存”？现在，老师们对“生成教育”的内涵有着深刻的理解：一切为了师生智慧与人格的生成。具体来说，教育的目的不只是知识技能的获得，而且是师生智慧与人格的不断生成；智慧与人格是在师师、师生、生生的互动中生成的；互动的关键是学会独立与合作。这三条基本的理念，已被广大教师所接受，并落实在生成性德育、生成性教学和生成性教研这三个板块的教育教学实践中，取得了很好的成绩。我校的教学质量始终在区内名列前茅，而且，艺术、体育、科技等工作均取得可喜的成绩。2006年，上海市教委教研室来我校进行全面的教学视导，那段时间我正好参加区委组织部组织的拔尖人才赴英国培训学习，严副校长带领行政班子和全体老师迎接视导，学校教学工作得到上级领导的充分肯定，受到一致好评。在2007年的上海市暑期校长书记大培训中，我做的“实践引领、引领实践”专题讲座，被制作成视频光盘，作为培训的内容。一中心小学的社会声誉也越来越好。

2008年4月，对我来说，又是一个重大的挑战。为了实现优质教育的均衡发展，宝山区教育局又有了新的思路和举措，进行了“撤二建一”，即撤销“海江小学”和“宝山区第一中心小学”，建立新的“宝山区第一中心小学”。学校分成东、西两个校区，东校区是一、二年级学生，西校区是三、四、五年级学生。校区的划分是很容易的，但是两所学校的融合绝非是划分校区那么简单：由于两所学校在诸多方面的差异，矛盾相当突出。譬如班主任津贴，原海江小学每月200元，一中心小学每月600元，如何合并？经过教代会讨论后每月300元。尽管是会议通过的，但是，对于原一中心小学的班主任老师来说，“撤二建一”给他们带来的是每月300元的直接经济损失。当然，还有中层以上领导班子的融合，年级组长、教研组长的安排，各种管理制度的建立，原一中心校区社区居民的思想工作，等等，种种预想不到的困难接踵而来。我真正体会到什么叫“风口浪尖”，我也理解了“在行政管理上的投入，有时会一无所获”的含义。但是，我懂得，作为校长，应该从大局考虑。“撤二建一”绝对是一件“使优质教育均衡发展，办人民满意的教育”的大好事，东方电视台还专门来我校进行了采访，并作了专题报道。

在困难面前，我没有气馁，而是更加发奋努力，接受挑战。团结班子、依靠广大教师，坚持“生成教育”的办学理念，坚持我的工作品质“实践引领、引领实践”。三年的艰苦奋斗，我们最感欣慰的是学校已经形成了浓厚的校本研修氛围，教师的专业水平正在不断地提升。2011年4月，市教卫党委书记李宣海、宝山区区长斯福民等领导来我校进行德育调研，我作了以“小问题、大礼仪”为主题的学校德育工作汇报，得到领导的高度评价：一中心小学的德育教育，注重知行结合，注重实践体验领悟；发现问题—联系自己—计划实施—实践反思，这是一个研究的过程，有利于培养学生良好的思维习惯。这评价，既是对我们工作的肯定，更是对我们的激励和期望。

不经风雨长不成大树，不经百炼难以成钢。校长岗位上的这八年，是我教育生涯难得的宝贵经历，让我读懂了许多在学科教学中读不到的东西，我渐渐地领悟了“教育家办学”的真谛。我将为之而不断努力，正像我在《我的课堂人生》中所写的那样：“人活着，是一种追求，更是一种责任，我正把这种追求与责任写进我的‘课堂人生’。”当一名学者型的校长，为每一位学生提供尽可能优质的教育，是我人生最简单、最朴素的追求。

十一、三尺讲台写春秋

钱守旺

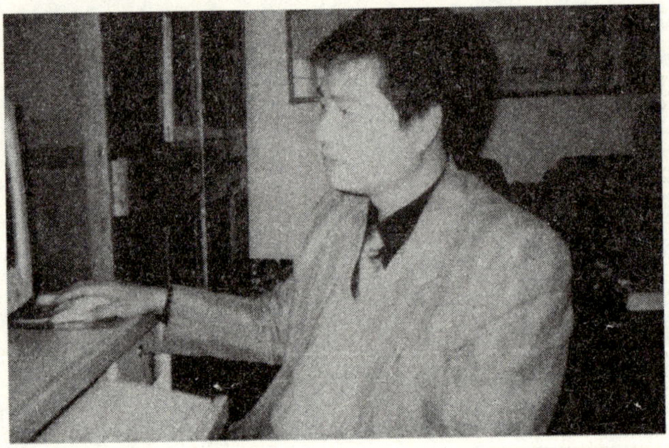

钱守旺，男，1967年生，特级教师，现任人民大学附属小学副校长。曾任中国教育学会小学数学教学专业委员会理事，北京师范大学版小学数学课标教材分册主编。

曾荣获全国优秀教师称号。在长期的教学实践中逐渐形成了自己“稳中求活、活中求实、实中求趣、和谐自然”的教学风格。先后荣获市、省小学数学教学大奖赛一等奖和“首届全国小学数学优化课堂教学观摩课交流会”二等奖。近年来，应邀赴全国各地做课百余节，特约为河北省电教馆、全国义务教材研讨会、人民教育出版社等单位录制了多节示范课。在全国多家教育刊物上发表论文100多篇，所写论文多次获各级论文评比一等奖。在全国多家小学生课外读物上发表辅导性文章近200篇，主编和参与编写各种教学辅导用书20多本。

当一名小学教师，只有耐得住寂寞与清贫，干一行、爱一行、专一行，全身心地投入，才能在平凡的岗位上取得不平凡的成绩！

爱岗敬业，就要有一股魔气劲

"成功之花，人们只惊羡它现实的明艳。然而，谁又知道，当初它的芽，浸透了奋斗的泪泉，洒遍了牺牲的血雨。"冰心的这首小诗可以说是我教育教学工作最精辟的注解。

现在，全国各地的小学经常邀请我去讲课，对我的课也给予了很高的评价。老师们都认为我教学基本功扎实，课堂教学有特色，教学过程清晰、流畅，特别是在引导学生积极思维、主动获取知识方面表现得尤为突出。可又有谁知道我背后所付出的辛苦呢？

打铁先要自身硬，教学需练基本功。刚走上讲台时，我和所有初为人师的年轻人一样，紧张、拘谨，板书不流畅，教学语言不生动，课上学生的反应总是不尽如人意。为此我伤透了脑筋，开始寻找提高自身素质的途径。于是，天生不服输的我下决心从一点一滴做起，苦练教学基本功。为了练习板书，我买来字帖，每天利用课余时间练习三笔字。在办公室我在本上练，学生放学后在黑板上练，晚上回到宿舍在旧报纸上练，就这样，整整坚持了三年。如今，凡是听过我讲课的老师无不为我快捷而又漂亮的板书叫好。我还清楚地记得，刚开始讲公开课时，为了改进自己的教学语言，我常常用录音机把所讲的课录下来，然后反复播放，矫正语句、语气和语调，每一个细节都不放过。为了使自己的课堂语言容易为小学生所接受，我注意在语言的形象性和感染性上下功夫。为此，我长年订阅《演讲与口才》杂志，还专门从北京买了一套孙敬修讲故事的磁带学习揣摩。我从学校借了十几位特级教师讲课的录音带和录像带，有空就听、就看，认真研究名家驾驭课堂、从容施教的语言艺术。此外，我还经常收看中央电视台鞠萍、董浩等全国著名的少儿节目主持人主持的节目，观察他们与孩子交流的一招一式、一颦一笑。一位特级教师告诉我，照着镜子可以练习讲课时的表情。于是，刚开始讲公开课时，我就经常在家里对照镜子练表情。妻子看着我比比划划、旁若无人、又说又笑的样子，说我是“神经病”“活魔怔”。但我并不生气，而是风趣地对妻子说：“神经也罢，魔怔也罢，我只相信一点，不管干什么事，要想出成绩就必须有一股魔气劲！”功夫不负有心人，几年下来，我练就了一身过硬的教学基本功。在河北省玉田县举行的全县青年教师教学基本功比赛中，我两次夺得了第一名。

要做一名好教师，就要不断地充实自己，不断地更新知识。为了使自己具有渊博的教育教学理论知识，我有了对知识的渴求。出差时，我首先要找的不是商场，而是书店。购书、看书成了我的最大爱好，只要对自己教学有帮助，价钱再高我也舍得花。有一次出差到北京，为了购买教学参考书，我主动放弃了大会组织的参观游览机会，钻进北京师范大学读者服务部、北京春雨教育书店和北京西单图书大厦里“觅宝”。待学习结束时，我的大包小包全都鼓鼓囊囊地塞满了精心挑选的教学参考书，以至在公共汽车上，竟有几位年轻人把我当成了“书贩子”。

我舍得花钱买书，更舍得花时间潜心读书。课余闲暇、节假日，我都在钻研教育教学理论。为了提高自己的教学水平，学习先进的教育教学理论，了解教改信息，一有空我就钻进学校的图书馆查找资料。每逢节假日，我常常借上几十本教育刊物拿到家中去看。近年来，我作了几万字的读书笔记，积累了整整两大纸箱子的教学参考资料，其中许多资料都是我为了节省时间自己花钱复印下来的。

教育教学实践使我深深懂得：教中学，学中教，教学才能有所发展，有所创新。在繁重的教学工作之余，我从微薄的工资中拿出一笔对自己来说不算小的费用，学完了数学专科和教育管理本科的课程，使得自己在给学生“一杯水”的时候，有满满的“一桶水”，乃至有源源不断的“长流水”。另外，我每年都坚持自费订阅四五种教育刊物，坚持不懈地进行业务自修，不断提高自己的课堂教学艺术水平。

善待学生，倾心育人

有人问我，你成功的秘诀是什么？我回答说，是“爱”，是对小学教育事业执著的“爱”。我钟爱自己的事业，我热爱自己的学生。因为有了这种爱，我便拥有了世界上最珍贵的财富——孩子们真诚的感情；拥有了世界上最可爱的礼物——孩子们灿烂的笑容；拥有了世界上最不容忽视的领域——孩子们纯真的心灵。责任感和使命感驱使着我，让青春岁月绽放出夺目的光彩。

自参加工作以来，我一直担任班主任工作。教育管理学生，我的最大感受就是对学生要有爱。这种爱，不但是教师献身教育事业的原动力，而且也是教师教育智慧赖以生长的土壤。有人问我管理班级的经验时，我总是说，没有爱就没有真正的教育，每一个少年儿童都希望自己是成功者，都期待着收获肯定和赞誉。作为教师应珍惜少年儿童心灵深处的渴望，积极创造机会，不断地让学生取得“我能行”的成功体验，做到最大限度地理解、宽容、善待每一个学生。孩子们犯错误时，他们迫切想得到的是理解和帮助，而绝不是粗暴的批评和惩罚。学生看起来“最不值得爱”的时候，恰恰是学生最需要爱的时候。正是凭着对学生的一片爱心，我带出了一个个“先进班集体”，治理了一个个乱班，转化了一个个后进生。

我的班上曾经有这样一个学生，人称“打架大王”“逃学大王”。他上课从来不听讲，考试从来不及格。他父亲是个包工头，家庭经济条件很优裕。所以他花钱如流水，经常出入电影院、录像厅和游戏厅，可就是对学习没有兴趣。家里怕他逃学，每天上学总是家长亲自把他送到学校。但等家长一走，他就跑得没影了。没办法，他的母亲只好整天坐在学校门口监视他。对于这样的学生，我没有嫌弃，也没有放弃。

针对这个学生“吃软不吃硬”的特点，我采取了以柔克刚的办法，首先融洽师生感情。课下主动与他接近，跟他聊天、拉家常、打打羽毛球。还有意安排他为老师做一些事情，如到办公室取书，帮老师誊分，给老师做教具，等等。时间长了，他感到老师处处想着他，看得起他。一次，我发现这位同学干活时特别卖力气，就有意安排他担任劳动委员。我支持他的工作，在全班同学面前给他树立威信，同时对他逐渐提出要求。我经常跟他讲，班干部应处处以身作则，劳动委员，不光干活时要卖力气，在其他方面也不能落在别人后边。为了便于对他监督指导，班级排座位时，我特意安排他坐在前排。上课提问时，估计他能够回答的问题，就让他回答，对他的每一点进步都给予及时的表扬和鼓励。为了及时掌握他的学习情况，我几乎每天都当面批改他的作业，通过面批，使他及时发现做题的错误，及时纠正。有时作业来不及面批，我就写个纸条夹在他的作业本中。由于他知识基础差，学习上“欠账”太多，放学后，我还经常留下来帮他补课，有时干脆把他领到家中辅导。精诚所至，金石为开，渐渐地，他对学习产生了兴趣，不逃学也不打架了，上课爱回答问题了，作业也能够保质保量地完成了，学习成绩有了明显的提高。家长看到自己的孩子前后判若两人，心里非常感激，感谢我为他们去了一块“心病”。后来，这个孩子顺利地升入了初中。毕业时他送给我一本精美的相册，里面还放着一张我和他在学校门口的合影。相册中还夹着一张纸条，纸条上写道：

敬爱的钱老师：

您好！爸爸、妈妈和我都很感激您，您是我在小学阶段遇到的最好的老师，我真舍不得离开您。

一个让您费心的学生

读着学生发自内心的话语，一种作为人民教师的光荣感在我的心中油然而生。我欣慰地想：学生的健康成长，就是对自己所付出心血的最好回报。

通过长期的班主任工作，我和学生建立起了深厚的感情。现在，不少早已毕业的学生还经常给我写信汇报他们的学习、工作情况，有的到了教师节、春节还专程登门拜访。他们把我当成了最知心的朋友，有了困难，遇到了什么不顺心的事也愿意寻求我的帮助。甚至有的学生参加工作后搞对象还要请我当参谋。当我看到一届届毕业生这样尊敬、信任我时，我深深地感到：只有付出爱，才能得到爱。

潜心科研，不懈追求

在十几年的教学实践中我深深地体会到：小学数学是科学，也是艺术。它是富有情感性、形象性、独创性的特殊的艺术。要想提高课堂教学水平，必须虚心学习，不断探索，大胆实践。

为了改变当前小学数学课堂教学中存在的“教师讲学生听，教师问学生答，教师布置学生操练，每一步都由教师领着学生往前走”的教学模式，为了培养学生的创新精神和实践能力，使学生真正成为数学学习的主人，我进行了艰苦的探索。在平时的教学中我根据学生的年龄特点和认知发展规律，大胆改变教材的呈现方式和学生的学习方式，把适合教师讲解的内容变成适合学生探讨、研究问题的素材。努力探索一种班级集中教学、小组合作交流和个别辅导相结合的教学模式，课堂上尽可能给学生多一点思考的时间，多一点活动的余地，多一点表现自己的机会，多一点体验成功的愉悦，让学生自始至终参与到知识形成的全过程中。努力做到：凡是学生自己能够探索得出的，教师决不代替；凡是学生能够独立发现的，教师决不暗示。使自己真正成为课堂教学的组织者、指导者和参与者。现在，随着国家新课程改革的全面展开，我如鱼得水，并潜心研究如下课题：教学中如何将新课程理念转化为教学行为；在课堂上教师如何真正地关注学生，促进学生主动地、个性化地学习；如何提高小组合作学习的有效性；如何合理安排教学环节，使学生经历和体验探索性学习的过程；如何在课堂上实现知识与技能，过程与方法，情感、态度与价值观三位一体的目标；如何科学评价教师的教和学生的学，等等。

由于自己在教学第一线的不断探索，现已逐渐形成了“稳中求活、活中求实、实中求趣、和谐自然”的教学风格。我先后荣获市、省优质课评比第一名。1993年4月，我代表河北省参加在江西南昌举行的“首届全国小学数学优化课堂教学观摩课交流会”并荣获二等奖。近年来，我应邀到全国各地做大型公开课百余节。所到之处，我的示范课和报告总能引起老师们观念上的震撼。也有一些不同省、市的青年教师主动来信或发邮件，想拜我为师，我也被这些教师的真诚所感动，与这些青年教师成了好朋友。现在，这些教师在教学上遇到了什么问题，总习惯给我打电话或发邮件进行探讨、交流。我也经常通过电子邮件或QQ聊天的形式对这些教师的教学给予具体的指导。

但我并不满足于在教学上所取得的成绩，“不当教书匠，要做教育家”是我一踏上工作岗位就立下的远大志向。为了早日成为一名“专家型”的教师，我注意在理论上提高自己，同时对教育教学经验加以及时的总结。夜深人静，劳累一天的人们早已进入梦乡，而我还在灯下“爬格子”。开始，寄出的稿件如石沉大海，杳无音信。经过冷静的反思，我认真研究教育科研论文的写作之道，细心拜读教育杂志上的文章，潜心学习优秀论文的立意、选材、谋篇、布局。辛勤耕耘总会有所收获，终于，《中国小学数学教育》1993年第4期刊发了我的文章。成功坚定了我的信心，从那以后，我便经常将自己教学中的体会、经验付诸笔端，写成文章。迄今为止，我已先后在全国多家省级以上教育刊物上发表论文和经验总结近百篇。近年来，我还在全国多家小学生课外读物上发表辅导性文章二百多篇。

十几年来，在教书育人这个平凡的岗位上，对于我的努力，组织上给予了肯定。凭着一颗爱心、恒心、进取心，辛勤耕耘，努力工作，以教育、教学工作的优异成绩，我赢得了党和政府给予的荣誉。面对鲜花和荣誉，我没有陶醉。因为我清楚地知道，成绩只能代表过去，未来的路还很长。作为一名共产党员，作为跨世纪的一代青年，我决心用自己全部的知识、智慧和爱心，为教书育人这项崇高的事业奉献自己的一切。

我们怎样阅读“名家”

赖配根

课程改革要取得成功，最终取决于教师的素质。那么，教师需要哪些素质呢？换句话说，在新课程背景下，什么样的教师是一个好教师呢？有人归纳为四点：教育思想、教育智慧、专业精神和专业人格。但在笔者看来，最核心的乃是教育智慧。一个有教育智慧的教师，必然对教育有独到的洞察，必然对教育怀有崇高的情感，必然对创造教育成果有独特的方法。

最紧要的是，如何获得教育智慧？这是千百万教师苦苦追寻的问题，也是“中国当代著名教学流派”丛书希望解答的问题。教育智慧说到底是一个实践问题，又因为这个问题是在中国语境里提出的，所以我们首先应该到那些已经成名成家的中国教师那里寻找启示。张新洲先生主编的“中国当代著名教学流派”丛书，正是带领我们去体悟最早举起“人文”大旗的于漪、亲近首创“情境教育”的李吉林、剖析以“六步教学法”独步杏坛的魏书生、解读创造了“尝试教育”的邱学华、直面提倡“新语文教育”的韩军、激赏为“语文民主教育”摇旗呐喊的李镇西、敢于用“三个超越”造就激情与思想交融课堂的窦桂梅……正是这些人，扎根于教育实践的大地，把教育的触角伸进现实的内核。他们的教育理念、教学方式和叙述话语，都带着浓厚的本土色彩，充满田野气息，与广大教师的精神、情感最为切近。他们的经验和道路，为我们寻找教育智慧树起了坚实的标杆。

但是，要“阅读”他们，要“对话”他们，我们首先要进行阅读变革。在中小学教育界，无论是专家还是教师，许多人都患上了一种流行病——极其功利的庸俗实用主义阅读方式。研究语文和教语文的，不阅读文学作品，不关心文学理论，甚至不碰课程标准，而对关于每篇课文的教学技巧和课例的书籍趋之若鹜；研究数学和教数学的，可以不懂数学史，可以对数学学科的本质弃之不顾，但却一定要搜罗各种教学课例，尤其对据说是由名师挂帅主编的教案大全，不但可以拿来应付日常教学，还可照搬到各种公开课上。结果，搞研究的，最重要的本事就是贩卖国外同行的理论和术语，而对学科教育的建设和本土经验的总结却逐渐疏远起来。荒唐的是，这样的人竟然常常被捧为权威。一味教学实践的，既失去了真正意义上的专家引领，又有意无意地为技巧而技巧，因而，不进行教改时，学科教育是死水一潭，进行教改时，学科教育又往往堕入热闹的表演深渊。但许多人需要的就是这些一戳就破的东西。如果用这样的阅读主义来“对话”这些名家、大师们，我可以毫不客气地说，那就是对名家、大师思想精神再卑劣不过的“阉割”。

不是说不要学习名家、大师的方法和技巧——任何教育教学实践都离不开方法和技巧，甚至需要高超的技巧，但是，教育智慧是思想精神的传递和累积，任何高超的方法和技巧，都与个人的教育思想甚至人生信念血肉相联，方法和技巧可以模仿，教育智慧却无法简单复制。

是到了以新的阅读主义来“对话”名家、大师的时候了，至少这套丛书是这么提示我们的。“中国当代著名教学流派”丛书（已出版22本，国际文化出版公司出版）中的每本书，都是由三大块组成：人物小传、教育思想概述和具体教育教学实践。细细琢磨，这样的框架，其实意味深长。限于篇幅，我暂且以“人物小传”为例（实际上，书中的教育思想概述和课例，也同样精彩、耐读），揭示一下这套丛书蕴含的新阅读主义主张。

如果说新阅读主义倡导的与名家、大师“对话”，主要不是一般意义上的技巧模仿，而是思想的对话和精神的沟通，是理性的解剖和心灵的意会，那么，我们首先要洞察和玩味的是名家、大师的教育信念。经验告诉我们，一个人的教育信念主要不是从书本直接获得的，而多是源自生活经历和职业实践，是对自己经历进行“反刍”的结果，可以说，个人的教育信念形成史，就是个人的生活史。要体味名家、大师心中的教育信条，首先要考察的就是名家、大师的生活和职业生涯。“丛书”一上来不是叙述名家、大师的教育思想，也不是一般教师翘首以盼的技巧介绍，而是呈现名家、大师的成长史——“小传”。有了这一部分，名家、大师的心灵得以重现，名家、大师的思想得以丰满，随后的教育思想、教学实践和技巧也有了坚实的支撑。

比如，对于被一些年轻语文教师称为“圣母”的于漪，我们只是知道她的教学艺术出神入化，知道她当年的公开课曾让上海万人空巷，知道她那篇横空而出的《弘扬人文，改革弊端》。这些都只是关于于漪的抽象的知识，这些抽象的知识对于教育智慧的启迪，作用有限，但你读一读她的“小传”，读一读关于她的具体的知识，她立刻就鲜活起来了：原来于漪是半路出家（大学教育系毕业教语文），原来她也曾被指责连语文教学的大门在哪儿都不知道，原来她为了不以自己的“昏昏”使学生“昭昭”而“有系统地学习一门又一门学科……把中学语文教师该具备的语法、修辞、逻辑知识，该具备的文、史、哲，该了解的中外名家名著摸了一遍”，原来为了进入语文教育的殿堂，她还“用仔细回忆的方法，向过去教她的老师请教……声情并茂地朗读、讲解，旁征博引地议论、评析，眼神、手势、神往的表情，一幕幕在脑海里浮现，我常顿然有所悟：这就是语文了”……没有任何东西可以代替这些于漪自己“感性的回忆”。对于这些文字，是不能只用眼睛读的，而是要用整个身心，蘸着自己的生活积累品味、反思。因为，只有这样，你才会在读完后说：“这就是教育智慧了！”有了这样的顿悟，再读后面的“人文说”等理论和精彩的课堂实录，你看到的就再也不是可供模仿的机械知识，而是富有灵性的、脱离具体情境就会丧失生命的活的知识。有了这样的顿悟，于漪之于你，就不再是急功近利的模仿或者仅供借鉴的材料，而可能是思想精神层面的导引者——如此，你感知到的就是名家、大师有血有肉的整体形象，你触摸到的就是智慧的技术和技术的智慧。

——与“丛书”的其他名家、大师的“对话”，都应当作如是观。

思想成就人的伟大。马克思说：“能给人以尊严的只有这样的职业，在从事这种职业时，我们不是作为奴隶般的工具，而是在自己的领域内独立地进行创造。”一个努力寻求教育智慧、追求卓越的教师，需要在职业的实践中创造性地形成自己独立的思想。与名家、大师的作品“遭遇”，最忌讳的就是心生崇拜。新阅读主义认为，我们抛弃庸俗的实用主义，也拒绝偶像崇拜，与名家、大师“对话”，是为了扩大精神的疆域，是为了更好地独立思想，是为了形成自己的教育智慧。

（本文原刊发于2005年3月17日《中国教育报》）